崔胜民 编

智能网联汽车车载网络技术解析

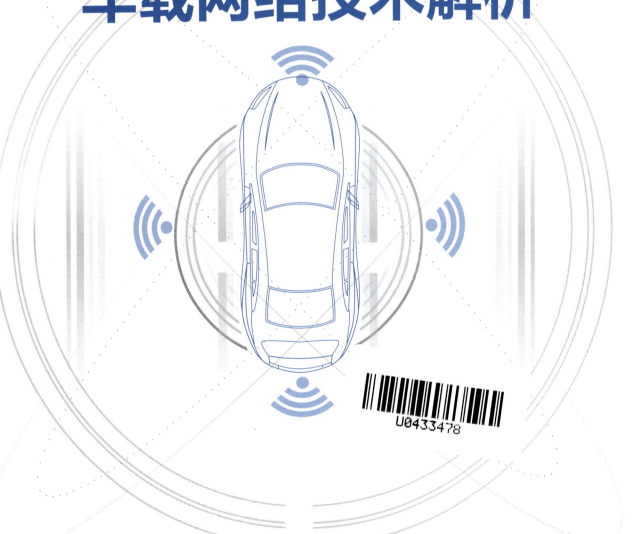

化学工业出版社

·北京·

内容简介

本书简要介绍了智能网联汽车车载网络技术，包括智能网联汽车网络体系分类和特点、汽车网络参考模型、车载网络数据传输方式和拓扑结构、汽车电子电气架构；重点介绍了 CAN 总线、LIN 总线、FlexRay 总线、MOST 总线、以太网和车联网技术，分别对其基本组成与工作原理、协议、应用等进行了详细讲解。本书论述的内容与目前智能网联汽车的发展相吻合，列举了汽车的网络应用示例，特别是汽车电动化、智能化和网联化所涉及的车载网络技术，体现了智能网联汽车车载网络与传统汽车车载网络的区别。

本书内容新颖，图文并茂，通俗易懂，实用性强，可作为高职院校智能网联汽车工程技术专业及本科院校车辆工程和智能车辆工程专业的教材，同时也可供汽车行业的工程技术人员参考和阅读。

图书在版编目（CIP）数据

智能网联汽车车载网络技术解析/崔胜民编. —北京：化学工业出版社，2024.3
ISBN 978-7-122-44714-2

Ⅰ.①智… Ⅱ.①崔… Ⅲ.①汽车-智能通信网 Ⅳ.①U463.67

中国国家版本馆CIP数据核字（2024）第028160号

责任编辑：陈景薇　　　　　　　　　装帧设计：张　辉
责任校对：宋　玮

出版发行：化学工业出版社（北京市东城区青年湖南街13号　邮政编码100011）
印　　装：大厂聚鑫印刷有限责任公司
787mm×1092mm　1/16　印张16¾　字数419千字　2024年3月北京第1版第1次印刷

购书咨询：010-64518888　　　　　　　售后服务：010-64518899
网　　址：http://www.cip.com.cn

凡购买本书，如有缺损质量问题，本社销售中心负责调换。

定　　价：98.00元　　　　　　　　　　　　　　　　　　版权所有　违者必究

前　言

《新能源汽车产业发展规划（2021—2035 年）》明确提出，坚持电动化、智能化、网联化发展方向，以融合创新为重点，突破关键核心技术，优化产业发展环境，推动我国新能源汽车产业高质量可持续发展，加快建设汽车强国。目前新能源汽车和智能网联汽车（L2 级）的新车渗透率都超过了 30%，而且正在快速发展。电动化、智能化、网联化对汽车车载网络技术提出了更高的要求，车载网络技术成为汽车转型过程中的最大热点之一，未来车载网络将发生质的变化。

本书的编写完全按照智能网联汽车车载网络技术新的知识和体系构建，同时结合 2023 年实施的控制器局域网新标准对总线的新要求和相关国际新标准，全面系统地介绍了智能网联汽车车载网络技术。全书共分七章，第一章主要介绍智能网联汽车网络体系分类和特点、汽车网络参考模型、车载网络数据传输方式和拓扑结构、汽车电子电气架构；第二章主要介绍 CAN 总线帧类型、基本组成与工作原理、物理层、数据链路层、应用层、时间触发通信和应用；第三章主要介绍 LIN 总线基本组成与工作原理、协议和应用；第四章主要介绍 FlexRay 总线基本组成与工作原理、协议和应用；第五章主要介绍 MOST 总线基本组成与工作原理、协议和应用；第六章主要介绍车载以太网基本组成与基本原理、协议、时间同步技术和应用；第七章主要介绍车联网车载自组织网络技术、V2X 通信技术、车路协同控制技术以及车联网未来的发展趋势。

在本书编写过程中，引用了一些企业技术资料、网上资料以及参考文献中的部分内容，特向他们表示深切的谢意。

由于笔者学识有限，书中不足之处在所难免，恳盼读者给予指正。

编　者

智能网联汽车车载网络技术解析

目 录

第一章 绪论 1

第一节 智能网联汽车网络体系分类　　1
第二节 智能网联汽车网络体系特点　　8
第三节 汽车网络参考模型　　10
第四节 车载网络数据传输方式　　15
第五节 车载网络拓扑结构　　24
第六节 汽车电子电气架构　　27

第二章 CAN 总线技术 35

第一节 CAN 总线概述　　35
第二节 CAN 总线帧类型　　39
第三节 CAN 总线基本组成与工作原理　　49
第四节 CAN 总线物理层　　64
第五节 CAN 总线数据链路层　　87
第六节 CAN 总线应用层　　103
第七节 时间触发通信　　119
第八节 CAN FD 总线　　127
第九节 CAN 总线应用　　138

第三章 LIN 总线技术 148

第一节 LIN 总线概述　　148
第二节 LIN 总线基本组成与工作原理　　151
第三节 LIN 总线协议　　159
第四节 LIN 总线应用　　170

第四章　FlexRay 总线技术　174

　　第一节　FlexRay 总线概述　174
　　第二节　FlexRay 总线基本组成与工作原理　176
　　第三节　FlexRay 总线协议　177
　　第四节　FlexRay 总线应用　184

第五章　MOST 总线技术　188

　　第一节　MOST 总线概述　188
　　第二节　MOST 总线基本组成与工作原理　192
　　第三节　MOST 总线协议　196
　　第四节　MOST 总线应用　199

第六章　车载以太网技术　203

　　第一节　车载以太网概述　203
　　第二节　车载以太网基本组成与基本原理　210
　　第三节　车载以太网协议　218
　　第四节　车载以太网时间同步技术　222
　　第五节　车载以太网应用　229

第七章　车联网技术　235

　　第一节　车联网概述　235
　　第二节　车载自组织网络技术　238
　　第三节　V2X 通信技术　242
　　第四节　车路协同控制技术　250
　　第五节　车联网的未来发展　255

附录　中英文对照表　257

参 考 文 献　262

智能网联汽车车载网络技术解析

第一章 绪论

智能网联汽车是指搭载先进的车载传感器、控制器、执行器等装置,并融合现代通信与网络技术,实现车与X(车、路、行人、云端等)智能信息交换、共享,具备复杂环境感知、智能决策、协同控制等功能,可实现车辆安全、高效、舒适、节能行驶,并最终可实现替代人来操作的新一代汽车。《汽车驾驶自动化分级》(GB/T 40429—2021)把智能网联汽车驾驶自动化分为 0 级(应急辅助)、1 级(部分驾驶辅助)、2 级(组合驾驶辅助)、3 级(有条件自动驾驶)、4 级(高度自动驾驶)和 5 级(完全自动驾驶)。智能网联汽车与传统汽车的网络体系不同,不同级别的智能网联汽车网络体系也不相同,驾驶自动化级别越高,对车载网络的要求越高。随着汽车智能化和网联化的发展,汽车网络体系也在不断变化。

第一节 智能网联汽车网络体系分类

为了实现信息共享而把多条数据总线连接在一起,或把数据总线和模块当作一个系统即构成网络。智能网联汽车网络体系可以按使用场景、性能和协议进行分类。

一、按使用场景进行分类

智能网联汽车网络体系按使用场景可以分为以车内总线通信为基础的车内网络,也称车载网络;以短距离无线通信为基础的车际网,也称车载自组织网络;以远距离通信为基础的车载移动互联网。因此,智能网联汽车是融合车载网络、车载自组织网络和车载移动互联网的一体化网络系统,如图 1-1 所示。目前汽车上的车载网络主要指的是车内网。

1. 车载网络

车载网络是基于控制器局域网络(CAN)总线、局部互联网络(LIN)总线、FlexRay 总线、媒体导向系统传输(MOST)总线、以太网等总线技术建立的标准化整车网络,实现车内各电器、电子控制单元间的状态信息和控制信号在车内网络上的传输,使汽车具有状态感知、故障诊断和智能控制等功能。

总线是指所有节点都是被动连接并允许双向传输的通信网络的拓扑。节点是指连接到网络并根据通信协议能够进行通信的装置。在车载网络中,节点就是连接在数据总线中的控制模块。模块是一种电子装置,如温度传感器、压力传感器等,在多路传输系统中一些简单的模块被称为节点。数据总线是节点(或模块)间运行数据的通道,即信息高速公路。在车载网络中数据总线可以是一根线,如LIN总线,也可以是两根线,如CAN总线,主要用来传递节点之间的数据。

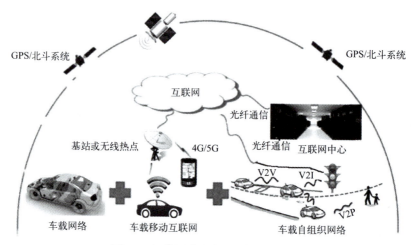

图 1-1 智能网联汽车网络体系的构成

通信协议是指用于节点之间交换信息的正式约定或者规则的集合,包括通信方法、通信时间、通信内容等。不同总线,其协议也不同,如CAN总线有CAN协议,LIN总线有LIN协议。

2. 车载自组织网络

车载自组织网络是基于短距离无线通信技术自主构建的车辆与车辆(V2V)和车辆与基础设施(V2I)之间的无线通信网络,实现V2V和V2I之间的信息传输,使汽车具有行驶环境感知、危险辨识、智能控制等功能,并能够实现V2V和V2I之间的协同控制。

3. 车载移动互联网

车载移动互联网是基于远距离通信(4G/5G)技术构建的汽车与互联网(Internet)之间的连接网络,实现汽车信息与各种服务信息在车载移动互联网上的传输,使智能网联汽车用户能够开展商务办公、获得信息娱乐服务等。

车载自组织网络和车载移动互联网目前在汽车上的体现主要是车联网。

二、按性能进行分类

美国汽车工程师学会(SAE)将车载网络划分为5种类型,分别为A类低速网络、B类中速网络、C类高速网络、D类多媒体网络和E类安全网络。不同类型的车载网络需要通过网关进行信号的解析交换,使不同的网络类型能够相互协调,保证汽车各系统正常运转。

1. A类低速网络

A类低速网络最大传输速率为20kbit/s,不能单独使用,一般是与B类中速网络或C类高速网络结合使用,适用于对实时性要求不高的场合。A类低速网络有多种通信协议,但汽车上使用的主流协议是LIN总线。LIN总线是用于连接传感器、执行器的低成本串行通信网络。LIN总线采用串行通信接口、通用异步收发传输器等通用硬件接口,配以相应的驱动程序,成本低廉，配置灵活，适用面较广，主要用于电动门窗、电动座椅、车内照明系统和车外照明系统等。

2. B类中速网络

B类中速网络传输速率为20～125kbit/s，对实时性要求不太高，主要面向独立模块之间数据共享的中速网络。该类网络的主流协议是低速CAN总线，主要用于故障诊断、空调和仪表显示等。

3. C类高速网络

C类高速网络传输速率为125～1000kbit/s，对实时性要求高，主要面向高速、实时闭环控制的多路传输网。该类网络的主流协议是高速CAN总线、FlexRay总线等协议，主要用于驱动力控制、发动机控制、防抱死制动控制、车身稳定控制和主动悬架控制等。

4. D类多媒体网络

D类多媒体网络传输速率为250kbit/s～150Mbit/s，该类网络协议主要有MOST总线、以太网、蓝牙技术等，主要用于要求传输效率较高的多媒体系统和导航系统等。

5. E类安全网络

E类安全网络传输速率为10Mbit/s，主要面向汽车安全系统的网络。

三、按协议进行分类

按协议将车载网络划分为CAN总线网络、LIN总线网络、FlexRay总线网络、MOST总线网络和以太网等，其中CAN总线网络和LIN总线网络是目前汽车的主要车载通信网络。

1. CAN总线网络

CAN总线是德国博世公司在1985年为了解决汽车上众多测试仪器与电子控制单元之间的数据传输而开发的一种支持分布式控制的串行数据通信总线。国际化标准组织（ISO）在1993年提出了CAN总线的国际标准——ISO 11898，使得CAN总线的应用更标准化和规范化。目前，CAN总线已经是国际上应用最广泛的网络总线之一，它的数据信息传输速率最大为1Mbit/s，属于中高速网络，通信距离（无须中继）最远可达10km，已经成为世界标准的汽车局域网。

目前，汽车上的网络连接方式需采用两条CAN总线：一条是用于驱动系统的高速CAN总线，速率为500kbit/s；另一条是用于车身系统的低速CAN总线，速率为100kbit/s。高速CAN总线主要连接发动机、自动变速器、防抱死制动系统（ABS）、驱动防滑控制系统（ASR）及电动助力转向系统（EPS）等对通信实时性要求较高的系统；低速CAN总线主要连接灯光、电动车窗、自动空调及信息显示系统等对通信实时性要求较低的系统。不同速率的CAN总线网络之间通过网关连接。对汽车CAN总线上的信号进行采集时，需要确定所采集的信号处于哪个CAN总线网络中，以便于设置合适的CAN总线通道传输速率。

汽车CAN总线网络的典型应用如图1-2所示。

2. LIN总线网络

LIN总线网络是专门为汽车开发的一种低成本串行通信网络，用于实现汽车中的分布式电子系统控制。LIN总线的数据传输速率为20kbit/s，属于低速网络，辅助CAN总线工作。在不需要CAN总线的带宽和多功能的场合，使用LIN总线可大大降低成本。

由于一个LIN总线网络通常由一个主节点、一个或多个从节点组成，所以LIN总线网络为主从式控制结构。各个LIN总线主节点是车身CAN总线上的节点，通过CAN总线连接成为低速车身 CAN 总线网络，并兼起 CAN/LIN 总线网关的作用。引入带 CAN/LIN 总线网关的混合网络有效地降低了主干网的总线负载率。LIN 总线网络主要应用于车门、转向盘、座椅、空调系统和防盗系统等。LIN 总线网络将模拟信号用数字信号代替，实现汽车低速网络的需求，结构简单，维修方便。

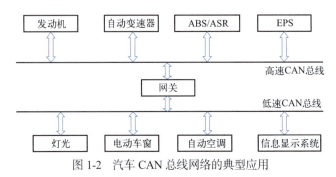

图 1-2　汽车 CAN 总线网络的典型应用

如图 1-3 所示为 LIN 总线在车门控制模块中的应用。

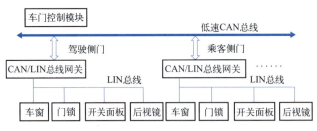

图 1-3　LIN 总线在车门控制模块中的应用

3．FlexRay 总线网络

FlexRay 总线是一种用于汽车的高速传输、可确定性的、具备故障容错的总线系统。汽车中的控制器件、传感器和执行器之间的数据交换主要是通过 CAN 总线网络进行的。然而新的电子线控（x-by-wire）设计思想的出现，导致汽车系统对信息传输速率尤其是故障容错与时间确定性的需求不断增加。FlexRay 总线通过在确定的时间槽中传输信息，以及在两个通道上的故障容错和冗余信息的传输，可以满足这些新增加的要求。FlexRay 总线网络在高级汽车上有应用。

如图 1-4 所示为 FlexRay 总线在奥迪 Q7 上的应用，数据总线诊断接口 J533 是 FlexRay 的控制器，所有 FlexRay 控制单元都在不同的支线上与 J533 相连，起到网关的作用。

4．MOST 总线网络

MOST 总线网络是使用光纤或双绞线作为传输媒介的环型网络，可以同时传输音/视频流数据、异步数据和控制数据，支持高达 150Mbit/s 的传输速率。MOST 总线标准已经发展到第三代。MOST25 是第一代总线标准，最高可支持 24.6Mbit/s 的传输速率，以塑料光纤作为传输媒介；第二代标准 MOST50 的传输速率是 MOST25 的 2 倍，除了采用塑料光纤作为传输媒介，还可采用非屏蔽双绞线作为传输媒介；第三代标准 MOST150，不仅最高可支持 147.5Mbit/s 的传输速率，还解决了与以太网的连接等问题，MOST150 将成为 MOST 总线技术发展的趋势。

如图 1-5 所示为 MOST 总线在奥迪 Q7 上的应用，在 MOST 总线环中，顺序连接了 5 个控制单元：信息电子系统控制单元 1 J794、组合仪表控制单元 J285、DVD 转换盒 R161、数字音响套件控制单元J525和电视调谐器R78。信息电子系统控制单元1 J794除了充当MOST总线网络的系统管理器，还有诊断管理器的功能。

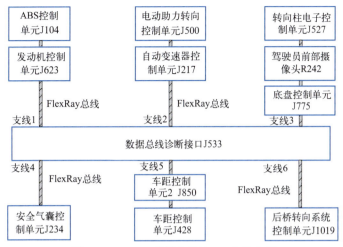

图1-4　FlexRay总线在奥迪Q7上的应用

5. 以太网

以太网（Ethernet）是由美国施乐（Xerox）公司创建，并由施乐（Xerox）、英特尔（Intel）和DEC公司联合开发的基带局域网，其协议是现有局域网采用的最通用的通信协议标准。以太网包括标准以太网（10Mbit/s）、快速以太网（100Mbit/s）、千兆以太网（1000Mbit/s）和万兆以太网（10Gbit/s）。以太网在汽车上的应用刚刚开始，但它优越的性能得到汽车业界的重视，未来将成为重要的车载网络。随着先进传感器、高分辨率显示器、先进驾驶辅助系统（ADAS）及其数据传输和控件的加入，汽车电子产品变得更加复杂。采用标准的以太网协议将这些设备连接起来，可以帮助简化布线，节约成本，减少线束质量并增加续驶里程。

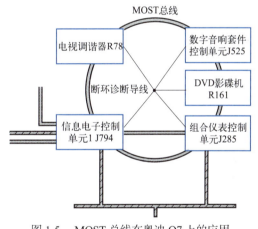

图1-5　MOST总线在奥迪Q7上的应用

随着智能网联汽车自动驾驶级别的提高，未来车载网络有可能以高速以太网作为骨干，将动力总成、底盘控制、车身控制、娱乐和先进驾驶辅助系统共5个核心域控制器连接在一起，各个域控制器在实现专用的控制功能的同时，还提供了强大的网关功能，如图1-6所示。

车载网络通信系统主要是通过网关将不同协议标准的总线连接起来，以实现对于整个汽车网络通信系统的管理。一辆汽车一般采用多条不同的通信协议或不同传输速率的数据总线，模块之间不能完全实现信息共享，在两条总线之间进行数据转换需要通过网关完成。网关的作用就是让不同通信协议或不同传输速率的节点之间进行通信，起到一个网络开关的作用。网关可以将局域网上的数据转换成可以识别的诊断数据语言，以便于诊断；可以实现低速网络和高速网络的信息共享；负责接收和发送信息；激活和监控局域网络的工作状态；实现汽车网络系统内数据的同步，对信息标识符进行翻译。

网关通常有十几个或几十个接线管脚（端子），有的网关甚至有 100 多个接线管脚。每个接线管脚都有严格的定义，要匹配规定好的 CAN 总线、LIN 总线、FlexRay 总线、MOST 总线、电源接口、开关设备、电源管理方面的接线口、钥匙开关（或无钥匙启动系统）的接口、油门、制动踏板的接线口、挡位开关的接线管脚等。如图 1-7 所示为某汽车网络的网关，共有 18 个管脚，管脚描述见表 1-1。

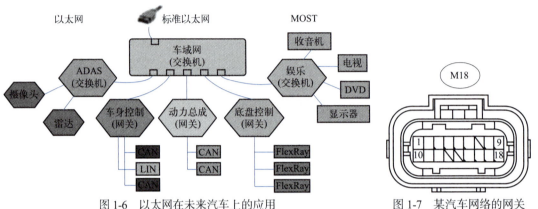

图 1-6 以太网在未来汽车上的应用　　图 1-7 某汽车网络的网关

表 1-1 网关的管脚描述

管脚号	管脚描述	条件	正常值 /V
M18-1- 车身地	常电	始终	11～14
M18-2- 车身地	接地	始终	小于 1
M18-3- 车身地	ESC CAN_H	始终	2.5～3.5
M18-4- 车身地	ESC CAN_L	始终	1.5～2.5
M18-8- 车身地	动力网 CAN_H	始终	2.5～3.5
M18-9- 车身地	动力网 CAN_L	始终	1.5～2.5
M18-10- 车身地	接地	始终	小于 1
M18-11- 车身地	ON 挡电	ON 挡电	11～14
M18-12- 车身地	双路电	始终	11～14
M18-13- 车身地	充电感应信号	—	—
M18-15- 车身地	启动网 CAN_H	始终	2.5～3.5
M18-16- 车身地	启动网 CAN_L	始终	1.5～2.5
M18-17- 车身地	舒适网 CAN_H	始终	2.5～3.5
M18-18- 车身地	舒适网 CAN_L	始终	1.5～2.5

如图 1-8 所示为车载网络通信系统，主要包括动力传动、底盘系统、车身系统、传感执行系统、娱乐多媒体系统、线控操作系统等。高速 CAN 总线、FlexRay 总线可用于对实时性

和可靠性要求较高的动力传动、底盘系统，如防抱死制动系统；低速 CAN 总线可用于对实时性要求不高但控制单元数量众多的车身系统，如车窗控制，因为使用低速 CAN 总线能够有效提高系统的抗干扰能力，降低硬件成本；LIN 总线主要用于汽车上一些简单的车身传感执行系统；MOST 总线用于最适合多媒体式传输接口且具有高传输速率特点的娱乐多媒体系统；FlexRay 总线还可用于线控操作系统，如线控转向系统。

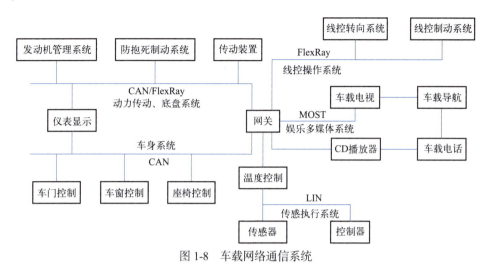

图 1-8 车载网络通信系统

车载以太网必须通过交换机实现信息传输，如图 1-9 所示为车载以太网交换机式网络通信系统。

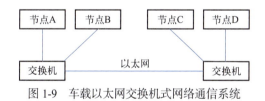

图 1-9 车载以太网交换机式网络通信系统

5 种车载网络的比较见表 1-2。

表 1-2　5 种车载网络的比较

类型	CAN 总线	LIN 总线	FlexRay 总线	MOST 总线	车载以太网
最大传输速率/(Mbit/s)	1	0.02	20	150	各链路 100
最大网络长度/m	40	40	24	1280	15
最大节点数	30	16	22	64	仅受交换机端口限制
主要拓扑结构	总线	总线	总线、星型、混合型	环型	星型、树型
错误检测功能	强	强	强	强	强
电缆	非屏蔽双绞线	单线	非屏蔽双绞线	光纤、非屏蔽双绞线	非屏蔽双绞线
主要应用	发动机、底盘	车身系统	安全系统	信息娱乐	安全系统

第二节　智能网联汽车网络体系特点

智能网联汽车网络体系具有复杂化、异构化、层次化和多变化等特点。

一、复杂化

智能网联汽车网络体系结构复杂,它包含上百个电子控制单元(ECU)通信节点,电子控制单元被划分到不同的网络子系统中,由电子控制单元产生的需要进行通信的信号多达数千个。与传统汽车相比,随着自动驾驶级别的提高,智能网联汽车的产品模块数量急剧增加,见表1-3,这些产品模块构成的网络是非常复杂的。

表1-3　智能网联汽车的产品模块

整车控制+动力控制+底盘控制							
车身控制模块	后视镜控制模块	安全带控制模块	前门控制模块	后门控制模块	天窗控制模块	车窗控制模块	座椅控制模块
前灯控制模块	尾灯控制模块	氛围灯控制模块	自适应大灯控制模块	转向灯控制模块	低速提示音模块	雨刮控制模块	网关
蓝牙模块	胎压监控模块	无钥匙进入系统	汽车防盗系统	无线模块	远程监控模块	数据记录仪	线控控制器
自动泊车辅助系统	自适应巡航系统	自动紧急制动系统	车道偏离预警系统	车道保持辅助系统	盲区监测系统	疲劳驾驶系统	碰撞预警系统
整车控制器	动力电池管理系统	热管理模块	自动空调控制器	压缩机控制模块	电子驻车系统	挡位控制器	智慧电源

智能网联汽车网络信号的处理和传输也变得复杂化,如图1-10所示为电动汽车输入输出信号的主要处理内容,这些信号要通过不同的总线和拓扑结构在各控制单元之间进行传输,以保证智能网联汽车的安全行驶。

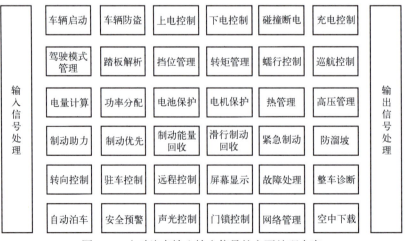

图1-10　电动汽车输入输出信号的主要处理内容

二、异构化

为满足各个功能子系统在网络带宽、实时性、可靠性和安全性的不同需求，CAN 总线、LIN 总线、FlexRay 总线、MOST 总线、以太网、自组织网络、移动互联网等多种网络技术都将在智能网联汽车上得到应用，因此，不同网络子系统中所采用的网络技术之间存在很大程度的异构性。这种异构性不仅体现在网络类型的不同，即使是同种类型的网络，在带宽和传输速率方面也存在异构性。例如，奥迪 A4 所使用的总线系统见表 1-4。

表 1-4 奥迪 A4 所使用的总线系统

总线系统	结构形式	数据传输速率	特性
混合动力 CAN 总线	双线式总线系统	500kbit/s	单线无法工作
舒适 CAN 总线	双线式总线系统	500kbit/s	单线无法工作
扩展 CAN 总线	双线式总线系统	500kbit/s	单线无法工作
信息娱乐 CAN 总线	双线式总线系统	500kbit/s	单线无法工作
诊断 CAN 总线	双线式总线系统	500kbit/s	单线无法工作
FlexRay 总线	双线式总线系统	10Mbit/s	单线无法工作
MOST 总线	光纤总线系统	150Mbit/s	环型结构，如果断路，就会导致整个系统失效
LIN 总线	单线式总线系统	20kbit/s	单线可以工作
LVDS 总线	双线式总线系统	约 200Mbit/s	单线无法工作
FBAS 总线	单线式总线系统	约 80Mbit/s	单线可以工作

网关用来实现不同网络子系统之间的互联和异构网络的集成，所以在网关内需要对协议进行转换。

三、层次化

智能网联汽车电控系统和先进驾驶辅助系统的网络体系结构具有层次化特点，它同时包括同一网络子系统内不同电子控制单元之间的通信和两个或多个网络子系统所包含的电子控制单元之间的跨网关通信等多种情况。未来汽车网络体系将实现层次化结构，如图 1-11 所示。无人驾驶汽车自动安全行驶的实现依赖于安全子系统、底盘控制子系统、车身子系统以及车辆对车辆（V2V）和车辆对基础设施（V2I）之间的交互和协同控制。

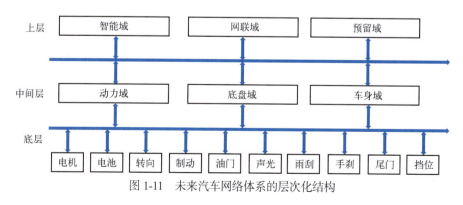

图 1-11 未来汽车网络体系的层次化结构

四、多变化

智能网联汽车的网络体系结构中包含的通信节点和体系结构的拓扑结构是变化的。拓扑结构主要有星型结构、环型结构、总线结构、树型结构、网状结构以及混合型结构等。如图 1-12 所示为奥迪 Q7 部分车载网络拓扑结构。

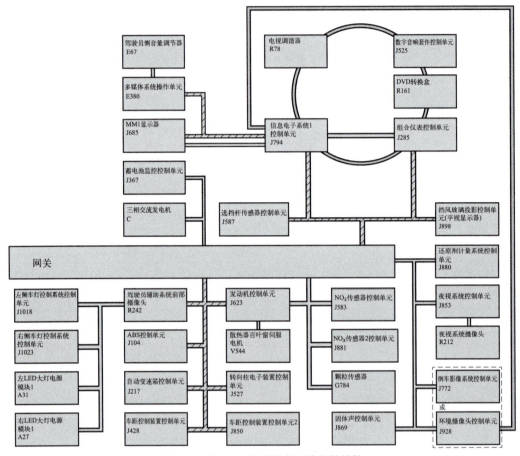

图 1-12 奥迪 Q7 部分车载网络拓扑结构

第三节 汽车网络参考模型

汽车网络参考模型主要有开放式系统互联（OSI）网络模型和传输控制协议/网际互连协议（TCP/IP）网络模型，其他车载网络模型都是以它们为基础演变而来。TCP 协议是一种面向连接的、可靠的、基于字节流的传输层通信协议；IP 协议是 TCP/IP 协议族中最为核心的协议，所有的 TCP、用户数据报协议（UDP）、互联网控制报文协议（ICMP）及互联网组管理协议（IGMP）的数据都以 IP 数据报格式传输。UDP 协议是 IP 上层的另一重要协议，它是面向无连接的、不可靠的数据报传输协议，它仅仅将要发送的数据报传送至网络，并接收从网上传来的数据报，而不与远端的 UDP 模块建立连接。ICMP 协议用于在 TCP/IP 网络中发送控制消息，提供可能发生在通信环境中的各种问题反馈，通过这些信息，使管理者可以对所发生的问题作出诊断，然后采取适当的措施解决。IGMP 协议的目的是让网络系统知道当前主机所在的多播组，根据这些信息以便于多播路由器知道多播数据应该向哪些接口转发。

一、OSI 网络模型

OSI 网络模型是国际标准化组织（ISO）定义的国际通用标准模型，其目的是制定全球统一的网络模型标准，让全球内的国家、组织可以实现网络互通。OSI 网络模型如图 1-13 所示。

图 1-13　OSI 网络模型

1. OSI 网络模型的体系结构

OSI 网络模型将计算机网络体系结构划分为七层，即物理层、数据链路层、网络层、传输层、会话层、表示层和应用层。每一层实现各自的功能和协议，并完成与相邻层的接口通信，即每一层扮演固定的角色，互不打扰。

（1）**物理层**　物理层的主要功能是利用传输媒介为数据链路层提供物理连接，实现相邻节点之间比特流（比特流是指一种内容分发协议）的透明传输，尽可能屏蔽掉具体传输媒介和物理设备的差异，使其上面的数据链路层不必考虑网络的具体传输媒介是什么。物理层主要和硬件有关，与软件关系不大。

物理层为数据端设备提供原始比特流的传输通路，例如，网络通信的数据传输媒介由电缆与设备共同构成，常见的有中继器、集线器、网线和 RJ-45 接口等。

（2）**数据链路层**　链路是指无源的点到点的物理连接。有线通信时，链路是指两个节点之间的物理线路，如电缆或光纤；无线通信时，链路是指基站和终端之间传播电磁波的路径空间。

数据链路层（DDL）负责建立和管理节点间的链路，其主要功能是通过各种控制协议，将有差错的物理信道变为无差错的、能可靠传输数据帧（帧是传输数据的最小单位）的数据链路。数据链路层通常又被分为媒介访问控制（MAC）子层和逻辑链路控制（LLC）子层。媒介访问控制子层的主要任务是解决共享型网络中多用户对信道竞争的问题，完成网络媒介的访问控制；媒介访问控制子层也受一个名为"故障界定"的管理实体监管，此故障界定为自检测机制，以便把永久故障和短时扰动区别开来。逻辑链路控制子层的主要任务是建立和维护网络连接，执行差错校验、流量控制和链路控制。数据链路层的具体工作是接收来自物理层的位流（位流也称为位模式，表示数据的不同类型，长度为 8 的位流称为一个字节）形式的数据，并封装成帧，传送到上一层；同样，也将来自上层的数据帧，拆装成位流形式的数据转发到物理层；并且还负责处理接收端发回的确认帧的信息，以便提供可靠的数据传输。

数据链路层在通信的实体间建立数据链路连接，比如将数据分帧并处理流控制（流控制是指数据在传输过程中容易出现数据丢失的现象）、物理地址寻址、重发等，常见的有网卡、网桥和交换机等。

（3）**网络层**　网络层是 OSI 网络模型中最复杂的一层，也是通信子网的最高一层。它在下两层的基础上向资源子网提供服务。其主要任务是通过路由选择算法，为报文或分组通过通信子网选择最适当的路径。该层控制数据链路层与传输层之间的信息转发，建立、维持和终止网络的连接。具体来说，数据链路层的数据在这一层被转换为数据包，然后通过路径选择、分段组合、顺序、进 / 出路由等控制，将信息从一个网络设备传送到另一个网络设备。一般数据链路层解决同一网络内节点之间的通信，而网络层主要解决不同子网间的通信。在广域网之间通信时，必然会遇到路由（即两节点间可能有多条路径）选择问题。

网络层为数据在节点之间传输创建逻辑链路，并分组转发数据，比如对子网间的数据包进行路由选择，常见的有路由器、交换机、防火墙、网际互连协议（IP）、互联网分组交换（IPX）协议、路由信息协议（RIP）和开放式最短路径优先（OSPF）协议等。IPX协议提供分组寻址和选择路由的功能，保证可靠到达，相当于数据报的功能；RIP是基于距离矢量算法的路由协议，利用跳数来作为计量标准；OSPF协议是用于IP网络的链路状态路由协议，该协议使用链路状态路由算法的内部网关协议，在单一自治系统内部工作。

（4）传输层　OSI网络模型下3层的主要任务是数据通信，上3层的主要任务是数据处理。传输层是通信子网和资源子网的接口和桥梁，起到承上启下的作用。传输层的主要功能有传输连接管理和处理传输差错，其中传输连接管理是指提供建立、维护和拆除传输连接的功能，传输层在网络层的基础上为高层提供面向连接和面向无接连两种服务；处理传输差错是指提供可靠的面向连接和不太可靠的面向无连接的数据传输服务、差错控制和流量控制。在提供面向连接服务时，通过这一层传输的数据将由目标设备进行确认，如果在指定的时间内未收到确认信息，数据将被重发。

传输层提供应用进程之间的逻辑通信，比如建立连接、处理数据包错误、数据包次序等。常见的有传输控制协议、用户数据报协议（UDP）、序列分组交换（SPX）协议等。SPX协议是IPX协议簇中的面向连接的协议，相当于TCP/IP协议簇中的TCP。

（5）会话层　会话层是用户应用程序和网络之间的接口，具体功能有会话管理、会话流量控制、寻址和出错控制。会话管理是指允许用户在两个实体设备之间建立、维持和终止会话，并支持它们之间的数据交换，如提供单方向会话或双向同时会话，并管理会话中的发送顺序，以及会话所占用时间的长短；会话流量控制是指提供会话流量控制和交叉会话功能；寻址是指使用远程地址建立会话连接；出错控制是负责纠正错误。

会话层建立端连接并提供访问验证和会话管理，比如使用校验点可使会话在通信失效时从校验点恢复通信，常见的有服务器验证用户登录和断点续传等。

断点续传是指在上传/下载时，将任务（一个文件或压缩包）人为地划分为几个部分，每一个部分采用一个线程进行上传/下载，如果碰到网络故障，可以从已经上传/下载的部分开始继续上传/下载未完成的部分，而没有必要从头开始上传/下载，可以节省时间，提高速度。

（6）表示层　表示层是对来自应用层的命令和数据进行解释，对各种语法赋予相应的含义，并按照一定的格式传送给会话层。其主要功能是处理用户信息的表示问题，如编码、数据格式转换和加密解密等。

表示层提供数据格式转换服务，如解密与加密、图片解码和编码、数据的压缩和解压缩，常见的有统一资源定位系统（URL）加密、口令加密和图片编解码等。

（7）应用层　应用层是计算机用户以及各种应用程序和网络之间的接口，其功能是直接向用户提供服务，完成用户希望在网络上完成的各种工作。它负责完成网络中应用程序与网络操作系统之间的联系，建立与结束使用者之间的联系，并完成网络用户提出的各种网络服务及应用所需的监督、管理和服务等各种协议。此外，该层还负责协调各个应用程序间的工作。

应用层是访问网络服务的接口，比如为操作系统或网络应用程序提供访问网络服务的接口，常见的有远程登录（Telnet）协议、文件传输协议（FTP）、超文本传输协议（HTTP）、简单网络管理协议（SNMP）和域名系统（DNS）协议等。Telnet 协议是用来登录到远程计算机上，并进行信息访问的协议，通过它可以访问所有的数据库、联机游戏、对话服务以及电子公告牌等；FTP 是用于在网络上进行文件传输的一套标准协议，它工作在 OSI 网络模型的第七层，TCP 模型的第四层，即应用层；HTTP 是一个简单的请求 - 响应协议，它通常运行在 TCP 之上，指定了客户端可能发送给服务器什么样的消息以及得到什么样的响应；SNMP 是专门设计用于在 IP 网络管理网络节点的一种标准协议；DNS 协议是互联网的一项服务，它作为将域名和 IP 地址相互映射的一个分布式数据库，能够使人更方便地访问互联网。

由于 OSI 是一个理想的模型，因此一般网络系统只涉及其中的几层，很少有系统能够具有所有的 7 层，并完全遵循它的规定。

2. OSI 网络模型中的数据传输

OSI 网络模型中数据的传输过程如图 1-14 所示。

图 1-14　OSI 网络模型中数据的传输过程

① 设备 A 向设备 B 发送数据，该数据是一个应用层程序产生的，如浏览器或者电子邮件的客户端等。

② 设备 A 的应用层将数据处理完成后会交给下面的表示层，表示层会进行必要的格式转换，使用一种通信双方都能识别的编码来处理该数据，同时将处理数据的方法添加到数据中，以便接收端知道怎样处理数据。

③ 表示层处理完成后，将数据交给下面的会话层，会话层会在设备 A 和设备 B 之间建立一条只用于传输该数据的会话通道，并监视它的连接状态，直到数据同步完成后才断开该会话。注意：设备 A 和设备 B 之间可以同时有多条会话通道，但每一条都和其他的不同，会话层的作用就是区别不同的会话通道。

④ 会话通道建立后，为了保证数据在传输中的可靠性，需要在数据传输的构成中对数据进行必要的处理，如分段、编号、差错校验、确认和重传等。这些方法的实现必须依赖通信双方的控制，传输层的作用就是在通信双方之间利用通道传输控制信息，完成数据的可靠传输。

⑤ 网络层是实际传输数据的层次，在网络层中必须将传输层中处理完成的数据再次封装，添加上自己的地址信息和接收端的地址信息，并且要在网络中找到一条由自己到接收端

的最佳路径，然后按照最佳路径发送到网络中。

⑥ 数据链路层将网络层的数据再次封装，该层会添加能唯一标识每台设备的地址（MAC 地址）信息，使这个数据在相邻的两个设备之间一段一段地传输，最终到达目的地。

⑦ 物理层是将数据链路层的数据转换成电信号传输的物理线路。设备 A 通过物理线路传输数据到设备 B 后，设备 B 会将电信号转换成数据链路层的数据，数据链路层再去掉本层的 MAC 地址信息和发送端添加的内容上交给网络层，网络层同样去掉发送端网络层添加的内容并上交给自己的上层，最终数据到达设备 B 的应用层，应用层看到数据使用了简单邮件传输协议（SMTP）封装，就会应用电子邮件的软件来处理。SMTP 是建立在 FTP 文件传输服务上的一种邮件服务，主要用于系统之间的邮件信息传递，并提供有关来信的通知。

两个 OSI 网络模型之间的通信看似是水平的，但实际上数据的流动过程是由最高层垂直地向下交给相邻下层的过程，只有最下面的物理层进行了实际的通信，而其他层只是一种相同层使用相同协议的虚通信。OSI 网络模型中数据的具体传输过程如图 1-15 所示。

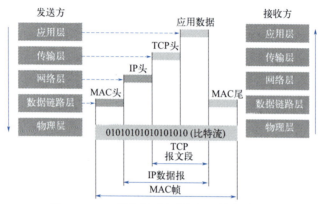

图 1-15 OSI 网络模型中数据的具体传输过程

MAC 帧是数据帧的一种，是数据链路层的协议数据单元，它包括帧头（MAC 头）、数据部分（IP 数据报）和帧尾（MAC 尾）。其中，帧头和帧尾包含一些必要的控制信息，比如同步信息、地址信息、差错控制信息等；数据部分则包含网络层传下来的数据。

传输控制协议（TCP）的传输数据格式是 TCP 头 + 应用数据。

IP 数据报也叫 IP 报文分组，传输在 OSI 网络 7 层结构中的网络层，它由 IP 报文头和 IP 报文用户数据组成，IP 报文头的长度一般在 20 到 60 个字节之间，而一个 IP 分组的最大长度则不能超过 65535 个字节。

二、TCP/IP 网络模型

TCP/IP 协议是指能够在多个不同网络间实现信息传输的协议簇，也称作网络通信协议，它对互联网中各部分进行通信的标准和方法进行了规定，使不同型号、不同厂家、运行不同操作系统的计算机之间通过 TCP/IP 协议栈实现相互间的通信。

OSI 网络模型由 7 层组成，而 TCP/IP 网络模型分为 4 层结构，从上到下分别依次是应用层、传输层、网络层和网络接口层，如图 1-16 所示。

TCP/IP 网络模型各层的功能如图 1-17 所示，可以看出，TCP/IP 网络模型就是一个包含各层协议的协议群。图中 HTTP 为超文本传输协议；Telnet 为远程登录协议；FTP 为文件传输协议；TFTP 为简单文件传输协议；TCP 为传输控制协议；UDP 为用户数据报文协议；IPv4 为互联网通信协议第 4 版；IPv6 为互联网通信协议第 6 版；ICMP 为互联网控制信息协议；ARP 为地址解析协议，是根据 IP 地址获取物理地址的一个 TCP/IP 协议；RIP 为路由信息协议；OSPF 为开放式最短路径优先协议；BGP 为边界网关协议，是运行于 TCP 上的一种自治系统的路由协议，主要功能是和其他的 BGP 系统交换网络可达信息；Ethernet 为以太网；PPP 为点对点协议，主要是用来通过拨号或专线方式在两个网络节点之间建立连接、发送数据。

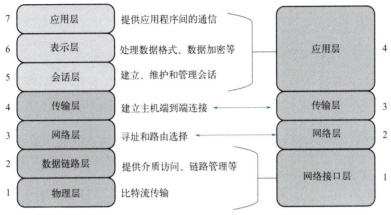

图 1-16　OSI 网络模型与 TCP/IP 网络模型

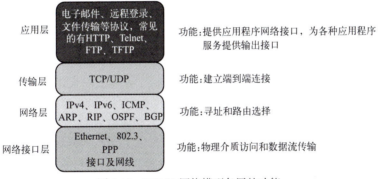

图 1-17　TCP/IP 网络模型各层的功能

第四节　车载网络数据传输方式

数据传输方式是指数据在信道上传送所采取的方式。信道是指为数据信号传输提供的通路，分为狭义信道和广义信道。狭义信道仅指传输媒介本身，即能够传输信号的任何抽象的或具体的通路，如电缆、光纤、微波、短波等；广义信道包含传输媒介和完成各种形式的信号变换功能的发送及接收设备，可看成是一条实际传输线路及相关设备的逻辑部件。

一、数据传输方式分类

数据传输方式可以按数据传输的顺序、数据传输的同步方式、数据传输的流向和时间关系进行分类，如图 1-18 所示。

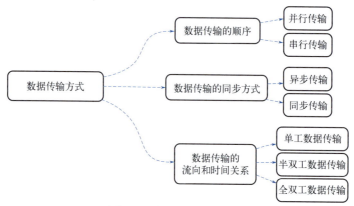

图 1-18 数据传输方式分类

1. 按数据传输的顺序分类

按数据传输的顺序，数据传输可以分为并行传输和串行传输。在计算机中，通常是用 8 位的二进制代码表示一个字符。二进制代码是由两个基本字符 0 和 1 组成的代码。

（1）**并行传输** 并行传输是将数据以成组的方式在两条以上的并行通信信道上同时传输，如图 1-19 所示，将表示一个字符的 8 位二进制代码同时用 8 条并行通信信道发送出去，一条信道一次发送一个代码，因此不需要其他措施就实现了发送方和接收方的字符同步。并行传输的优点是速度快；缺点是传输信道多，设备复杂，成本较高，仅适合于近距离和高速率的通信。

（2）**串行传输** 串行传输是数据流以串行方式在一条信道上传输，如图 1-20 所示，将待传输的每个字符的二进制代码按由低位到高位的顺序依次发送。串行传输的优点是易于实现；缺点是要解决接收方和发送方码组或字符的同步，需外加同步措施。

采用串行传输方式只需要在收发双方之间建立一条通信通道；采用并行传输方式，收发双方之间必须建立并行的多条通信信道。对于远程传输，在同样传输速率的情况下，并行传输在单位时间内所传送的码元（承载信息量的基本信号单位）数是串行传输的 n 倍（此例中 $n=8$）。由于需要建立多个通信信道，并行传输方式的造价较高，因此，在远程传输中，一般采用串行传输方式。

如图 1-21 所示为并行数据总线和串行数据总线。

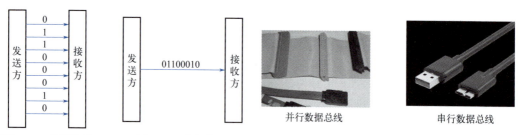

图 1-19 并行传输　　图 1-20 串行传输　　图 1-21 并行数据总线和串行数据总线

2. 按数据传输的同步方式分类

按数据传输的同步方式，数据传输可分为异步传输和同步传输。

（1）异步传输 异步传输每次传送一个字符代码，在发送每一个字符代码的前面均加一个"起"信号，后面均加一个"止"信号。它以连续的字节流传输数据。通常，发送的字符的大小为 8 位，其中添加了奇偶校验位，即一个起始位和一个终止位，所以总共为 10 位。如图 1-22 所示为异步传输。

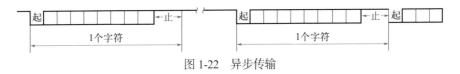

图 1-22　异步传输

异步传输有以下优点。
① 异步传输不需要接收器和发射器同步。
② 异步传输是一种非常灵活的数据传输技术。
③ 异步传输方式实施起来很简单。
④ 异步传输允许用户从具有不同位速率的来源发送信号。
⑤ 当数据字节传输完成后，可以继续进行数据传输。

异步传输有以下缺点。
① 由于难以确定同步，可能会发生定时错误。
② 由于信道上的噪声，起始位和终止位可能被错误地识别。
③ 起始位和终止位是异步传输中必须利用的额外位。
④ 异步传输以较慢的速率传输信息。

异步传输可用于微信、电子邮件、论坛、电视和收音机等。

（2）同步传输 同步传输是以固定时钟节拍来发送数据信号的，在串行数据流中，各字符之间的相对位置都是固定的，因此不必给每个字符加"起"信号和"止"信号，只需在一串字符流前面加一个起始字符，后面加一个终止字符，表示字符流的开始和结束。

同步传输有两种同步方式：字符同步和帧同步。如图 1-23 所示是字符同步传输方式，在一串字符流前面加 SYN 作为同步字符，SOH 作为起始字符，后面加 EOT 作为终止字符。如图 1-24 所示为帧同步传输方式，数据的发送是以一帧为单位，在一帧的前面加起始标志，表示一帧的开始，后面加终止标志，表示一帧的结束。数据在网络中传输时是以帧为单位进行传输的，不同网络使用不同的协议封装数据帧，它们定义的帧格式也不一样。

图 1-23　字符同步传输方式

图 1-24　帧同步传输方式

同步传输有以下优点。
① 同步传输可以帮助用户传输大量的数据。
② 在字符传输中不需要加起始位和停止位。

③同步传输还有助于减少计时错误。

④同步传输允许连接的设备进行实时通信。

同步传输有以下缺点。

①发送方和接收方必须同时在同一时钟频率下工作。

②接收数据的准确性由接收器精确计算接收比特（信息量单位）的能力决定。

同步传输可用于聊天室、视频会议、电话对话以及面对面的交互等。

同步传输和异步传输具有以下主要区别。

①同步传输需在发送方和接收方之间共享一个共同的时钟脉冲实现同步通信；异步传输的发送方和接收方有自己的内部时钟，因此不需要外部的共同时钟脉冲。

②在同步传输中，数据是以帧的形式传输的；异步传输则是一次一个字节地传输数据。

③在同步传输中，两个连续的广播之间的时间量保持不变；在异步传输中，两个连续的传输之间的时间间隔是随机的。

④同步传输的数据传输速率是很快的；异步传输的数据传输速率很慢。

⑤同步传输复杂且成本高；异步传输则简单且成本低。

⑥同步传输中数据字节之间是没有间隙的；异步传输中数据字节之间是有间隙的，它有起始位和终止位，在这两个位之间存在着实际的数据。

⑦同步传输在终端不需要任何存储；异步传输需要在线路的两端建立本地缓冲存储器来构建块。

⑧同步传输主要使用语音频带和宽频带信道；异步传输主要使用类型有限的语音带信道。

⑨同步传输由硬件和软件实现；异步传输只由硬件实现。

3. 按数据传输的流向和时间关系分类

按数据传输的流向和时间关系，数据传输可以分为单工数据传输、半双工数据传输和全双工数据传输。

（1）单工数据传输 单工数据传输的两数据站之间只能沿一个指定的方向进行数据传输，如图1-25所示。如灯塔发出光信号，航船只能接收信号。

（2）半双工数据传输 半双工数据传输的两数据站之间可以在两个方向上进行数据传输，但不能同时进行，如图1-26所示。每一端的数据终端设备既可作数据源，也可作数据宿，但不能同时作数据源和数据宿。实际上是一种切换方向的单工数据传输。例如A能发信号给B，B也能发信号给A，但这两个过程不能同时进行。可以想象一下对讲机，你并不能马上收到回复，而且前提是双方不能在同一个状态，如果双方同时处于接收状态或同时处于发送状态，便不能正常通信。

图1-25 单工数据传输　　　　图1-26 半双工数据传输

（3）全双工数据传输 全双工数据传输的两数据站之间可以在两个方向上同时进行传输，如图1-27所示。每一端的数据终端设备均可同时作为数据源和数据宿。通常四线线路实现全双工数据传输，二线线路实现单工或半双工数据传输。全双工数据传输比半双工数据传输又进了一步，在A给B发送信号的同时，B也可以给A发送信号。典型的例子就是打电话，双方都能说，对方也能听到。

在单工数据传输模式下，信号向一个方向发送；在半双工数据传输模式下，信号双向发送，但一次发送一个；

图 1-27　全双工数据传输

在全双工数据传输模式下，信号同时在两个方向上发送。在单工数据传输模式下，只有一个设备可以传输信号；在半双工数据传输模式下，两个设备都可以传输信号，但一次一个；在全双工数据传输模式下，两个设备可以同时传输信号。全双工数据传输的性能优于半双工数据传输的性能，而半双工数据传输的性能又优于单工数据传输的性能。

二、数据传输控制方式

按照输入/输出（I/O）控制功能的强弱以及和中央处理器（CPU）之间联系方式的不同，输入/输出设备的数据传输控制方式主要有程序直接控制方式（查询控制方式）、程序中断控制方式、直接存储器存取（DMA）控制方式和通道控制方式。

图 1-28　CPU 实物

CPU 是由集成电路组成的，是节点的核心元件，主要用于算术和逻辑运算，控制各个部件的工作。如图 1-28 所示为 CPU 实物。

I/O 控制器如图 1-29 所示，它主要由中央处理器与控制器的接口、I/O 逻辑、控制器与设备的接口组成。中央处理器与控制器的接口用于实现中央处理器与控制器之间的通信，中央处理器通过控制线发出命令，通过地址线指明要操作的设备，通过数据总线取出（输入）数据或放入（输出）数据；I/O 逻辑用于负责接收命令和识别中央处理器的各种命名（如地址译码），并根据中央处理器的命令给相应的设备发送命令；控制器与设备的接口用于实现控制器和设备之间的通信。I/O 控制器中的数据寄存器用于存放从设备发送来的输入数据或从中央处理器发送来的输出数据；控制寄存器用于存放从中央处理器发送来的控制信息；状态寄存器用于存放从设备发送来的设备的状态信息。

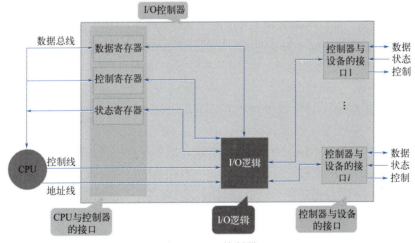

图 1-29　I/O 控制器

如果中央处理器想通过设备输出一个数据，首先中央处理器控制线向 I/O 逻辑发出一个输出的指令，同时在地址线上说明自己要操作哪个设备，并把要输出的数据存放在数据寄存器中（如果指令中带有参数，那么参数就会存放在控制寄存器中），I/O 逻辑接收命令并识别了中央处理器的指令，找到相应的设备，并根据该设备的状态寄存器判断当前设备的状态，如果当前设备是空闲的，那么 I/O 逻辑将数据寄存器中的值取出，通过设备与控制器的接口将数据输出到外部设备上。

1. 程序直接控制方式

程序直接控制方式也称查询控制方式，如图 1-30 所示。

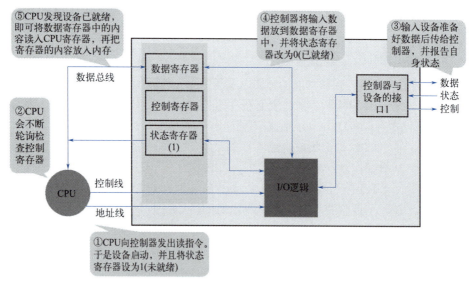

图 1-30　程序直接控制方式

以完成一次读操作为例，程序控制按以下流程进行。

① 中央处理器通过控制线向 I/O 控制器发出一个读指令，I/O 控制器会根据中央处理器的要求启动相应的设备，并将这个设备相应的状态设置为 1，表示设备忙碌（未就绪）。

② 设备准备中央处理器想要输入的数据，但由于设备和中央处理器处理速度的差异，在设备还没有完成 I/O 之前，中央处理器会一直不断轮询检查设备的状态，若状态寄存器的值一直是 1，说明设备还没有准备好要输入的数据，于是中央处理器会不断轮询。

③ 如果设备已经准备好了输入的数据，设备会向 I/O 控制器传送要输入的数据，并且报告自身的装填状态是已就绪状态。

④ I/O 逻辑将要输入的数据放到数据寄存器中，并且将状态寄存器的值改为 0（已就绪）。

⑤ 在状态寄存器改为 0 时，中央处理器轮询检查到了数据已经准备好，设备已就绪，即可将数据寄存器中的内容读入中央处理器自己的寄存器中，再把寄存器的内容放入内存的值（数据从设备到内存需要经过中央处理器），这样就完成了一次读操作。

程序直接控制方式的优点是实现简单，在读/写指令之后加上实现循环检查的一系列指令即可；缺点是中央处理器和 I/O 设备只能串行工作，中央处理器需要一直轮询检查，长期处于"忙等"状态，中央处理器利用率低。

程序直接控制方式的具体实现又可分为无条件传输和查询传输。无条件传输方式适用于能随时读写的设备；查询传输方式适用于中央处理器不太忙、传输速率要求不高的场合。

2. 程序中断控制方式

对于程序控制方式中央处理器利用率低的问题，引入了中断机制。当外部设备准备好时，由外部设备通过接口电路向中央处理器发出中断请求信号，中央处理器在允许的情况下，暂停执行当前正在执行的程序，响应外部设备中断，转入执行相应的中断服务子程序，与外部设备进行一次数据传输，数据传输结束后，中央处理器返回继续执行原来被中断的程序。

程序中断控制方式的优点是 I/O 控制器会通过中断信号主动报告 I/O 已完成，中央处理器不再需要不停地轮询，可以和 I/O 设备并行工作，利用效率明显提升；缺点是每个字在 I/O 设备和内存之间传输，都需要经过中央处理器，而频繁的中断处理会消耗较多的中央处理器时间。

程序中断控制方式适用于中央处理器的任务较忙、传输速率要求不高的场合，尤其适合实时控制中的紧急事件处理。

3. DMA 控制方式

DMA 控制方式如图 1-31 所示。DMA 控制器主要由 CPU 控制器接口、I/O 控制逻辑、块设备控制器接口组成。数据寄存器暂存从设备到内存或者从内存到设备的数据。在设备向内存输入数据时，内存地址寄存器表示输入的数据应该存放到内存的什么位置；在内存向设备输出数据时，内存地址寄存器表示输出的数据应该存放到内存的什么位置。数据计数器表示剩余要读/写的字节数。命令/状态寄存器用于存放中央处理器发来的 I/O 命令或设备的状态信息。

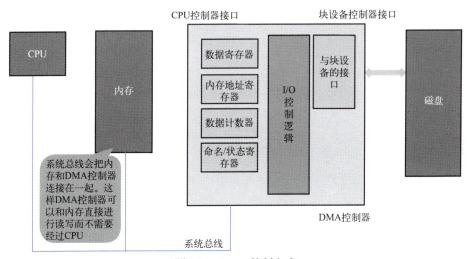

图 1-31 DMA 控制方式

DMA 控制方式的控制过程：首先中央处理器给 I/O 模块一个的指令，中央处理器指明此次要进行的操作（如读操作），并说明要读入多少数据，数据存放在内存什么地方，以及数据在外部设备上的地址等，之后中央处理器就可以去做其他事了。接下来 DMA 控制器就可以根据中央处理器的命令参数来完成一系列的读工作，DMA 控制器从磁盘的指定位置读取一个字（DMA 一次读取的也是一个字），然后存储在数据寄存器中，再从数据寄存器写入到中央处理器指定的内存位置中，当一个（多个）块的数据读完后，DMA 控制器会向中央处理器发出一个中断信号，中央处理器检测到中断信号后会处理这个中断。由此可见，DMA 控制器直接与内存进行高速数据传送，并不经过中央处理器（中央处理器不参与数据传送工作），总线控制权不在中央处理器处,而由 DMA 控制器控制。

DMA 控制方式的优点是数据传输以"块"为单位,中央处理器介入的频率进一步降低;数据的传输不再需要先经过中央处理器再写入内存,数据传输效率进一步提高,中央处理器和 I/O 设备的并行性能得到提升。DMA 控制方式的缺点是中央处理器每发出一条 I/O 指令,只能读 / 写一个或多个连续的数据块;如果要读 / 写多个离散的块,或者要将数据分别写到不同的内存区域时,中央处理器要分别发出多条 I/O 指令,进行多次中断操作。

DMA 控制方式适用于存储器与存储器之间、存储器与外部设备之间的大批量数据传送的场合。

4. 通道控制方式

通道是一种硬件,可以把通道理解为一种"低配版的中央处理器"。通道可以识别并执行一系列通道指令。通道控制方式如图 1-32 所示。

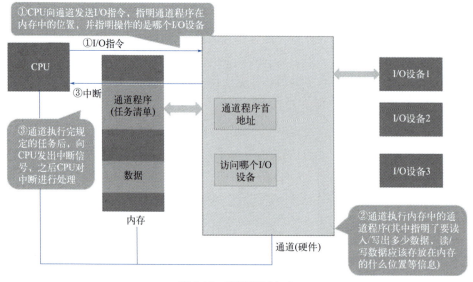

图 1-32　通道控制方式

通道控制方式的控制过程:当中央处理器要完成一组相关的读 / 写操作及相关控制时,只需向 I/O 通道发送一条 I/O 指令,以给出其所要指向的通过程序的首地址和要访问的 I/O 设备,之后中央处理器就可以去执行其他操作了。通道在接收到该指令后,根据通道程序首地址来找到通道程序在内存中的位置并执行通道程序,当通道完成通道程序,即完成数据传送后,就会向中央处理器发出一个中断信号,中央处理器检测到中断信号后会处理这个中断。在通道控制方式中,读 / 写多少数据,数据存放的位置都是由通道控制的。通道控制方式就是中央处理器告诉通道去执行一个任务,中央处理器把任务的清单已经放在内存中,具体的任务并不是中央处理器告诉通道的,而是通过直接读取通道程序中的内容知道的。

通道和中央处理器的区别在于通道能识别的指令单一,通道没有自己的内存,需要和中央处理器共享内存,所以说可以把通道看作"低配版的中央处理器"。

通道控制方式和 DMA 控制方式的区别在于 DMA 控制方式需要中央处理器来控制传输的数据块的大小、传输的位置,而通道控制方式中的这些信息是由通道控制的。另外,每个 DMA 控制器对应一台设备与内存传输数据,而一个通道可以控制多台设备与内存数据交换。

通道控制方式的优点是中央处理器、通道、I/O 设备可并行工作，资源利用率很高；缺点是实现复杂，需要专门的硬件支持。

程序直接控制方式和程序中断控制方式适用于数据传输速率比较低的外部设备，而 DMA 控制方式和通道控制方式适用于数据传输速率比较高的外部设备。

数据传输控制方式的比较见表 1-5。

表 1-5　数据传输控制方式的比较

数据传输控制方式	控制过程	CPU 干预频率	每次传输数据的单位	数据流向	优缺点
程序直接控制方式	CPU 发出指令后需要不断轮询	极高	字	设备→CPU→内存 内存→CPU→设备	每一个阶段的优点都是解决上一个阶段的最大缺点；尽量减少 CPU 对 I/O 过程的干预，把 CPU 从繁杂的 I/O 控制中解脱出来，去完成其他任务
程序中断控制方式	CPU 发出 I/O 指令后可以做其他事情，本次 I/O 完成后设备控制器发出中断信号	高	字	设备→CPU→内存 内存→CPU→设备	
DMA 控制方式	CPU 发出 I/O 指令后可以做其他事情，本次 I/O 完成后 DMA 控制器发出中断信号	中	块	设备→内存 内存→设备	
通道控制方式	CPU 发出 I/O 指令后可以做其他事情，通道执行通道程序完成 I/O，完成后通道向 CPU 发出中断信号	低	一组块	设备→内存 内存→设备	

三、模拟信号和数字信号

数据传输信号有模拟信号和数字、信号，模拟信号是连续的波形，其幅值会随着时间的变化而连续变化，模拟信号包括连续变化的音视频信号；数字信号是指电压或电流在幅值上和时间上是离散、突变的信号，如图 1-33 所示。二进制码就是一种数字信号，二进制码受噪声的影响小，易于由数字电路进行处理，所以在车载网络信号传输中得到广泛应用。

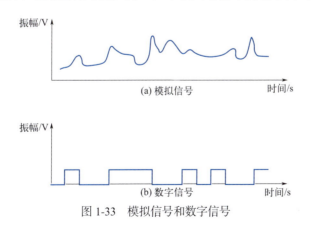

图 1-33　模拟信号和数字信号

单线传输信号（如 LIN 总线信号），控制单元通过识别电平的高低来判断信息的含义；双线传输信号（如 CAN 总线信号），控制单元通过识别两根数据线的电平差（差分电压）来判断信息的含义。

第五节　车载网络拓扑结构

车载网络拓扑结构展示了汽车所有控制器是如何连接到数据总线上的，同时也展示了控制器是通过哪些总线互相交换信息的。

车载网络拓扑结构直接关系到汽车通信系统的稳定性和可扩展性等，进而关系到整车的质量、安全与开发成本等。车载网络拓扑结构的类型主要有总线型、星型和环型等，如图 1-34 所示。

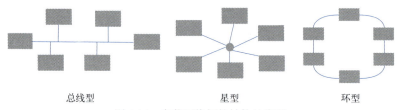

总线型　　　　　　　星型　　　　　　　环型

图 1-34　车载网络拓扑结构的类型

1. 总线型网络拓扑结构

总线型网络拓扑结构是在汽车拓扑布局中最常见的一种，采用总分结构。当 CAN 总线通信模块数量较少且网络负载率在设计阈值范围内时，通常采用单路 CAN 总线拓扑结构，即一条 CAN 双绞线主干线，各分支线分别与 CAN 主干线连接。当 CAN 总线通信模块数量较多且网络负载超过设计阈值时，需要设计多路 CAN 总线。各路 CAN 总线之间需要交互的信号通过网关或路由进行转发，同时网关或路由可以过滤掉不符合规则的网络 ID 报文，减少网络不合理的负载。

信号交互较多的模块放置在同一路 CAN 总线，这样可以提高模块响应速度，有利于模块短时间做出响应。例如电子稳定程序控制、电动助力转向控制和智能驾驶控制交互非常频繁，在开启紧急制动、车道保持等功能时需要实时控制制动和转向，且电子稳定程序控制和电动助力转向控制要实时反馈执行的情况，故将这三个模块放置在一路 CAN 总线网络，三者之间的交互不需要通过网关转发，提高了信息实时处理效率。

具有远程通信的模块会更容易受到外部攻击，故将具有远程通信的模块单独放置在一路 CAN 总线，且网关路由在中间可以起到防火墙隔离作用。

总线型网络拓扑结构有以下优点。

① 总线型结构所需要的电缆长度短。

② 总线型结构简单。

总线型网络拓扑结构有以下缺点。

① 支线与干线连接处需要将线束外皮拨开再进行焊接熔合，工艺较复杂。

② 支线长度限制严格，不利于线束布置，拓展性较差，且存在支线反射。

③ 总的线束长度有要求，一般不大于 40m。

2. 星型网络拓扑结构

星型网络拓扑结构越来越多地应用于汽车网络拓扑中，即所有模块最终汇集于一点，再通过集线器接在一起，所有模块之间的通信都需要经过中心点。

在星型网络拓扑结构中，每个模块通过点对点连接到中央点，任何两站之间的通信都通过中央点进行。和总线型网络拓扑结构一样，由于 CAN 总线是个多主站结构的通信网络，只要总线是空闲的，任何一个端接节点都可以发送数据。

CAN 总线采用星型网络拓扑结构有以下优点。

① 系统没有支线的概念，不存在支线反射现象。

② 网络布线简单，连接工艺简单，不存在焊接造成的线束缺陷。

③ 在不考虑集线器端口数量的情况下，总的线束长度不受限制。

④ 易于拓展，在原有线束上增加 CAN 总线通信模块时，无须更改原有 CAN 双绞线。

⑤ 支线长度没有严格限制，最长可达 15m。

星型网络拓扑结构有以下缺点。

① 所需的线束长度较长。

② 需要增加集线器。

③ 对中央及集线点的通信能力要求较高。

3. 环型网络拓扑结构

环型网络拓扑结构是将所有模块依次连接在一起，每个模块既需要负责各自的通信，同时也要承担整个网络通信的需求，如果一个模块出了问题，会导致整个网络瘫痪。MOST 总线经常采用环型网络拓扑结构。

环型网络拓扑结构有以下优点。

① 信息流在网络中是沿着固定方向流动的，两个节点仅有一条道路，故简化了路径选择的控制。

② 环路上各节点都是自举控制（根据规则自动引导控制），故控制软件简单。

环型网络拓扑结构有以下缺点。

① 由于信息源在环路中是串行地穿过各个节点，当环中节点过多时，势必影响信息传输速率，使网络的响应时间延长。

② 环路是封闭的，不便于扩充。

③ 可靠性低，一个节点故障，将会造成全网瘫痪；维护难，对分支节点故障定位较难。

车载网络经常采用混合型网络拓扑结构。混合型网络拓扑结构融合了总线型、星型和环型的优点，具体布置网络拓扑结构时要根据实际情况进行适当的调整以达到高效合理的网络拓扑结构。

如图 1-35 所示为奥迪信息娱乐系统的拓扑结构，它属于总线型、星型和环型的混合型网络拓扑结构。

传统汽车网络拓扑结构如图 1-36 所示，它主要是由 CAN 总线和 LIN 总线组成，车内分布式电子控制单元按照功能划分为动力总成 CAN、车身控制 CAN、辅助驾驶 CAN 等总线区域；车窗、车灯和天窗等则通过 LIN 总线接入 CAN 总线网络。需要注意的是，不同企业对 CAN 总线划分方式不同，分类也不同，即使是同一控制单元，也可能分在不同的 CAN 总线中。

智能网联汽车网络拓扑结构如图 1-37 所示，以车载以太网作为骨干网络，将核心域控制器（动力总成域、车身域、娱乐域和辅助驾驶域）连接在一起。各个域控制器在实现专用的控制功能的同时，还提供强大的网关功能。在各个域控制器的下方，各部件之间的通信基本是通过 CAN FD 总线来实现数据共享，这种类似于传统车载网络架构（娱乐域控制器与其子部件的通信将通过以太网实现）。

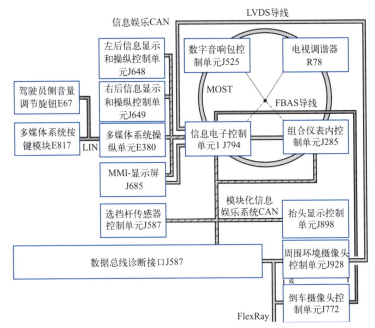

图 1-35 奥迪信息娱乐系统的拓扑结构

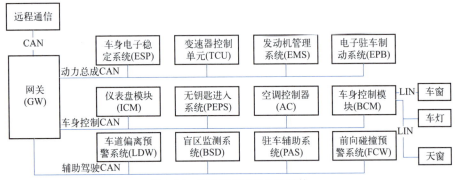

图 1-36 传统汽车网络拓扑结构

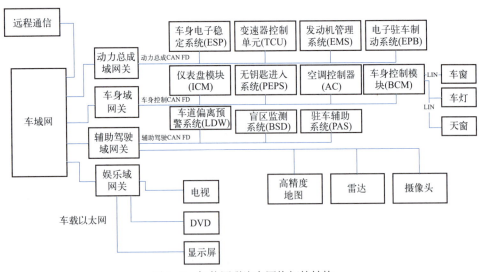

图 1-37 智能网联汽车网络拓扑结构

未来智能网联汽车的网络架构将以太网作为主网络，娱乐系统和辅助驾驶系统选用以太网充当子网络，兼容传统动力总成 CAN 及车身控制 CAN 子网络。辅助驾驶系统选用以太网传输高清摄像头、高精度雷达的大数据，娱乐系统选用以太网传输音视频影音数据。汽车的相关数据（汽车状态数据、道路环境高清视频数据、雷达数据）可通过远距离通信模块或车对外界的信息交换（V2X）方式等传输到外界云端、基站和数据控制中心等。汽车的娱乐系统控制器可通过 Wi-Fi、蓝牙等方式下载音视频，使乘客在汽车上就可以享受家庭影院的效果。车载网络技术会逐渐向智能化、高速化和统一化方向发展。

第六节　汽车电子电气架构

车载网络与汽车电子电气架构密切相关，随着汽车电子电气架构的改变，车载网络也将改变。电子电气架构（EEA）为汽车底盘架构打下了坚实基础。如今的汽车底盘架构不仅仅是机械架构，为实现辅助驾驶功能和其他智能化功能，整车上需要安装大量传感器和控制器，还需要大量线束将它们连接起来，汽车电子电气架构的重要性就显现出来了。汽车电子电气架构将汽车上的各类传感器、控制器、线束硬件和汽车上的软件有机结合起来，使汽车的架构达到简化的同时，还能够提高运行效率。汽车电子电气架构会随着汽车功能的增多而演变。

一、汽车电子电气架构的定义

汽车电子电气架构是把汽车中的各类传感器、执行器、电子控制单元、线束和电子电气分配系统整合在一起完成运算并分配动力和能量，进而实现整车的各项功能。通过电子电气架构的设计，可以将车身、热管理、动力、底盘、信息娱乐、智能驾驶、内外饰及安全等信息转化为实际分配的物理布局、信号网络、数据网络、诊断和电源管理等电子电气解决方案，如图 1-38 所示。

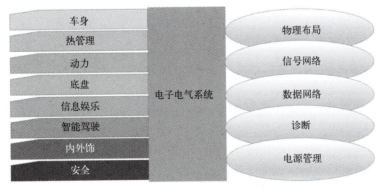

图 1-38　电子电气架构的设计

汽车电子电气架构是随着芯片和通信技术的发展而不断发展的，从分布式到域控制再到集中式，汽车电子电气架构正在发生巨大的变化。

二、分布式电子电气架构

汽车诞生之初是个纯机械产品，车上没有蓄电池，车上的设备亦不需要电力，1927 年德国博世公司开发出铅蓄电池,从此汽车上的电子设备才有了可靠的电力来源。

20世纪80年代,随着信息技术(IT)的起步和兴起,汽车电子化迅猛发展,电子控制单元逐渐成为汽车的重要组成部分。电子控制单元最早用于控制发动机工作,之后逐渐占领了整个汽车,从防抱死制动系统、电控自动变速器、驱动力控制系统、主动悬架系统、安全气囊系统、汽车电子稳定控制系统等,到现在逐渐延伸到了车身、驾驶辅助、娱乐等控制系统。电子控制单元大多数是连接至一个或多个系统总线的网络节点,最后由CAN总线、LIN总线和(或)FlexRay总线等与其连接的各种总线系统构成了汽车中的分布式电子电气架构。如图1-39所示为由CAN总线、LIN总线、MOST总线和以太网构成的分布式电子电气架构。

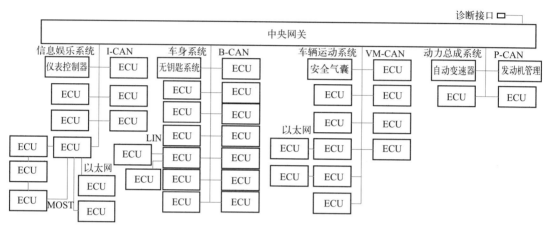

图1-39 分布式电子电气架构

20世纪90年代初,平均一辆汽车上的电子控制单元数量不足10个,而现在一辆汽车上的电子控制单元数量可超过100个,部分高端汽车的电子控制单元数量甚至超过300个。大量电子控制单元带来诸多弊端:组成的车载网络规模庞大,使线束成为全车第二重部件,总线长度突破6km,大大增加了制造成本与能耗,也造成了算力的冗余浪费;不同的电子控制单元采用不同的嵌入式操作系统和应用程序,由不同的一级汽车供应商提供,无论是汽车功能的开发还是后期的维护升级,车企均需要和这些供应商分别沟通协作,过程烦琐,汽车开发周期也因此拉长,人力物力成本随之增长;软硬件强耦合,语言和编程风格迥异,功能更新需同步升级软硬件,导致没法统一维护和升级空中下载技术(OTA);另外在愈发复杂的线路中保证数据处理以及网络安全将成为难题。

电动化、智能化浪潮来袭,汽车分布式电子电气架构不堪重负,已不能适应汽车智能化的进一步进化。智能驾驶、智能座舱是消费者能感知到的体验,背后除了需要强大的传感器、芯片,更需要先进的电子电气架构的支持,电子电气架构决定了智能化功能发挥的上限。如果没有先进的电子电气架构做支撑,再多表面智能功能的搭载也无法支持汽车的持续更新和持续领先,更无法带来汽车成本的降低和生产研发的高效。

分布式电子电气架构的极限是L2级别的自动驾驶,L3级别已经超出承受范围。以大众分布式MQB平台为例,CAN总线上已经挂了很多电子控制单元,如果再挂雷达,通信协议总量将不支持;如果把全部的CAN总线换成2Mbit/s的传输速率,相当于做了半个架构的改造。

智能座舱和自动驾驶需要更多的电子控制单元和传感器,但分布式电子电气架构已经达到瓶颈，算力和总线信号传输速率远远不能满足需求，因此必须引入搭载更高性能车规级芯片的域控制器、车载以太网和集中式电子电气架构。

三、汽车电子电气架构的演进趋势

汽车电子电气架构的升级路径表现为分布式电子电气阶段（模块化→集成化）、（跨）域集中电子电气架构（域控制集中→跨域融合）、车辆集中电子电气架构（车载电脑→车-云计算），即分布式电子控制单元（每个功能对应一个电子控制单元）逐渐模块化和集成化，向域控制器（一般为动力域、底盘域、车身域、信息娱乐域和 ADAS 域等）方向发展，然后部分域开始跨域融合发展（如底盘域和动力域的功能安全、信息安全相似），并发展整合为中央计算平台（即一个电脑），最后向云计算和车端计算（中央计算平台）发展。其中车端计算主要用于车内部的实时处理，而云计算作为车端计算的补充，为智能汽车提供非实时性（如座舱部分场景可允许微秒级别的延迟）的数据交互和运算处理。目前正处于从过去的分布式电子电气架构迈向域集中式电子电气架构的转变过程中。

电子电气架构的发展之路如图 1-40 所示。

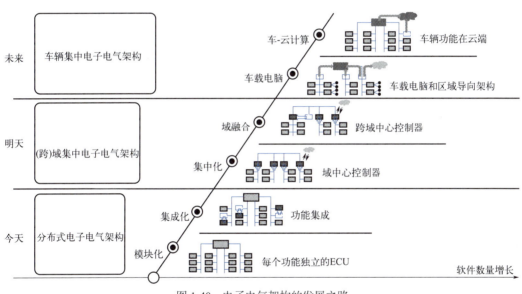

图 1-40　电子电气架构的发展之路

1. **模块化阶段**

在模块化阶段，一个电子控制单元对应一个具体功能（如车上的灯光对应一个控制器，门对应一个控制器，无钥匙系统对应一个控制器等），电子控制单元嵌入软件，线束布置复杂，通信成本高。随着汽车功能增多，这种日益复杂的架构无法持续。

2. **集成化阶段**

在集成化阶段，合并电子控制单元，单个电子控制单元负责多个功能，电子控制单元的数量较模块化阶段减少，线束布置和通信成本有所降低。在模块化阶段和集成化阶段，汽车电子电气架构仍属于分布式，电子控制单元功能集成度较低。

3. **集中化阶段**

域集中后根据功能划分域控制器（DCU），如动力总成域、底盘域、车身域、座舱域和自动驾驶域等。域控制器间通过以太网和 CAN FD 总线相连,其中座舱域和自动驾驶域由于要处理大量数据,算力需求逐步增长。动力总成域、底盘域、车身域主要涉及控制指令计算及通信资源,算力要求较低。在集中化阶段,电子控制单元功能弱化,主要由域控制器主导,域控制器功能更强大,搭载多核处理器。

4. 域融合阶段

在集中化阶段基础上,为进一步降低成本和增强协同,出现了跨域融合,即将多个域融合到一起,形成多域控制器(MDC),可以将不同功能域的数据整合在一起进行融合处理。比如将动力总成域、底盘域、车身域合并为整车控制域,从而将五个功能域(自动驾驶域、动力总成域、底盘域、座舱域、车身域)过渡到三个中央计算+位置域阶段。

在集中化阶段和域融合阶段,汽车电子电气架构属于集中式,电子控制单元功能集成度较高。基于域控制器的集中式电子电气架构使用以太网作为主干通信网络,在域控制器下面可保留如 CAN、LIN 等传统车载网络,以节约成本。博世公司开发的域集中式电子电气架构如图 1-41 所示。

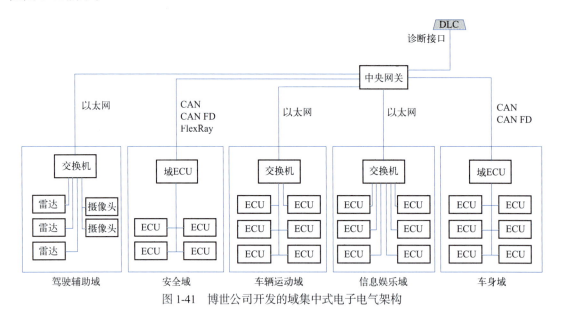

图 1-41　博世公司开发的域集中式电子电气架构

联合汽车电子公司面向未来智能汽车,设计开发了扩展型域控制器平台。联合电子公司把汽车电子电气架构分为三层(图 1-42),顶层为云服务平台,中层为计算与控制,下层为标准化执行器和传感器。中层计算与控制层包括五个功能域的主控、以太网主干网络和车载无线通信共七个架构主要构成元素。

5. 车载电脑阶段

车载电脑阶段即中央计算+位置域阶段。随着功能域的深度融合,功能域逐步升级为更加通用的计算平台,从功能域跨入位置域(如中域、左域、右域)。区域控制器平台(ZCU)是整车计算系统中某个局部的感知、数据处理、控制与执行的单元。它负责连接车上某一个区域内的传感器、执行器以及电子控制单元等,并负责该位置域内的传感器数据的初步计算和处理,还负责本区域内的网络协议转换。位置域实现就近布置线束,降低成本,减少通信接口,更易于实现线束的自动化组装,从而提高效率。传感器、执行器等就近接入到附近的区域控制器中，能更好地实现硬件扩展，区域控制器的结构管理更容易。区域接入＋中央计算保证了整车架构的稳定性和功能的扩展性，新增的外部部件可以基于区域网关接入，硬件的可插拔设计支持算力不断提升，充足的算力支持应用软件在中央计算平台迭代升级。中央计算＋区域控制电子电气架构如图 1-43 所示，按照车身区域进行控制区分（中域、左域和右域），而不是按照功能区分，省去一些 ECU，线束布置和通信成本大幅降低。ECUs 代表多个 ECU。

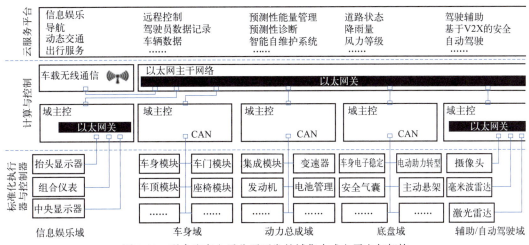

图 1-42 联合汽车电子公司开发的域集中式电子电气架构

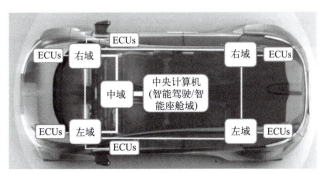

图 1-43 中央计算＋区域控制电子电气架构

6. 车-云计算阶段

车-云计算阶段，将区域控制器中的部分复杂算法集成在云端，由云端算法来控制汽车的功能，从而实现车-云计算，使车内架构进一步简化，车的各种传感器和执行器可被软件定义和控制，汽车的零部件逐步变成标准件，彻底实现软件定义汽车功能。车-云计算阶段也是电子电气架构演进的最高阶段，未来随着汽车智能化技术的不断发展，电子电气架构将逐步朝着最高阶段进发。

由此可见，随着汽车电子电气架构的改变，车载以太网有望替代 CAN 总线成为智能网联汽车车载网络的主干网络。

四、汽车电子电气架构的升级

汽车电子电气架构的升级主要体现在硬件架构升级、软件架构升级和通信架构升级。

1. 硬件架构升级

硬件架构升级是从分布式向域控制/中央集中式方向发展。硬件架构升级具有以下优势。

① 硬件架构升级有利于提升算力利用率，减少算力设计总需求。一般芯片在参数设计时按照需求值设计，并留有余量，以保证算力冗余，主要是因为汽车在实际运行过程中，大部分时间仅部分芯片执行运算工作，而且并未满负荷运算，导致整车大部分运算处理能力处于闲置中，算力有效利用率较低。例如泊车使用的倒车影像等仅在泊车等部分时段才执行运算操作。采用域控制器方式可以在综合情况下设计较低的总算力，保证整车在工作时的总算力仍能满足设计要求。

分布式架构和域控制/中央集中架构的算力比较如图1-44所示。在同等功能应用条件下域控制/中央集中架构的算力设计需求更少。

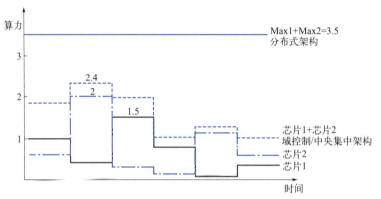

图1-44　分布式架构和域控制/中央集中架构的算力比较

② 硬件架构升级有利于数据统一交互，实现整车功能协同。传统主机厂方案是采用一个功能对应一套感知-决策-执行硬件，感知数据难以交互，也无法协同执行。而实现真正意义上的高级自动驾驶，不仅需要多传感器共同感知外部环境，还需要对车内部各运行数据进行实时监控，统一综合判断，并且执行机构协同操作。域控制/中央集中架构可对采集的数据信息进行统一处理，综合决策，协同执行。

③ 硬件架构升级有利于缩短线束，降低故障率，减轻质量。采用分布式架构，电子控制单元增多后线束会更长，错综复杂的线束布置会导致电磁互相干扰，故障率提升，此外也意味着整车质量更重；域控制/中央集中架构可减少线束长度，减轻整车质量。

2. 软件架构升级

软件架构升级是从软硬件高度耦合向分层解耦方向发展。软件架构升级具有以下优势。

① 软件架构升级有利于软硬件解耦分层，有利于实现软件/固件的在线升级、软件架构的软实时、操作系统的可移植。传统汽车的嵌入式软件与硬件高度耦合，为应对越来越复杂的自动驾驶应用和功能安全需要，以汽车开放系统架构（AUTOSAR）为代表的软件架构提供了接口标准化定义和模块化设计，促使软件通用，实现软件架构的软实时、在线升级、操作系统可移植等。

② 软件架构升级有利于采集数据信息的多功能应用，有效减少硬件需求量，真正实现软件定义汽车。若未实现软硬件解耦，一般情况下增加一个应用功能则需要单独增加一套硬件装置，采集的数据信息仅一个应用功能可以利用。现阶段，自动泊车超声波雷达和自适应巡

航的摄像头、毫米波雷达采集的数据不可交互,若打通整个汽车软件架构,有效利用各数据特征,实现多个应用共用一套采集信息,可有效减少硬件需求数量。

3. 通信架构升级

通信架构升级由 CAN/LIN 总线向以太网方向发展。通信架构升级具有以下优势。

通信架构升级可以满足高速传输和低延迟等性能需求。由于智能网联汽车应用越来越复杂,大量的非结构化数据(如图片、视频等)携带的信息非常丰富,对数据传输要求极高。例如一个激光雷达模块产生约 70Mbit/s 的数据流量,一个摄像头产生约 40Mbit/s 的数据流量,一个毫米波雷达模块产生约 0.1Mbit/s 的数据流量,若 L2 级自动驾驶汽车需要使用 8 个毫米波雷达和 3 个摄像头,需要最大传输速率超过 120Mbit/s,而全自动驾驶汽车对传输速率要求更高,传统汽车电子电气架构的 CAN/LIN 总线不能满足高速传输的需求。以太网因具备大带宽、高通量、低延迟等优势,将成为应用于汽车主干网络的主要方案。

采用以太网方案可使线束更短,同时也可减少安装、测试成本。线束在重量和成本方面都位列汽车零部件第三,其中在成本方面,线束安装占人工成本的 50%。据统计,在达到同等性能条件下,使用非屏蔽双绞线的以太网电缆和更小的紧凑型连接器,连接成本最多可降低 80%,线缆重量最多可减轻 30%。

五、特斯拉汽车电子电气架构

特斯拉是汽车电子电气架构的全面变革者,2012 年 Model S 有较为明显的功能域划分,包括动力域、底盘域和车身域,ADAS 模块横跨了动力域和底盘域。由于传统电子电气架构无法满足自动驾驶技术的发展和软件定义汽车的需求,为解耦软硬件,搭载算力更强大的主控芯片,必须先进行电子电气架构的变革。因此,2017 年特斯拉推出的 Model 3 突破了功能域的框架,实现了中央计算+区域控制器框架,通过搭建异域融合架构+自主软件平台,不仅实现了软件定义汽车,还有效降低了整车成本,提高了效率。

特斯拉 Model 3 基本实现了中央集中式架构的雏形,不过 Model 3 距离真正的中央集中式架构还有相当距离:通信架构以 CAN 总线为主,中央计算模块只是形式上将影音娱乐微控制单元(MCU)、自动驾驶以及车内外联网模块集成在一块板子上,且各模块独立运行各自的操作系统。

通过三款车型的演进,特斯拉的新型电子电气架构不仅实现了电子控制单元数量的大幅减少、线束大幅缩短(Model S 的线束长度为 3000m,Model 3 的线束长度减少了一半以上),更打破了汽车产业旧有的零部件供应体系(即将软硬件深度耦合后打包出售给主机厂,主机厂议价能力差,后续功能调整困难),真正实现了软件定义汽车。特斯拉的 OTA 可以改变制动距离,开通座椅加热,提供个性化的用户体验。由于突破了功能域,特斯拉的域控制器横跨车身域、智能座舱域、底盘域及动力域,这使得汽车的功能迭代更为灵活。

特斯拉 Model 3 电子电气架构如图 1-45 所示。特斯拉 Model 3 采用的中央控制模块(CCM)、右车身控制模块(CEM R)、左车身控制模块(CEM L)为主控制器,是汽车中央处理器的架构方案。其中 CCM 集成了自动驾驶模块和信息娱乐模块。由于使用了这种架构,电子控制单元数量大大减少,软件集成度更高,整车的扩展性有了质的提高。

特斯拉 Model 3 电子电气架构中的英文意思见表 1-6。

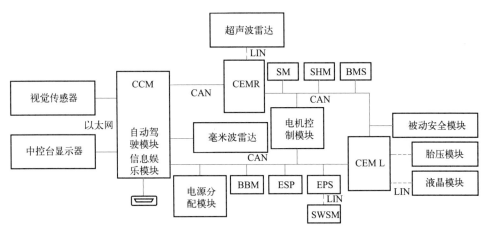

图 1-45 特斯拉 Model 3 电子电气架构

表 1-6 特斯拉 Model 3 电子电气架构中的英文意思

英文	意思	英文	意思
BBM	车身控制器	EPS	电动助力转向控制模块
BMS	电池管理系统	ESP	车身电子稳定系统
CCM	中央控制模块	SHM	健康监控系统
CEM L	左车身控制模块	SM	状态管理控制器
CEM R	右车身控制模块	SWSM	转向盘开关模块

未来汽车电子电气架构如图 1-46 所示。

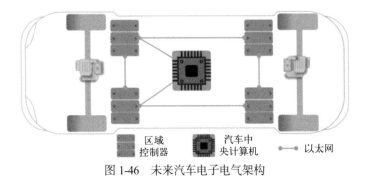

图 1-46 未来汽车电子电气架构

第二章
CAN 总线技术

CAN 总线是一种用于实时应用的国际标准化的串行通信协议总线，它可以使用双绞线来传输信号，是世界上应用最广泛的现场总线之一，因其具有高性能、高可靠性的通信机制，目前已广泛应用于汽车电子领域。CAN 协议用于汽车中各种不同元件之间的通信。

第一节　CAN 总线概述

CAN 总线起初由博世公司提出，后经国际标准化组织（ISO）确认为国际标准，根据特性差异又分不同子标准。CAN 总线国际标准只涉及 OSI 模型的物理层和数据链路层。上层协议是在 CAN 总线标准基础上定义的应用层，市场上有不同的应用层标准。

一、CAN 总线特点

CAN 总线采用双绞线作为传输媒介，媒介访问方式为位仲裁，是一种多主总线。CAN 总线具有以下特点。

1. 多主控制

多主控制是指在 CAN 总线空闲（连续出现了 11 位隐性电平）时，所有节点可随机访问 CAN 总线，都可监视 CAN 总线状态。如果 CAN 总线空闲则可发送信息。最先访问总线的节点可获得发送权；多个节点同时开始发送时，发送高优先级标识符（ID）消息的节点可获得发送权。

例如：节点 A 和节点 B 同时向总线发送各自的消息 Msg_1 和 Msg_2，如果 Msg_1 的优先级比 Msg_2 的高，那么节点 A 就获得了总线的发送权。

2. 采用非破坏性位仲裁机制

在 CAN 协议中，所有的消息都以固定的帧格式发送。CAN 总线空闲时，所有与 CAN 总线相连的节点都可以开始发送新消息。两个以上的节点同时开始发送消息时，对各消息 ID 的每个位进行逐个仲裁比较。仲裁获胜（被判定为优先级最高）的节点可继续发送消息，仲裁失败的节点则立刻停止发送并转为监听（接收）状态。

例如：节点 A 和节点 B 同时向 CAN 总线发送各自的消息 Msg_1 和 Msg_2，那么对

Msg_1 的 ID 号 ID_1 和 Msg_2 的 ID 号 ID_2 进行逐位仲裁，如果仲裁结果是 ID_1 的优先级比 ID_2 的高，那么 Msg_1 在仲裁中获胜，于是发出 Msg_1 这条报文的节点 A 就获得了总线的发送权。同时，Msg_2 在仲裁中失败，于是节点 B 就转换到监听总线电平的状态。

如图 2-1 所示为非破坏性位仲裁过程，假设 CAN 总线上只有两个节点 A 和 B，它们的 ID 用逻辑电平表示，从帧起始（SOF）位开始从左往右逐位比较，只要出现位不一样，比较就结束，显性电平者胜出，有权发送。当节点 A 和节点 B 都发送请求时，开始逐位比较，直到它俩的 ID7 位，节点 A 为显性电平，节点 B 为隐性电平。根据线与机制，节点 A 胜出，优先发送。这就是一个大致的非破坏性仲裁过程。为了精准地实施仲裁，对 CAN 协议帧结构有严谨的设计。

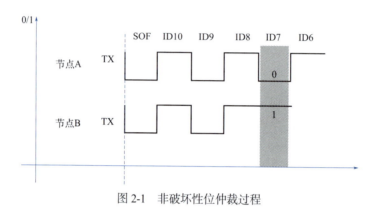

图 2-1 非破坏性位仲裁过程

3. 实时性强

CAN 总线既可以采用事件触发，也可以采用时间触发。事件触发是指网络中所有活动都是由事件的发生所引起的；时间触发是指在时间触发系统中的任务根据工作之前制定的时间表分配好了相应的总线时间，每一部分都按照事前制定的静态调度时间表完成任务。CAN 总线采用时间触发技术，在高层协议中实现的时分多址 / 冲突避免（TDMA/CA）进一步提高了通信的实时性和可靠性。

4. 具有柔软性

与 CAN 总线相连的节点没有类似于"地址"的信息，因此在 CAN 总线上增加节点时，连接在 CAN 总线上的其他节点的软硬件及应用层都不需要改变。

5. 传输速率大、通信距离远

当通信距离小于 40m 时，CAN 总线的传输速率最大可以达到 5Mbit/s。通信速度与其通信距离成反比，当其通信距离达到 10km 时，其传输速率仍可以达到约 5kbit/s。

6. 所有节点通信速率相同

在同一条 CAN 总线上，所有节点的通信速率必须相同，如果两条不同通信速率总线上的节点想要实现信息交互，必须通过网关。

例如：汽车上一般有两条 CAN 总线，500kbit/s 的驱动系统 CAN 总线和 125kbit/s 的舒适系统 CAN 总线，如果驱动系统 CAN 总线上的发动机节点要把自己的转速信息发送给舒适系统 CAN 总线上的转速表节点，那么这两条总线必须通过网关相连。

7. 可实现远程数据请求

可通过发送远程帧（也称遥控帧）请求其他单元发送数据。某个节点 A 可以通过发送远程帧到总线上的方式，请求某个节点 B 来发送由该远程帧所指定的报文。

8. 具有错误排除功能

错误功能有错误检测功能、错误通知功能和错误恢复功能。错误检测功能是指所有节点都可以检测错误；错误通知功能是指正在发送消息的节点一旦检测出错误，会强制结束当前的发送，并立即同时通知其他所有节点；错误恢复功能是指强制结束发送的节点会不断地重新发送此消息直到发送成功为止。

9. 具有故障隔离功能

CAN 总线可以判断出错误的类型是总线上暂时的数据错误（如外部噪声等）还是持续的数据错误（如节点内部故障、驱动器故障、断线等）。根据该功能，当 CAN 总线上发生持续的数据错误时，可将此故障的节点从 CAN 总线上隔离出去。

10. 可实现多点连接

CAN 总线可以同时连接多个节点，可连接的节点总数理论上是没有限制的。但实际上可连接的节点数受 CAN 总线上的时间延迟及电气负载的限制。降低传输速率，可连接的节点数增加；提高传输速率，则可连接的节点数减少。

总之，CAN 总线具有实时性强、可靠性高、传输速率快、结构简单、互操作性好、总线协议具有完善的错误处理机制、灵活性高和价格低廉等特点，在车载网络上得到广泛的应用，已经成为汽车的主流网络。

二、CAN 总线标准

CAN 总线标准分为底层标准（物理层和数据链路层）和上层标准（应用层）两大类。CAN 总线底层标准主要是 ISO 11898 系列的国际标准，也就是说不同厂商在 CAN 总线的物理层和数据链路层的定义基本相同；而上层标准涉及流控制、设备寻址和大数据块传输控制等，不同应用领域或制造商会有不同的标准，没有统一的国际标准。

CAN 总线标准分为国际标准和国内标准。

1. ISO 11898-1：2015

《道路车辆　控制器区域网络（CAN）　第 1 部分：数据链路层和物理信号》规定了 CAN 总线的数据链路层（DLL）和电气信号标准，描述了 CAN 总线的基本架构，定义了不同 CAN 总线设备在数据链路层的通信方式，详细说明了逻辑链路控制（LLC）子层和媒介访问控制（MAC）子层。

2. ISO 11898-2：2016

《道路车辆　控制器局域网（CAN）　第 2 部分：高速媒介访问单元》规定了高速（传输速率为 1Mbit/s）媒介访问单元（MAU）和一些媒介相关接口（MDI）功能，它们构成了控制器局域网（CAN）的物理层；一种支持分布式实时控制和多路复用的串行通信协议用于道路车辆。

3. ISO 11898-3：2006

《道路车辆　控制器局域网络（CAN）　第 3 部分：低速、耐故障、依赖媒介的界面》定义了低速 CAN 总线物理层标准，数据传输速率为 40 ~ 12kbit/s。

4. ISO 11898-4：2004

《道路车辆　控制器局域网络（CAN）　第 4 部分：时间触发通信》定义了 CAN 总线中的时间触发机制，汽车电子控制单元之间实现基于时间触发的通信方式。

5. ISO 11898-5：2007

《道路车辆　控制器区域网络（CAN）　第 5 部分：低功率模式的高速媒介访问单元》是对 ISO 11898-2 中高速 CAN 总线的补充，并参照 ISO 8802-2，定义在总线闲置时的节电特性。

6. ISO 11898-6：2013

《道路车辆　控制器区域网络（CAN）　第 6 部分：带选择性唤醒功能的高速媒介访问单元》是对 ISO 11898-2 和 ISO 11898-5 标准的补充，并参照 ISO 8802-2，定义了使用可配置的帧实现选择性唤醒总线的机制。

7. ISO 16845-1：2016

《道路车辆　控制器局域网（CAN）一致性测试计划　第 1 部分：数据链路层和物理信令》规定了 CAN 总线数据链路层的一致性测试计划和 ISO 11898-1 中标准化的物理信令，包括传统 CAN 总线协议和 CAN FD 总线协议。

8. ISO 16845-2：2018

《道路车辆　控制器区域网络（CAN）合格试验计划　第 2 部分：高速媒介访问单元一致性测试计划》规定了高速媒介访问单元一致性测试计划。

9. GB/T 41588.1—2022

《道路车辆　控制器局域网（CAN）　第 1 部分：数据链路层和物理信令》规定了一些用于建立 CAN 总线数据链路层模块间的数字信息交互的特性，控制器局域网是一种串行通信协议，支持分布式实时控制和多路复用，用于道路车辆和其他控制应用；规定了传统 CAN 和可变数据速率 CAN 的帧格式，传统 CAN 帧格式的传输速率可达 1Mbit/s，每帧有效负载可达 8 字节，可变数据速率帧格式的传输速率高于 1Mbit/s，每帧有效负载超过 8 字节；根据 ISO/IEC 7498-1 开放系统互连（OSI）的参考模型，从分层的角度描述了 CAN 总线的一般架构。

10. GB/T 41588.2—2022

《道路车辆　控制器局域网（CAN）　第 2 部分：高速媒介访问单元》规定了 CAN 控制器的高速物理媒介连接（HS-PMA）应用于道路汽车的分布式实时控制和多路复用的串行通信协议。该国家标准适用于无低功耗模式功能的 HS-PMA 和具有低功耗模式功能的 HS-PMA 以及具有选择性唤醒的 HS-PMA。

11. GB/T 41588.3—2022

《道路车辆　控制器局域网（CAN）　第 3 部分：低速容错、媒介相关接口》规定了基于 CAN 总线的道路车辆电子控制单元之间的数字信息的交互特性、低速 CAN 总线应用层的容错行为以及基于 OSI 七层模型的媒介相关接口和物理媒介连接物理层。该国家标准适用于传输速率为 40～125kbit/s 的 CAN 总线串行通信协议，支持分布式控制和多路复用。

12. GB/T 41588.4—2022

《道路车辆　控制器局域网（CAN）　第 4 部分：时间触发通信》规定了控制器局域网（CAN）中的时间触发通信协议，一种支持分布式实时控制和多路复用的串行通信协议。该国家标准适用于道路车辆中搭载 CAN 总线的电子控制单元之间建立时间触发的数字信息交互，并且规定了参照 ISO 11898-1 中逻辑链路及媒介访问控制实现的帧同步实体，用于提供时间触发通信调度表。

三、CAN 总线分层结构

CAN 总线的分层结构如图 2-2 所示。CAN 总线标准只规定了物理层和数据链路层，需要用户自定义应用层，不同的 CAN 总线标准仅物理层不同。因此，一般仅介绍 CAN 总线的物理层和数据链路层。

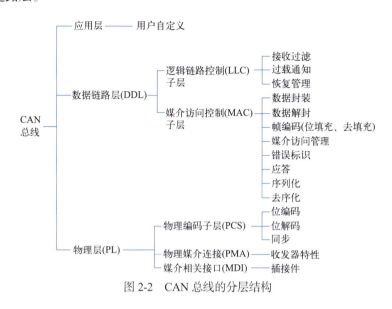

图 2-2 CAN 总线的分层结构

第二节 CAN 总线帧类型

一、帧的定义

帧是数据在网络传输中的单位。在网络中，网络设备将位（位是存储数据的最小单位）组成一个个字节（字节是存储数据的基本单位），然后将这些字节封装成帧，在网络上传输。为什么要把数据封装成帧呢？因为用户数据一般都比较大，有的可以达到兆字节级别，一下子发送出去十分困难，于是就需要把数据分成许多小份，再按照一定的次序发送出去。在实际应用中，帧的大小是由设备的最大传输单位即设备每次能够传输的最大字节数自动确定的。如以太网的帧值总是在一定范围内浮动，最大的帧值是 1518 字节，最小的帧值是 64 字节。

二、帧的类型

帧是指发送到总线上的信息，不同总线、不同类型的帧，其格式也不同。CAN 总线有 5 种类型的帧，分别是数据帧、远程帧、错误帧、过载帧和帧间隔，其用途见表 2-1。

表 2-1 各种帧的用途

帧名称	帧用途
数据帧（DF）	用于发送节点向接收节点传送数据
远程帧（RF）	用于接收节点向具有相同 ID 的发送节点请求数据
错误帧（EF）	用于当检测出错误时向其他节点通知错误
过载帧（OF）	用于接收节点通知其尚未做好接收准备（向总线上其他节点报告自身接收能力达到极限）
帧间隔	用于将数据帧及远程帧与前面的帧分离开来

当 CAN 总线空闲时，任何已连接的节点都允许启动数据帧（DF）或者远程帧（RF）的发送。当 CAN 总线上没有帧发送时，CAN 总线为空闲。此外，任何已连接的节点都可通过错误帧（EF）指示错误或者通过过载帧（OF）指示过载情形。另外，数据帧和远程帧有标准格式和扩展格式两种，其标准格式有 11 位的标识符，扩展格式有 29 位的标识符。

下面具体介绍每种帧的格式。

1. 数据帧

数据帧由帧起始（SOF）、仲裁段、控制段、数据段、循环冗余校核（CRC）段、确认字符（ACK）段和帧结束组成，如图 2-3 所示。

图 2-3　数据帧的组成

（1）**帧起始**　帧起始是表示数据帧开始的段。帧起始由 1 个显性位组成。总线空闲时（处于隐性状态），发送节点发送帧起始，其他接收节点同步于该帧起始位。

总线上的电平有显性电平和隐性电平两种。总线上执行逻辑上的线与时，显性电平的逻辑值为"0"，隐性电平为"1"。显性具有优先的意味，只要有一个节点输出显性电平，总线上即为显性电平；隐性具有包容的意味，只有所有的节点都输出隐性电平，总线上才为隐性电平（显性电平比隐性电平更强）。

（2）**仲裁段**　仲裁段是表示该帧优先级的段，根据仲裁段 ID 码长度的不同，分为标准格式（CAN 总线 2.0A）和扩展格式（CAN 总线 2.0B）。

仲裁段用于写明需要发送到目的 CAN 总线节点的地址，确定发送的帧类型（当前发送的是数据帧还是远程帧），并确定发送的帧格式是标准格式还是扩展格式。

仲裁段在标准格式和扩展格式中有所不同。标准格式的仲裁段由 11 位标识符和远程发送请求（RTR）位组成，扩展格式的仲裁段由 29 位标识符和远程发送请求（RTR）位组成，如图 2-4 所示。RTR 位在数据帧中要保证数据帧的优先级高于远程帧的。在扩展格式中替代远程请求（SRR）是固定数值，SRR 位永远置于 1，保证标准格式数据帧的优先级高于扩展格式数据帧的。标识符扩展（IDE）位属于扩展格式的仲裁段，扩展格式的 IDE 位为隐性，保证标准格式远程帧的优先级高于扩展格式远程帧的。

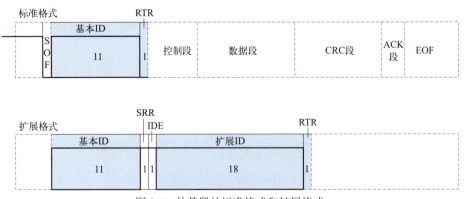

图 2-4　仲裁段的标准格式和扩展格式

CAN 控制器在发送数据的同时检测数据线的电平是否与发送数据对应的电平相同，如果不同则停止发送并做其他处理，CAN 控制器电平检测示意如图 2-5 所示。

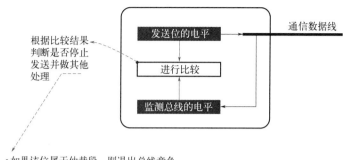

图 2-5　CAN 控制器电平检测示意

假设节点 A、B 和 C 都发送相同格式、相同类型的帧，如标准格式数据帧，它们竞争总线的过程如图 2-6 所示。节点 A、B 和 C 的 SOF 至第 6 位都是相同的；节点 B 的 ID 第 5 位是隐性，节点 A、C 的 ID 第 5 位为显性，总线电平为显性，节点 B 退出总线竞争；节点 C 的 ID 第 3 位是隐性，节点 A 的 ID 第 3 位是显性，总线电平为显性，节点 C 退出总线竞争。

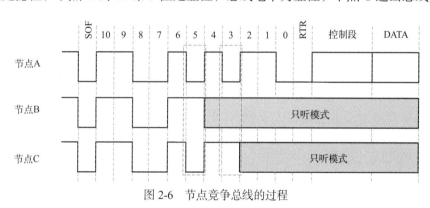

图 2-6　节点竞争总线的过程

对于前 11 位 ID 都相同的标准格式帧和扩展格式帧，标准格式帧的优先级比扩展格式帧要高，如图 2-7 所示。当发送 IDE 位时，由于线与原理，总线上出现显性电平，节点 B 仲裁失败，进入只听模式；节点 A 获得总线优先级，继续发送剩余数据。

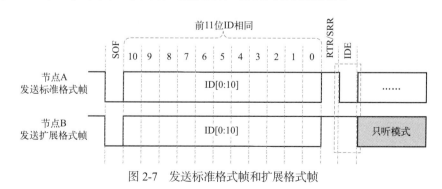

图 2-7　发送标准格式帧和扩展格式帧

CAN 总线标准格式帧的帧信息是 11 字节,包括帧描述符和帧数据两部分,见表 2-2。

表 2-2 CAN 总线标准格式帧的帧信息

字节		位							
		7	6	5	4	3	2	1	0
字节 1	帧信息	FF	RTR	X	X	DLC			
字节 2	帧 ID1	ID10～ID3							
字节 3	帧 ID2	ID2～ID0			X	X	X	X	X
字节 4	数据 1	数据 1							
字节 5	数据 2	数据 2							
字节 6	数据 3	数据 3							
字节 7	数据 4	数据 4							
字节 8	数据 5	数据 5							
字节 9	数据 6	数据 6							
字节 10	数据 7	数据 7							
字节 11	数据 8	数据 8							

前 3 字节为帧描述部分。字节 1 为帧信息:第 7 位(FF)表示帧的格式,在标准格式帧中 FF=0;第 6 位(RTR)表示帧的类型,RTR=0 表示为数据帧,RTR=1 表示为远程帧;DLC 表示在数据帧时实际的数据长度,即数据长度码。

字节 2～3 为报文(信息)识别码,其高 11 位有效,为标准格式的 ID,从 ID10 到 ID0 依次发送,禁止高 7 位都为隐性(禁止设定:ID=1111111XXXX)。

字节 4～11 为数据帧的实际数据,帧的类型为远程帧时数据无效。

CAN 总线扩展格式帧的帧信息是 13 字节,包括帧描述符和帧数据两部分,见表 2-3。

表 2-3 CAN 总线扩展格式帧的帧信息

字节		位							
		7	6	5	4	3	2	1	0
字节 1	帧信息	FF	RTR	X	X	DLC			
字节 2	帧 ID1	ID28～ID21							
字节 3	帧 ID2	ID20～ID13							
字节 4	帧 ID3	ID12～ID5							
字节 5	帧 ID4	ID4～ID0				X	X	X	
字节 6	数据 1	数据 1							
字节 7	数据 2	数据 2							

续表

字节	位							
	7	6	5	4	3	2	1	0
字节 8	数据 3	数据 3						
字节 9	数据 4	数据 4						
字节 10	数据 5	数据 5						
字节 11	数据 6	数据 6						
字节 12	数据 7	数据 7						
字节 13	数据 8	数据 8						

前 5 字节为帧描述部分。字节 1 为帧信息：第 7 位（FF）表示帧的格式，在扩展帧中 FF=1；第 6 位（RTR）表示帧的类型。

字节 2～5 为报文识别码，其高 29 位有效，为扩展格式的 ID，基本 ID 由 ID28 到 ID18 表示，扩展 ID 由 ID17 到 ID0 表示。扩展格式帧的基本 ID 和标准格式帧的 ID 相同，禁止高 7 位都为隐性（禁止设定：基本 ID=1111111XXXX）。

字节 6～13 为数据帧的实际数据，帧的类型为远程帧时数据无效。

(3) **控制段**　控制段是表示数据的字节数及保留位的段。控制段有 6 位，包括数据长度代码和两个将来作为扩展用的保留位，标准格式和扩展格式的构成有所不同，如图 2-8 所示。标准格式的控制段由标识符扩展（IDE）位、保留位（r0）和数据长度代码（DLC）组成；扩展格式的控制段则由 IDE、保留位（r1、r0）和 DLC 组成。DLC 指示了数据段中的字节数量。DLC 为 4 位，在控制段里被发送，数据帧长度允许的字节数为 0、1、2、3、4、5、6、7、8，而其他数值为非法的。

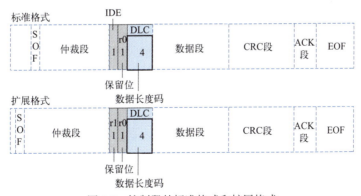

图 2-8　控制段的标准格式和扩展格式

保留位（r0、r1）必须全部以显性电平发送，但接收方可以接收显性、隐性及其任意组合的电平。

数据长度码与数据字节数的对应关系见表 2-4。

表 2-4 数据长度码与数据字节数的对应关系

数据字节数	数据长度码			
	DLC3	DLC2	DLC1	DLC0
0	D	D	D	D
1	D	D	D	D
2	D	D	R	D
3	D	D	R	R
4	D	R	D	D
5	D	R	D	R
6	D	R	R	D
7	D	R	R	R
8	R	D	D	D

注：D 表示显性电平，R 表示隐性电平。

数据字节数必须为 0～8 字节，但接收方对 DLC=9～15 的情况并不视为错误。

（4）数据段　数据段由数据帧中的发送数据组成，它可以为 0～8 字节，每字节包含 8 位，首先发送最高有效位（MSB），依次发送至最低有效位（LSB）。最高有效位位于二进制数的最左侧，最低有效位位于二进制数的最右侧。数据段的标准格式和扩展格式相同，如图 2-9 所示。

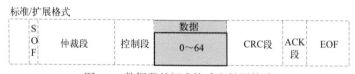

图 2-9　数据段的标准格式和扩展格式

（5）CRC 段　CRC 段是检查帧传输错误的段，由 15 位的 CRC 序列和 1 位的 CRC 界定符构成，如图 2-10 所示，CRC 段的标准格式和扩展格式相同。

图 2-10　CRC 段的标准格式和扩展格式

CRC 序列是根据多项式生成的 CRC 值，CRC 的计算范围包括帧起始、仲裁段、控制段、数据段。接收方以同样的算法计算 CRC 值并进行比较，不一致时会通报错误。

传统 CAN 总线的 CRC 校验码有 15 位，而在 CAN FD 总线规范中对帧数据长度进行了扩展，对于数据长度小于等于 16 字节的 CAN FD 帧，采用 17 位 CRC；对于数据长度大于 16 字节的 CAN FD 帧采用 21 位 CRC。

在 CAN 总线中生成 CRC 的多项式为 $X^{15}+X^{14}+X^{10}+X^{8}+X^{7}+X^{4}+X^{3}+1$，该多项式作为分母；

分子是原始数据后补 15 个 0，分子除以分母的余数即为 CRC 校验码。CRC 校验码比分母少一位，余数不足的位用 0 补。

CAN FD 总线的 CRC-17 采用的多项式为 $X^{17}+X^{16}+X^{14}+X^{13}+X^{11}+X^6+X^4+X^3+X+1$；CAN FD 总线的 CRC-21 采用的多项式为 $X^{21}+X^{20}+X^{13}+X^{11}+X^7+X^4+X^3+1$。

例如：原始数据为 10110011，多项式生成的除数序列为 11001；原始数据补零 101100110000（除数为 5 位，故补 4 个 0）；101100110000 除以 11001=0100，余数为 0，即校验码为 0000。

原始数据 +CRC 校验码发送给接收端，即该序列除以多项式生成的除数得到余数为 0；接收端用收到的数据除以多项式生成的除数，若余数为 0 则数据正确，否则数据出错。

（6）**ACK 段** ACK 段用来确认是否正常接收。由 ACK 槽和 ACK 界定符 2 个位构成，如图 2-11 所示。

图 2-11　ACK 段

发送节点在 ACK 段发送 2 个隐性位。当接收器正确地接收到有效的报文时，接收器就会在应答间隙期间（发送 ACK 信号）向发送器发送一个显性位以示应答，通知发送节点正常接收结束，这称为发送 ACK 或者返回 ACK。

发送 ACK/ 返回 ACK 是在既不处于总线关闭态也不处于休眠态的所有接收节点中，接收到正常消息的节点（发送单元不发送 ACK）。所谓正常消息是指不含填充错误、格式错误、CRC 错误的消息。

（7）**帧结束** 帧结束（EOF）是表示数据帧结束的段。帧结束是由每一个数据帧和远程帧的标志序列界定的，这个标志序列由 7 个隐性位组成，如图 2-12 所示。

图 2-12　帧结束

2. 远程帧

远程帧是接收单元向发送单元请求发送数据所用的帧，远程帧由帧起始、仲裁段、控制段、CRC 段、ACK 段和帧结束 6 个段组成，远程帧没有数据段，如图 2-13 所示。帧起始是表示帧开始的段；仲裁段是表示该帧优先级的段，可请求具有相同 ID 的数据帧；控制段是表示数据的字节数及保留位的段；CRC 段是检查帧的传输错误的段；ACK 段是表示确认正常接收的段；帧结束是表示远程帧结束的段。

图 2-13　远程帧

远程帧的 RTR 位是隐性，RTR 位的极性表示了所发送的帧是数据帧（RTR 位为显性）还是远程帧（RTR 位为隐性）。所以，没有数据段的数据帧和远程帧可通过 RTR 位区别开来。

数据帧和远程帧的比较见表 2-5。

表 2-5　数据帧和远程帧的比较

比较内容	数据帧	远程帧
ID	发送节点的 ID	被请求发送节点的 ID
SRR	0（显性电平）	1（隐性电平）
RTR	0（显性电平）	1（隐性电平）
DLC	发送数据长度	请求的数据长度
是否有数据段	是	否
CRC 校验范围	帧起始 + 仲裁段 + 控制段 + 数据段	帧起始 + 仲裁段 + 控制段

3. 错误帧

错误帧由错误标志和错误界定符组成，如图 2-14 所示。接收节点发现总线上的报文有错误时，将自动发送主动错误标志，它是 6 个连续的显性位。其他节点检测到主动错误标志后发送错误认可标志，它由 6 个连续的隐性位组成。由于各个接收节点发现错误的时间可能不同，所以总线上实际的错误标志可能由 6～12 个显性位组成。错误界定符由 8 个隐性位构成。当错误标志发送后，每一个 CAN 总线节点都将监视总线，直至检测到一个显性电平的跳变，此时表示所有节点已经完成了错误认可标志的发送，并开始发送 8 个隐性位的错误界定符。

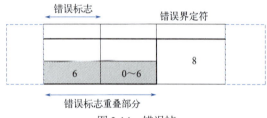

图 2-14　错误帧

错误标志包括主动错误标志和被动错误标志两种。主动错误标志是指处于主动错误状态的单元检测出错误时发送的错误标志，6 个显性位；被动错误标志是指处于被动错误状态的单元检测出错误时发送的错误标志，6 个隐性位。

为防止由于自身的某些原因导致无法正常接收的节点一直发送错误帧，干扰其他节点通信，CAN 总线规定了节点的 3 种状态及其行为，如图 2-15 所示。

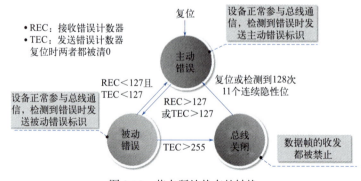

图 2-15　节点所处状态的转换

错误帧共有 5 种，即位错误、填充错误、CRC 错误、格式错误和 ACK 错误，多种错误可能同时发生。不同种类错误帧的比较见表 2-6。

表 2-6　不同种类错误帧的比较

错误帧的种类	错误的内容	错误的检测帧	检测节点
位错误	比较输出电平和总线电平（不含填充位），当两个电平不一样时所检测到的错误	数据帧（SOF～EOF） 远程帧（SOF～EOF） 错误帧 过载帧	发送节点 接收节点
填充错误	在需要位填充的段内，连续检测到 6 位相同的电平时所检测到的错误	数据帧（SOF～CRC 顺序） 远程帧（SOF～CRC 顺序）	发送节点 接收节点
CRC 错误	从接收到的数据中计算出的 CRC 结果与接收到的 CRC 顺序不同时所检测到的错误	数据帧（CRC 顺序） 远程帧（CRC 顺序）	接收节点
格式错误	检测出与固定格式的位段有相反的格式时所检测到的错误	数据帧（CRC 界定符、ACK 界定符、EOF） 远程帧（CRC 界定符、ACK 界定符、EOF） 错误界定符 过载界定符	接收节点
ACK 错误	发送单元在 ACK 槽中检测出隐性电平时所检测到的错误（ACK 没被传送过来时所检测到的错误）	数据帧（ACK 槽） 远程帧（ACK 槽）	发送节点

位错误具有以下特性。

① 位错误由向总线上输出数据帧、远程帧、错误帧、过载帧的单元和输出 ACK 的单元、输出错误的单元来检测。

② 在仲裁段输出隐性电平，但检测出显性电平时，将被视为仲裁失败，而不是位错误。

③ 在仲裁段作为填充位输出隐性电平，但检测出显性电平时，将不视为位错误，而是填充错误。

④ 发送单元在 ACK 段输出隐性电平，但检测到显性电平时，将被判断为其他单元的 ACK 应答，而非位错误。

⑤ 输出被动错误标志（6 个隐性位），但检测出显性电平时，将遵从错误标志的结束条件，等待检测出连续相同的 6 个位的值（显性或隐性），并不视为位错误。

格式错误具有以下特性。

① 即使接收单元检测出 EOF（7 个隐性位）的后一位（第 8 个位）为显性电平，也不视为格式错误。

② 即使接收单元检测出数据长度码中 9～15 的值时，也不视为格式错误。

发送单元发送完错误帧后，将再次发送数据帧或远程帧，错误标志的输出时序见表 2-7。

表 2-7　错误标志的输出时序

错误的种类	输出时序
位错误	从检测出错误后的下一位开始输出错误标志

错误的种类	输出时序
填充错误	
格式错误	从检测出错误后的下一位开始输出错误标志
ACK 错误	
CRC 错误	ACK 界定符后的下一位开始输出错误标志

4. 过载帧

过载帧是用于接收节点通知其尚未完成接收准备的帧，过载帧由过载标志和过载界定符构成，如图 2-16 所示。

过载标志由 6 个显性位组成，过载标志的构成与主动错误标志的构成相同。过载标志的形式破坏了间歇场的固定格式，结果使其他所有节点也检测到了一个出错状态，就都各自送出一个超载标志。

由于存在多个节点同时过载且过载帧的发送有时间差问题，可能出现过载标志叠加后超过 6 个位的现象。

过载界定符由 8 个隐性位组成，过载界定符的构成与错误界定符的构成相同。过载标志发送完毕后，每个节点都对总线进行检测，直到检测到一个隐性位为止。此时，每个节点均已发送完各自的过载标志，接着所有节点还要同时开始发送 7 个隐性位，配齐长达 8 位的过载界定符。

5. 帧间隔

帧间隔是用于分隔数据帧和远程帧的帧。数据帧和远程帧可通过插入帧间隔将本帧与前面的任何帧（数据帧、远程帧、错误帧、过载帧）分开，过载帧和错误帧前不能插入帧间隔。

帧间隔由间隔段、总线空闲段和延迟传送段组成，如图 2-17 所示。

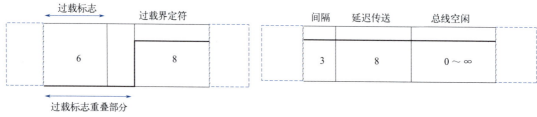

图 2-16 过载帧　　　　　　图 2-17 帧间隔

① 间隔段由 3 个隐性位构成。在间隔段，不允许任何节点发送数据帧或远程帧，唯一可以执行的操作是通报超载状态。

② 处于错误认可状态的节点完成其发送动作后，在被允许发送下一帧以前，它要在间歇之后发送 8 个隐性位。如果间隔期间执行了（由另一个节点引起的）发送动作，此节点将会变成正被发送的帧的接收器。

③ 总线空闲段时间长短不限。一经确认总线处于空闲状态，则任何节点都可以访问总线来传送信息。因另一帧正在传送而延期发送的帧是从间歇之后的第一位开始发送的。通过对总线进行检测，出现在总线空闲期间的显性位将被认为是帧起始。

第三节　CAN 总线基本组成与工作原理

汽车总线通信是指汽车电子控制系统中不同电子控制单元之间通过一种通信协议进行数据交换的技术，其原理是使用特定的通信协议和总线控制器，将不同控制单元中的数据通过总线传输，以实现各电子控制单元之间的互联互通和数据共享。汽车 CAN 总线通信就是不同电子控制单元之间通过一种 CAN 通信协议进行的数据交换。

一、CAN 总线的基本组成

汽车 CAN 总线主要由 CAN 控制器、CAN 收发器、数据传输线和数据传输终端等组成，如图 2-18 所示。发动机电控单元和自动变速器电控单元通过 CAN 总线连接，CAN 控制器和 CAN 收发器均集中在节点电控单元中，它们又称为 CAN 总线网络节点。

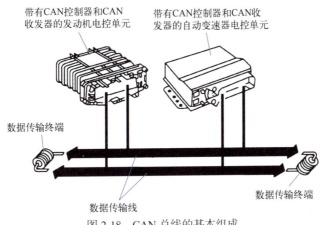

图 2-18　CAN 总线的基本组成

1. CAN 控制器

CAN 控制器用于接收从控制单元中的微处理器传来的数据，对这些数据进行处理并将其传往 CAN 收发器。CAN 控制器也接收从 CAN 收发器传来的数据，对这些数据进行处理并将其传往控制单元中的微处理器。

如图 2-19 所示为 CAN 控制器的工作原理：CAN 核心模块根据 CAN 总线规范将串行位流与用于收发的并行数据进行转换（收是串行转并行，发是并行转串行）；验收滤波器过滤掉无须接收的报文；接收先进先出（FIFO）存储器用于存储从 CAN 总线上接收的所有报文；接口管理逻辑寻址 CAN 控制器中的各功能模块的寄存器单元，向主控制器提供中断信息和状态信息；发送缓冲器用于存储一个完整的报文。FIFO 存储器是一种先进先出的数据缓存器，它与普通存储器的区别是没有外部读写地址线，这样使用起来非常简单，但缺点就是只能顺序写入数据，顺序读出数据，其数据地址由内部读写指针自动加 1 完成，不能像普通存储器那样可以由地址线决定读取或写入某个指定的地址。FIFO 存储器是系统的缓冲部件，如果没有 FIFO 存储器，整个系统就不可能正常工作。

汽车车载网络 CAN 控制器通常有以下两种类型。

（1）**独立型车载网络 CAN 控制器**　具有相对独立性，使用起来十分灵活，一般以单片集成电路的方式出现。

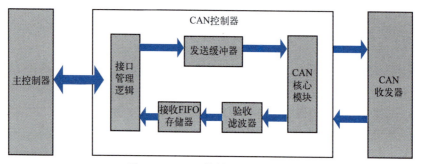

图 2-19 CAN 控制器的工作原理

图 2-20 CAN 控制器 SJA1000

（2）组合型车载网络 CAN 控制器　CAN 控制器与微处理器组合在一起，形成一个具有 CAN 控制功能接口的微处理器控制组件。使用组合型 CAN 控制器可以使电路得到简化并变得紧凑，效率也可得到相应的提高。

如图 2-20 所示为 CAN 控制器 SJA1000，CAN 控制器有 28 个针脚，可实现数据链路层的全部功能和物理层的位定时功能。

CAN 控制器 SJA1000 在系统中的位置如图 2-21 所示，82C250 是 CAN 控制器与物理总线之间的接口。

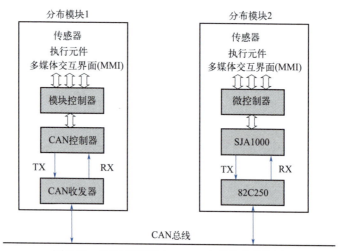

图 2-21 CAN 控制器 SJA1000 在系统中的位置

2. CAN 收发器

车载网络 CAN 收发器是一种将 CAN 数据发送器与数据接收器组合在一起的单片集成电路。CAN 收发器的作用是将从 CAN 控制器传来的数据转化为电信号并将其送入数据传输线；同时，它也接收总线数据，并将数据传送给 CAN 控制器。

车载网络 CAN 收发器也分为独立型和组合型两大类。独立型应用灵活，可以与多种 CAN 控制器连接使用，应用广泛；组合型是与 CAN 控制器组合在一起，形成一个具有 CAN 收发功能的 CAN 控制器组件。

比较常见的 CAN 收发器主要是恩智浦半导体公司（NXP）生产的系列产品，其中 PCA82C250 和 PCA82C251 是 NXP 第一代 CAN 总线物理层收发器；TJA1040、TJA1041 和

TJA1050 是 NXP 第二代 CAN 总线物理层收发器；TJA1042、TJA1043、TJA1048 和 TJA1051 是 NXP 第三代物理层收发器；TJA1044 和 TJA1057 是针对新能源车市场的，用于替换 TJA1042 和 TJA1051，更适用于 12V 电池供电系统。

TJA1051 和 TJA1057 是基本的 CAN 总线物理层收发器，TJA1044 和 TJA1042 是在基本的 CAN 总线收发器基础上具有待机模式的 CAN 总线物理层收发器，TJA1043 是在 CAN 总线待机模式基础上具有睡眠模式的 CAN 总线物理层收发器。待机模式可以配合 MCU 做 CAN 收发器的低功耗（CAN 总线物理层收发器为 50～90μA 级别功耗，MCU 不断电），睡眠模式可以配合带使能引脚的低压降稳压器做到更低功耗（CAN 总线物理层收发器为 50～90μA 级别功耗，MCU 断电）。TJA1055 是低速容错 CAN 收发器，TJA1042、TJA1044、TJA1051、TJA1052、TJA1057 都是高速 CAN 收发器。这里的低速、高速 CAN 总线是针对 CAN 收发器而言，而非主机厂通常描述的高速 CAN 总线网络和低速 CAN 总线网络。

图 2-22 CAN 收发器 TJA1050

如图 2-22 所示为 CAN 收发器 TJA1050，CAN 收发器将"0"或"1"逻辑信号转换为规定的电平，并向总线输出；将总线电压转换为逻辑信号，并向控制器反馈。

如图 2-23 所示为低速容错 CAN 收发器电路图：L 为共模电感，滤除差分线上的共模干扰；Z_1、Z_2 为瞬态抑制二极管，起静电保护（ESD）/过压保护作用。

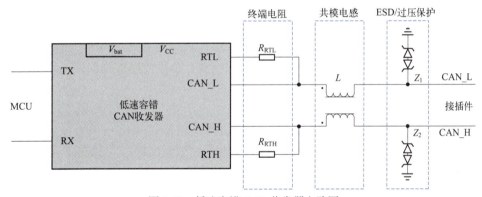

图 2-23 低速容错 CAN 收发器电路图

如图 2-24 所示为高速 CAN 收发器电路图：C_1、C_2 为滤波电容，提供低阻抗回路；$R_2+R_3+C_3$ 形成低通滤波器（低频通过，高频被电容导入地），使 CAN 差分信号快速进入隐性，减少振铃现象。

3. 数据传输线

数据传输线（也称 BUS 线）是对数据进行双向传输的，两条传输线分别被称为 CAN_H 线（CAN 高位数据线）和 CAN_L 线（CAN 低位数据线）。为了防止外界电磁波的干扰和向外辐射，CAN 总线将两条线缠绕在一起，称为双绞线，如图 2-25 所示。这两条线的电位相反，如果一条是 5V，另一条就是 0V，始终保持电压总和是一个常数。通过这种方法，CAN 总线得到了保护，使其免受外界的电磁场干扰。CAN 网络中节点之间的数据交换就是通过这两条导线完成的，这些数据可能是发动机转速、油箱液面高度及车速等。总线电压是指每个单独 CAN 节点的总线 CAN_H 和 CAN_L 相对于地的电压。

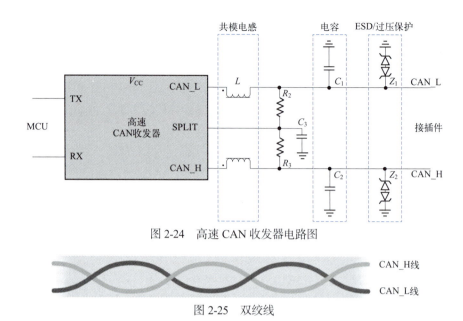

图 2-24 高速 CAN 收发器电路图

图 2-25 双绞线

4. 数据传输终端

数据传输终端是一个电阻，称为终端电阻。CAN 总线终端电阻的主要作用是确保总线快速进入隐性状态和提高信号质量。终端电阻是一种电子信息在传输过程中遇到的阻碍。高频信号传输时，信号波长相对传输线较短，信号在传输线终端会形成反射波，干扰原信号，所以需要在传输线末端加终端电阻，使信号到达传输线末端后不反射。对于低频信号则不用。在长线信号传输时，一般为了避免信号的反射和回波，也需要在接收端接入终端匹配电阻，其匹配电阻值取决于传输线的阻抗特性，与传输线的长度无关。

CAN 总线分为高速 CAN 总线和低速 CAN 总线，高速 CAN 总线的传输速率一般为 500kbit/s，有终端电阻，典型值为 120Ω；低速 CAN 总线的传输速率一般为 125kbit/s，没有终端电阻，如图 2-26 所示。有的 CAN 总线首尾的控制单元内部本身就设计了电阻，这时就不需要再单独安装终端电阻。

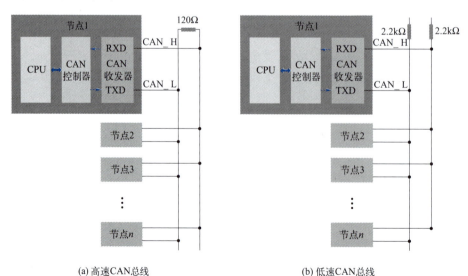

(a) 高速CAN总线　　(b) 低速CAN总线

图 2-26 CAN 总线的终端电阻

二、CAN 总线的工作原理

1. CAN 总线协议交互

CAN 总线协议交互是指两个同级协议实体通过交换帧或者协议数据单元（PDU）来相互通信。一个第 N 层的协议数据单元由第 N 层的特定协议控制信息（PCI）和 N 层的用户数据组成。协议数据单元应通过服务访问点（SAP）$N-1$ 传递到 $N-1$ 层实体。协议数据单元作为服务数据单元（SDU）$N-1$ 传递到 $N-1$ 层，该服务用于传送协议数据单元。服务数据单元是接口数据，其标识保存在 N 层实体间，即它表示服务传递的逻辑数据单元。CAN 协议的数据链路层不应将一个服务数据单元映射到多个协议数据单元，或者将多个服务数据单元映射到单个协议数据单元，即一个协议数据单元直接由相关的服务数据单元和层特定的协议控制信息组成。CAN 总线协议交互如图 2-27 所示。图中 LLC 为逻辑链路控制；MAC 为媒介访问控制；LSDU 为逻辑链路控制子层的服务数据单元；L-PCI 为逻辑链路控制子层的特定协议控制信息；LPDU 为逻辑链路控制子层的协议数据单元；MSDU 为媒介访问控制子层的服务数据单元；MPCI 为媒介访问控制子层的特定协议控制信息；MPDU 为媒介访问控制子层的协议数据单元；AUI 为网络连接单元端口。

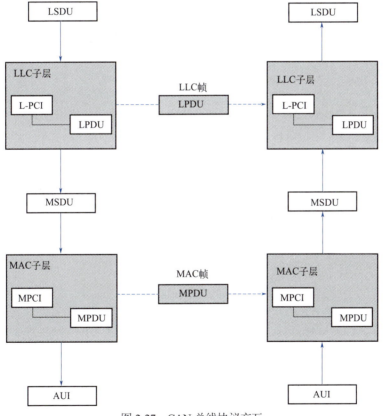

图 2-27　CAN 总线协议交互

2. CAN 总线信号传输

在 CAN 总线上，利用 CAN_H 和 CAN_L 两根线上的电位差来表示 CAN 总线信号。CAN 总线上的电位差分为显性电平和隐性电平，其中显性电平为逻辑 0，隐性电平为逻辑 1，如图 2-28 所示。显性电平和隐性电平不是固定值。

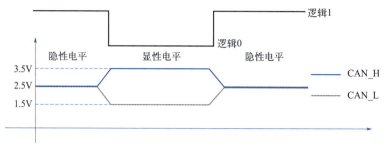

图 2-28　CAN 总线信号表示

CAN 控制器将 CPU 传来的信号转换为逻辑电平。CAN 收发器中的发射器接收逻辑电平之后，再将其转换为差分电平输出到 CAN 总线上，如图 2-29 所示。

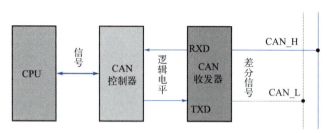

图 2-29　CAN 总线信号的发送过程

CAN 收发器中的接收器将 CAN_H 和 CAN_L 线上传来的差分电平转换为逻辑电平输出到 CAN 控制器，CAN 控制器再把该逻辑电平转化为相应的信号发送到 CPU 上，如图 2-30 所示。

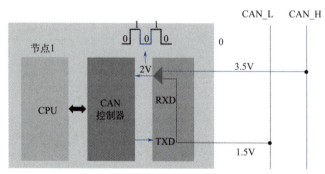

图 2-30　CAN 总线信号的接收过程

CAN 总线信号在静止状态时，这两条导线上有预先设定值，这个值大约为 2.5V。在显性状态时，CAN_H 线上的电压值会升高 1V，而 CAN_L 线上的电压值会降低 1V。于是在 CAN 驱动数据总线上，CAN_H 线就处于激活状态，其电压值不低于 3.5V，而 CAN_L 线上的电压值最多可降至 1.5V。因此在隐性状态时，CAN_H 线与 CAN_L 线上的电压差为 0；而在显性状态时，CAN_H 线与 CAN_L 线上的电压差不低于 2V。如图 2-31 所示为高速 CAN 总线信号状态。0 和 1 的不同组合就组成了 CAN 总线中的一条条报文。

高速 CAN 总线信号特征见表 2-8。

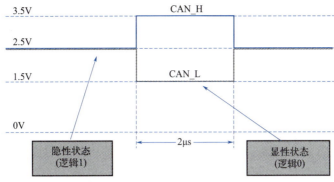

图 2-31　高速 CAN 总线信号状态

表 2-8　高速 CAN 总线信号特征

电位	逻辑状态	CAN_H 电压 /V	CAN_L 电压 /V	电压差 /V
显性	0	3.5	1.5	2
隐性	1	2.5	2.5	0

如图 2-32 所示为低速 CAN 总线信号状态。在显性状态时，CAN_L 线上的电压降至 1.4V，CAN_H 线上的电压约为 3.6V；在隐性状态时，CAN_H 线上的电压约为 0，CAN_L 线上的电压约为 5V。

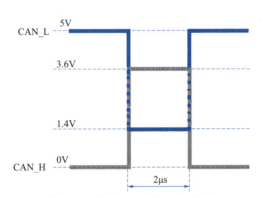

图 2-32　低速 CAN 总线信号状态

低速 CAN 总线信号特征见表 2-9。

表 2-9　高速 CAN 总线信号特征

电位	逻辑状态	CAN_H 电压 /V	CAN_L 电压 /V	电压差 /V
显性	0	3.6	1.4	2.2
隐性	1	0	5	−5

CAN 总线采用差分电压传输数据，总线上的信号电平是这两条线之间的差分电压。如图 2-33 所示为收发器信号接收和信号发送时的差分电压。隐性电平的 CAN_H 和 CAN_L 之间

的差分电压近似为 0，表示逻辑 1；显性电平的 CAN_H 和 CAN_L 之间的差分电压为 2～3V，表示逻辑 0。

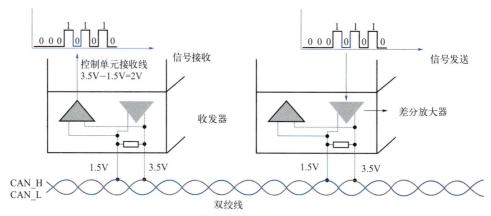

图 2-33　收发器信号接收和信号发送时的差分电压

三、举例说明 CAN 总线的工作原理

为了进一步说明 CAN 总线的工作原理，假设网络中只有一条 CAN 总线和 3 个控制单元，如图 2-34 所示。

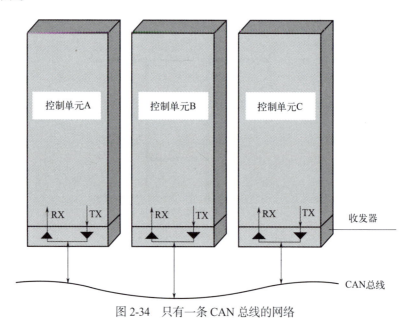

图 2-34　只有一条 CAN 总线的网络

想要交换的数据称为信息，每个控制单元均可发送和接收信息。信息包含在重要的物理量中，如发动机转速，这时发动机转速是以二进制值（一系列 0 和 1）来表示，如发动机转速为 1800r/min 时，用二进制可表示为 00010101。

在发送过程中，二进制值先被转换成连续的比特流（一种内容分发协议），该比特流通过 TX 线（发送线）到达收发器（放大器），收发器将比特流转化成相应的电压值，最后这些电压值按时间顺序依次被传送到 CAN 总线的导线上。

在接收过程中，这些电压值经收发器又转换成比特流，再经 RX 线（接收线）传至控制单元，控制单元将这些二进制连续值转换成信息，如 00010101 这个二进制值又被转换成 1800r/min 这个发动机转速。

每个控制单元均可接收发送出的信息，称为广播原理，这种广播方式可以使连接的所有控制单元总是处于相同的信息状态。

CAN 总线上的信息传输如图 2-35 所示。在一个控制单元中，信息以数字信号形式进行处理和存储；在控制单元之间，总线上的信息以数字信号形式进行传输。

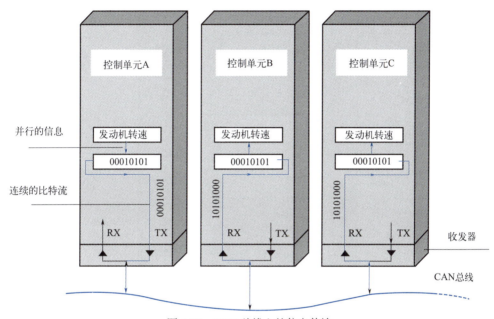

图 2-35　CAN 总线上的信息传输

CAN 总线上的信息传输是按时间顺序的电信号进行的，在电气总线系统中采用电平值来定义数字信号 1 和 0，即输出的信号是 1 和 0。

1. 数据传输的功能元件

数据传输的功能元件包括 K 线、控制单元、CAN 构件和收发器，如图 2-36 所示。

（1）K 线　K 线是控制单元和诊断仪之间进行数据传递的一条专门的线，也就是汽车的车载自诊断系统（OBD）接口连接电控电脑的一根单独的数据线，用于在自诊断时连接诊断检测仪。

（2）控制单元　控制单元接收来自传感器的信号，将其处理后再发送到执行元件上。控制单元中的微控制器带有输入存储器和输出存储器。控制单元接收到的传感器值（如发动机温度或转速等）会被定期查询并按顺序存入输入存储器。微控制器按事先规定好的程序来处理输入值，处理后的结果存入相应的输出存储器内，然后输出到各个执行元件。为了能够处理 CAN 总线信息，各控制单元内还有一个带有时间换算的 CAN 总线存储区，用于存储接收到和要发送的信息。

（3）CAN 构件　CAN 构件用于数据交换，它分为两个区，一个是接收区，一个是发送区。CAN 构件通过接收邮箱或发送邮箱与控制单元相连，该构件一般集成在控制单元的微控制器芯片内。

(4) 收发器 收发器就是一个发送-接收放大器,它把 CAN 构件连续的比特流(逻辑电平)转换成电压值(线路传输电平),或反之。这个电压值适合铜导线上的数据传输。收发器通过 TX 线(发送线)或 RX 线(接收线)与 CAN 构件相连。RX 线通过一个放大器直接与 CAN 总线相连,总在监听总线信号。

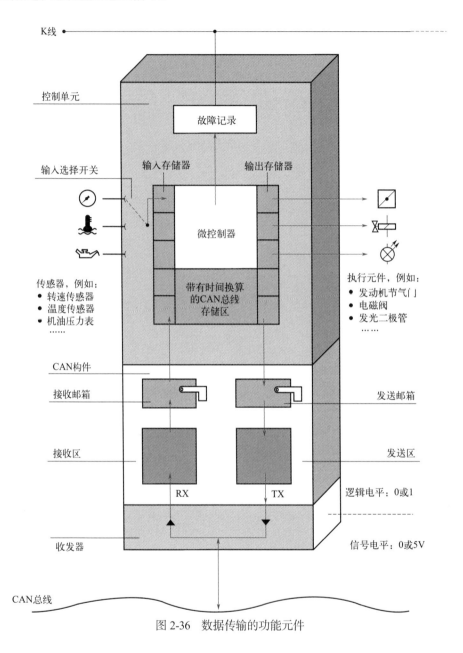

图 2-36 数据传输的功能元件

三个收发器接到一根总线导线上,如图 2-37 所示,收发器 A 和收发器 B 的开关未接合,表示无源,总线电平为 1;收发器 C 的开关已接合,表示有源,总电平为 0。

三个收发器接到一根总线导线上可以得出多种开关状态,收发器开关状态与总线导线输出的关系见表 2-10。

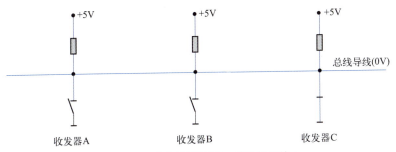

图 2-37　三个收发器接到一根总线导线上

表 2-10　收发器开关状态与总线导线输出的关系

收发器 A	收发器 B	收发器 C	总线导线输出
1	1	1	1（5V）
1	1	0	0（0V）
1	0	1	0（0V）
1	0	0	0（0V）
0	1	1	0（0V）
0	1	0	0（0V）
0	0	1	0（0V）
0	0	0	0（0V）

如果某一开关已接合，电阻上就有电流流过，于是总线导线上的电压就为 0。如果所有开关均未接合，那么就没有电流流过，电阻上就没有压降，于是总线导线上的电压就为 5V。

如果总线处于状态 1（无源），则此状态可以由某一个控制单元使用状态 0（有源）来改写。将无源的总线电平称为隐性的，有源的总线电平称为显性的。

2. 数据传输过程

以发动机转速的接收、传输和在仪表上显示过程为例，从接收到在仪表上显示一个完整信息的交换过程，可以看到数据传输的时间顺序以及 CAN 构件与电控单元之间的配合关系。数据发送主要经过以下过程。

（1）信息格式转换与请求发送信息　发动机电子控制系统的曲轴转速传感器检测到转速信号，该信号以固定的周期（循环往复地）到达发动机电控单元的输入存储器。由于瞬时转速信号还用于其他电控单元，如组合仪表等，所以该信号需要通过 CAN 总线传输。于是转速信号被送到发动机电控单元的发送存储器内，然后从发送存储器进入 CAN 构件的发送邮箱内。若发送邮箱内有一个实时值，则该值由发送特征位（举起的小旗）显示出来，将发送任务委托给 CAN 构件。发动机控制单元就完成了此过程中的任务。

发动机信息按协议被转换成 CAN 总线的数据格式。CAN 总线数据格式含有 11 位标识、0~8 位信息内容、16 位 CRC 和 2 位应答场，如图 2-38 所示。

标识 = 发动机_1（转速），信息内容 = 转速值。发动机信息也可包括其他值，如怠速和转矩等。

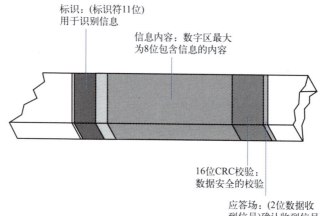

图 2-38　CAN 总线数据格式

(2) 发送开始（总线空闲判断）　当发送邮箱内有一个实时值，表明发动机控制单元准备向外发送信息，CAN 构件通过 RX 线来检查总线是否有源（是否正在交换别的信息），必要时会等待，直至总线空闲下来为止。某一时间段内的总线电平一直为 1（无源），表示总线空闲，如图 2-39 所示。

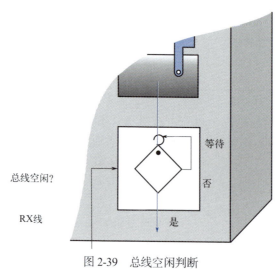

图 2-39　总线空闲判断

(3) 发送信息　如果总线空闲，则预先存在发送存储器中的发动机转速信息就会被发送出去。信息发送过程如图 2-40 所示。

(4) 信息接收　信息接收过程分两步，如图 2-41 所示。

第一步：检查信息是否正确（在监控层）。

连接的所有装置都接收发动机控制单元发送的信息。该信息通过 RX 线到达 CAN 构件各自的接收区。

接收器接收发动机的所有信息，并且在相应的监控层检查这些信息是否正确，这样就可以识别出只在某种情况下某一控制单元上出现的局部故障。

所有连接的装置都接收发动机控制单元发送的信息，可以通过监控层内的循环冗余校验码的校验和数来确定是否有传输错误。在发送每个信息时，所有数据位会产生并传输一个 16

位的校验和数。接收器按同样的规则从所有已经接收到的数据位中计算出校验和数。随后将接收到的校验和数与计算出的校验和数进行比较。如果确定无传输错误，则连接的所有装置会给发射器一个确认信息（ACK），它位于校验和数后，如图2-42所示。

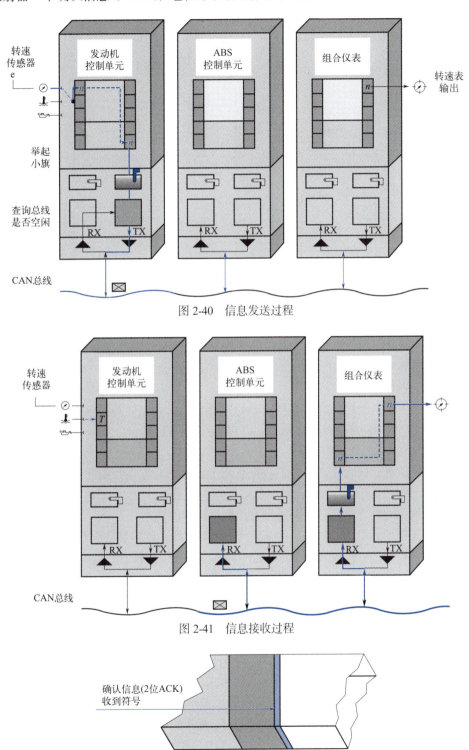

图2-40　信息发送过程

图2-41　信息接收过程

图2-42　确认位（应答场）

经监控层确认后的正确信息到达 CAN 构件的接收层，如图 2-43 所示。

第二步：检查信息是否可用（在接收层）。

接收到的正确信息会到达相关 CAN 构件的接收层，在此决定该信息是否用于完成各控制单元的功能。如果不是，该信息就被拒收；如果是，该信息就会进入相应的接收邮箱。如组合仪表在工作过程中需要发动机转速信号，发动机转速信号通过组合仪表的接收层检查，到达组合仪表的接收邮箱，并升起"接收旗"，以通知电控单元，如图 2-44 所示。

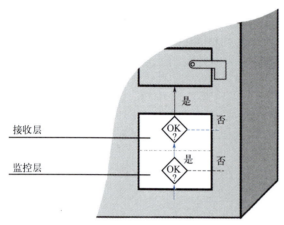

图 2-43 监控层的工作原理（所有电控单元）

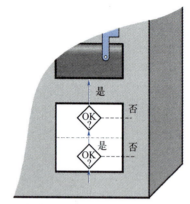

图 2-44 接收层的工作原理（组合仪表电控单元）

组合仪表根据升起的"接收旗"判断目前有一个信息（如发动机转速）在排队等待处理，组合仪表调出该信息，并将相应的值复制到它的输入存储器内。至此，通过 CAN 构件发送和接收信息的过程结束。

在组合仪表内，发动机转速经微控制器处理后到达执行元件并最后到达转速表。该信息的交换过程按设定好的循环时间（如每 10ms）在持续地重复进行。

3. 多个控制单元同时发送信息

如果多个控制单元同时发送信息，数据总线上就必然会发生数据冲突，为了避免发生这种情况，CAN 总线应采取以下措施。

① 每个控制单元在发送信息时都通过发送标识符来识别。

② 所有的控制单元都是通过各自的 RX 线来跟踪总线上的信息并获知总线的状态。

③ 每个发射器将 TX 线和 RX 线的状态一位一位地进行比较，它们可以不一致。

④ 用标识符中位于前部的 0 的个数就可调整信息的重要程度，从而就可保证按重要程度的顺序来发送信息。标识符中的号码越小，表示该信息越重要，这种方法称为仲裁。

假如有 3 个电控单元，即发动机电控单元、ABS 电控单元和组合仪表电控单元，同时向外发送信息，其中发动机电控单元向外发送信息为 10101010，ABS 电控单元向外发送信息为 10101011，组合仪表电控单元向外发送信息为 10111111。

3 个电控单元向外发送信息的第 1 位、第 2 位和第 3 位都相同，此时不存在冲突，但 3 个电控单元向外发送信息的第 4 位时，若组合仪表电控单元的第 4 位为 1，其他 2 个电控单元的第 4 位为 0，则此时总线的状态为 0。对于组合仪表电控单元，向外发送 1（TX 状态 1），但接收到 0（RX 状态 0），根据仲裁原则，组合仪表电控单元停止发送信息，转为接收状态，该信息等待下一次发送周期再次请求发送。

同理，发动机电控单元和 ABS 电控单元继续向外发送信息的第 5 位、第 6 位、第 7 位（101），且这 3 位的信息相同，不存在冲突。发送第 8 位时，发动机电控单元的第 8 位为 0，而 ABS 电控单元的第 8 位为 1，则此时总线的状态为 0。对于 ABS 电控单元，向外发送 1（TX 状态 1），但接收到 0（RX 状态 0），根据仲裁原则，ABS 电控单元停止发送信息，转为接收状态，该信息等待下一次发送周期再次请求发送。

因此，发动机电控单元接管数据总线控制权，继续发送剩余的信息，最终数据总线的信息与发动机电控单元向外发送的信息相同，如图 2-45 所示。

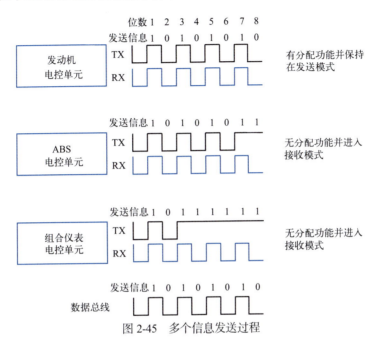

图 2-45　多个信息发送过程

4. 数据传输的安全性

为了保证数据的安全性，CAN 系统具有很强的内部故障管理功能。内部故障管理功能可以识别出可能出现的数据传输故障，从而采取相应的措施。

无法识别故障的概率，也就是所谓的剩余误差概率小于 10^{-12}，这个概率值相当于每辆车在使用寿命内出现 4 次数据传输故障。

由于广播的特点（一个发射，其他所有的接收并使用），任何一个网络使用者如果发现一个传输故障，那么其他所有的网络使用者都会立即收到一个信息通知，这个通知称为错误帧。于是所有网络使用者就会拒收当前的信息，随后该信息会自动再发送一次。这样的过程其实是完全正常的，其原因可能是由于汽车上电压波动较大，例如在汽车启动时或有来自外部较强的干扰时。

由于不断识别出故障，因此自动重新发送过程就越来越多，为此每个网络使用者都配有一个内部故障计数器，它可以累计识别出故障，在成功完成重新发送过程后计数器再递减计数，如图 2-46 所示。

内部故障计数器只负责内部的故障管理，无法读出其中的内容。当超过某一规定的界限值（相当于最多 32 次重新发送过程）时，相应的控制单元会得到通知并被 CAN 总线关闭。两次总线关闭（bus-off）状态后（在此期间无通信），故障存储器就会记录一条故障。经过一段固定的等待时间（约 0.2s）后，控制单元会自动再接到总线上。

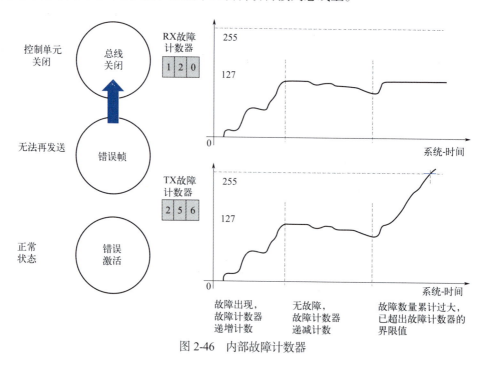

图 2-46　内部故障计数器

信息传输一般是按规定的循环时间来进行的，这样才能保证及时地传输相应的信息。如果出现延迟，也就是说至少有 10 条信息未收到，那么时间监控功能（信息超时）就会启动。于是正在接收的控制单元故障存储器内也记录一个故障，这是故障管理中的第二套机构。由此产生以下故障信息，这些信息用于售后服务的故障诊断。

① 数据总线损坏。相应的控制单元有严重故障；该控制单元至少 2 次与总线断开。

② 无相关控制单元信息或无法与相关控制单元取得联系。无法及时接收到信息，时间监控启动。

第四节　CAN 总线物理层

CAN 总线物理层的主要作用是将 CAN 总线节点连接到总线上，节点数量受总线的电气负载和 CAN 总线数据链路层协议限定。物理层把各种信息转换成物理信号，并将这些信号传输到其他目标设备中。CAN 总线物理层是连接电子控制单元和总线的电路，分为物理媒介相关接口（MDI）、物理媒介连接（PMA）和物理编码子层（PCS）。

一、物理层服务

物理层服务允许本地媒介访问控制子层和同级媒介访问控制子层在实体间交换位信息。物理层应向媒介访问控制子层提供以下服务原语。

——PCS_Data.Request
——PCS_Data.Indicate

在支持 CAN FD 总线的实现中，还有另外 2 种可选的服务原语。

——PCS_Status.Transmitter
——PCS_Status.Receiver

（1）**PCS_Data.Request 服务原语**　用于媒介访问控制子层向物理层请求发送一个显性位或隐性位。其参数格式如下。

PCS_Data.Request（
　　　　　　　Output_Unit
　　　　　　　）

参数"Output_Unit"值为显性位或者隐性位中的一个。

（2）**PCS_Data.Indicate 服务原语**　用于物理层向媒介访问控制子层通知一个显性位或者隐性位的到来。其参数格式如下。

PCS_Data.Indicate（
　　　　　　　Input_Unit
　　　　　　　）

参数"Input_Unit"值为显性位或者隐性位中的一个。

（3）**PCS_Status.Transmitter 服务原语**　用于媒介访问控制子层向物理层通知，媒介访问控制子层向物理层发送 CAN FD 帧的数据段。其参数格式如下。

PCS_Status.Transmitter（
　　　　　　　　　FD_Transmit
　　　　　　　　　）

参数"FD_Transmit"取值如下：当媒介访问控制子层发送的是 CAN FD 帧的数据段时，该参数值为有效；当媒介访问控制子层发送的不是 CAN FD 帧的数据段时，该参数值为无效。

（4）**PCS_Status.Receiver 服务原语**　用于媒介访问控制子层向物理层通知，媒介访问控制子层接收到 CAN FD 帧的数据段。其参数格式如下。

PCS_Status.Receiver（
　　　　　　　　FD_Receive
　　　　　　　　）

参数"FD_Receive"取值如下：当媒介访问控制子层接收的是 CAN FD 帧的数据段时，该参数值为有效；当媒介访问控制子层接收的不是 CAN FD 帧的数据段时，该参数值为无效。

二、物理媒介相关接口

1. 物理媒介

CAN 总线使用的物理媒介主要是双绞线或平行线，双绞线如图 2-47 所示。单根总线表示为 CAN_H 和 CAN_L。CAN_H 是高位数据线，有主副颜色，其显示状态电压比隐性状态的电压高；CAN_L 是低位数据线，就一种颜色，其显示状态电压比隐性状态的电压低。

与平行线相比，双绞线不仅可以降低自身

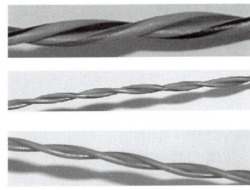

图 2-47　物理媒介（双绞线）

对外界的干扰，同时可以消除与外界干扰源的电容耦合和电感耦合，如图 2-48 所示，因此在 CAN 总线通信中经常使用双绞线进行数据传输。

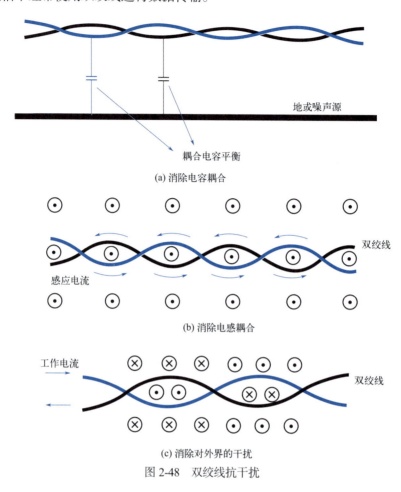

图 2-48　双绞线抗干扰

⊙—磁力线从纸面穿出；⊗—磁力线从纸面穿入

（1）节点总线连接　CAN_H 和 CAN_L 两条线束被分别连接到节点上，如图 2-49 所示。

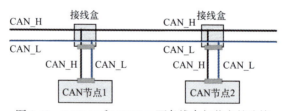

图 2-49　CAN_H 和 CAN_L 两条线束与节点的连接

单总线节点的终端连接电路如图 2-50 所示。RTL 和 RTH 是与终端电阻连接的端点，每条线束的总终端电阻应大于或等于 100Ω，终端电阻是可选的，一般取 120Ω。

（2）工作电容　工作电容是由网络拓扑和物理媒介决定的总线和一个或多个可见的节点连接器之间的总电容。

针对网络线束长度的工作电容如图 2-51 所示，图中 C' 为以米为单位的总线与地之间的电容，C'_{12} 为以米为单位的两个线束之间的电容。

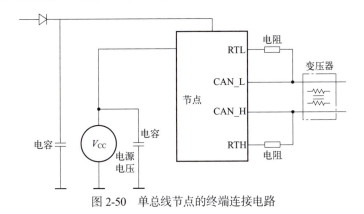

图 2-50 单总线节点的终端连接电路

工作电容为

$$C_{op} = l(C' + 2C'_{12}) + nC_{node} + kC_{plug} \tag{2-1}$$

式中，C_{op} 为工作电容；C_{node} 为总线侧可见的连接到总线的节点电容；C_{plug} 为接入一个连接器的电容；l 为网络线缆的总长度；n 为节点的数量；k 为插接件的数量。

2. 物理信令

物理位分为隐性状态和显性状态，总线呈现两种逻辑状态——隐性和显性中的一种，如图 2-52 所示。

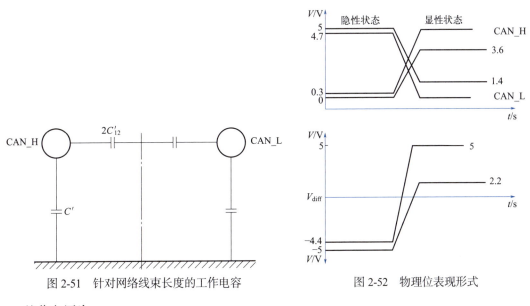

图 2-51 针对网络线束长度的工作电容　　图 2-52 物理位表现形式

差分电压为

$$V_{diff} = V_{CAN\_H} - V_{CAN\_L} \tag{2-2}$$

式中，V_{diff} 为差分电压，即工作电压；V_{CAN_H} 为 CAN_H 线的电压；V_{CAN_L} 为 CAN_L 线的电压。

隐性状态下，当CAN_L线的电压被设定高于CAN_H线的电压时，会导致差分电压为负。隐性状态在总线空闲或隐性位时进行传输。

显性状态的差分电压为正，这意味着CAN_H线被主动固定在高电压，CAN_L线被主动固定在低电压。显性状态覆盖隐性状态，并在显性位进行传输。

3. 电气特性

(1) 额定电压和共模电压 12V系统和42V系统中数据线的额定电压值见表2-11。

表2-11 12V系统和42V系统中数据线的额定电压值

系统	符号	额定电压值/V	
		最小值	最大值
12V系统	V_{CAN_L}	−27	40
	V_{CAN_H}	−27	40
42V系统	V_{CAN_L}	−58	58
	V_{CAN_H}	−58	58

共模总线电压为

$$V_{COM} = \frac{V_{CAN\_H} + V_{CAN\_L}}{2} \tag{2-3}$$

正常工作模式下的共模电压必须保证在表2-12设定的等级范围内。

表2-12 正常工作模式下的共模电压

参数名称	符号	单位	电压值		
			最小值	标称值	最大值
共模电压	V_{COM}	V	−1	2.5	6

(2) 物理信令的电压参数 连接到终端网络的电子控制单元隐性状态的电压参数见表2-13。

表2-13 连接到终端网络的电子控制单元隐性状态的电压参数

参数名称	符号	单位	电压值		
			最小值	标称值	最大值
总线电压	V_{CAN_L}	V	V_{CC}−0.3	—	—
	V_{CAN_H}	V	—	—	0.3
总线差分电压	V_{diff}	V	$-V_{CC}$	—	$-V_{CC}$+0.6

注：V_{CC}为正常5V电压。

连接到终端网络的电子控制单元显性状态的电压参数见表2-14。

表 2-14 连接到终端网络的电子控制单元显性状态的电压参数

参数名称	符号	单位	电压值		
			最小值	标称值	最大值
总线电压	V_{CAN_L}	V	—	—	1.4
	V_{CAN_H}	V	$V_{CC}-1.4$	—	—
总线差分电压	V_{diff}	V	$V_{CC}-2.8$	—	V_{CC}

连接到终端网络的电子控制单元低功耗状态的电压参数见表 2-15。

表 2-15 连接到终端网络的电子控制单元低功耗状态的电压参数

参数名称	符号	单位	电压值		
			最小值	标称值	最大值
总线电压	V_{CAN_L}	V	5	—	—
	V_{CAN_H}	V	—	—	1

(3) 收发器的电压参数 在正常模式和故障模式下显性、隐性和故障检测下的电压参数见表 2-16。

表 2-16 在正常模式和故障模式下显性、隐性和故障检测下的电压参数

参数名称	符号	单位	电压值		
			最小值	标称值	最大值
单终端总线收发器的电压	$V_{thCAN\_L\_N}$	V	2.5	—	3.9
	$V_{thCAN\_H\_N}$	V	1.5	—	2.3
差分电压收发器的电压	V_{thDiff_N}	V	-3.9	—	-2.5
检测到 CAN_L 短路到电源的电压	$V_{thLxBAT\_N}$	V	6.5	—	8
检测到 CAN_H 短路到电源的电压	$V_{thHxBAT\_N}$	V	6.5	—	8

低功耗模式下唤醒和故障检测的参数见表 2-17。

表 2-17 低功耗模式下唤醒和故障检测的参数

参数名称	符号	单位	电压值		
			最小值	标称值	最大值
唤醒的电压阈值	$V_{th(wake)L}$	V	2.5	3.2	3.9
	$V_{th(wake)H}$	V	1.1	1.8	2.5
唤醒的差分电压阈值	$V_{th(wake)}$	V	0.8	1.4	—

4. 网络规范

（1）CAN 总线网络拓扑结构　单个 CAN 总线节点主要通过总线拓扑结构（图 2-53）或者星型拓扑结构（图 2-54）的方式连接到通信网络。

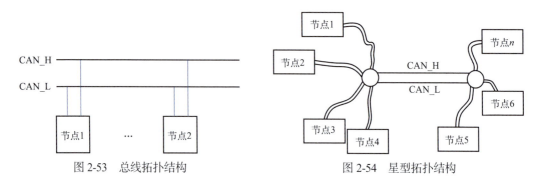

图 2-53　总线拓扑结构　　　　图 2-54　星型拓扑结构

为了实现容错机制，任何连接方式都需要满足以下要求。

① 整个网络终端电阻应大约为 100Ω，但不能小于 100Ω。

② 最大的可能参与节点数量不应小于 20（在速率为 125kbit/s 和整个网络长度为 40m 的情况下）。实际节点的数量会随着通信速率、容性网络负载、整体 CAN 总线线长、网络终端形式等发生变化。

③ 为提供最大 125kbit/s 的通信速率，整个网络长度不应超过 40m，然而，通过降低实际通信速率的方式来增加整个网络的长度也是可行的。

对于星型节点的配置，需要满足以下额外的限制条件。

① 单独节点连接到一个或多个无源星型节点上，需要通过正常总线结构连接。

② 一些连接线（从星型连接器到节点）可能扩展到数米，不推荐用短接线。

③ 整个网络的长度（所有星型连接线的长度加起来）和节点到节点之间的最大距离会影响网络通信。

（2）网络终端　隐性总线电平是通过总线终端维持的，显性总线电平会主动覆盖隐性总线电平。显性到隐性电平的转换也是通过终端电阻实现的，然而没有特定的终端网络或电路。此外，大部分参与通信的节点连接了终端电阻。

网络终端主要有正常模式终端和低功耗模式终端。实际的总线终端取决于收发器所处的故障模式。在任何一种模式（正常模式或低功耗模式）下，用 CAN_H 线短接到地（用一个下拉电阻）来表征隐性状态。在正常模式下，通过上拉电阻将 CAN_L 短接到 V_{CC}（总线供电电源）；在低功耗模式下，CAN_L 通过收发器内部的开关将终端电阻的高端短接到 V_{BAT}（电池供电电源）。

网络终端是通过连接 CAN_L 线到收发器的 RTL 管脚、连接 CAN_H 线到 RTH 管脚实现的。

连接终端管脚应考虑以下需求：由于电路内部电流限制和 CAN 总线电压的原因，单线上的整个网络终端电阻应当大约为 100Ω；由于电路内部电流的限制，连接到单独 CAN 收发器的单个电阻不应低于 500Ω。推荐每个节点带有自己的终端电阻。

5. 物理媒介故障

（1）物理故障　物理故障由带容错功能的收发器进行处理。物理媒介故障见表 2-18。

表 2-18　物理媒介故障

总线故障的描述	网络总线上的行为
一个节点与总线断开	总线上的剩余节点保持通信
一个节点丢失电源	总线上的剩余节点至少在信噪比降低的情况下能够保持通信
一个节点丢失地	总线上的剩余节点至少在信噪比降低的情况下能够保持通信
开路和短路故障	总线上的所有节点至少在信噪比降低的情况下能够保持通信
CAN_L 断路	总线上的所有节点至少在信噪比降低的情况下能够保持通信
CAN_H 断路	总线上的所有节点至少在信噪比降低的情况下能够保持通信
CAN_L 短路到电源电压	总线上的所有节点至少在信噪比降低的情况下能够保持通信
CAN_H 短路到电源电压	总线上的所有节点至少在信噪比降低的情况下能够保持通信
CAN_H 短路到地	总线上的所有节点至少在信噪比降低的情况下能够保持通信
CAN_L 短路到地	总线上的所有节点至少在信噪比降低的情况下能够保持通信
CAN_L 短路到 CAN_H 线	总线上的所有节点至少在信噪比降低的情况下能够保持通信
CAN_L 线和 CAN_H 线在同一位置断路	总线上的所有节点至少在信噪比降低的情况下能够保持通信

(2) 故障事件　收发器如果不处理物理故障，将会影响总线系统。这些故障情形称为故障事件，可以分为电源故障和总线故障。

如果一个节点与地断开连接（或是受到地偏大于定义的极限 ±1.5V 的影响），或者与正常电源（V_{CC} 或 V_{BAT}）断开连接，这种故障称为电源故障。

不是所有的总线故障都能被收发器区分，因此，定义了一套缩减的故障事件，见表 2-19。故障事件可能发生在正常模式和低功耗模式下。

表 2-19　故障事件

事件名称	故障的典型发生场景
CAN_H 对电源电压短路	CAN_H 线短路到电源电压 V_{BAT}
CAN_H 对供电电压短路	CAN_H 线短路到电源电压 V_{CC}
CAN_L 对电源电压短路	CAN_L 线短路到电源电压 V_{BAT}
CAN_L 对地短路	CAN_L 线短路到地

三、物理媒介连接

物理媒介连接（PMA）规范描述了电子控制单元的需求，尤其是参与 CAN 总线网络通信的收发器的需求。物理媒介连接是将物理信号转化为逻辑信号或将逻辑信号转化为物理信号的子层；HS-PMA 为高速物理媒介连接。

1. 时间要求

为使在最长的线束中获得最大的通信速率，收发器内部的环回时间是有限的，因此，收发器应满足所有可能失效情况下给定的约束条件。

(1) 收发器环路延时 收发器环路延时是指一个逻辑信号从收发器的逻辑输入端发出到收发器的逻辑输出端检测到此信号的延迟时间。

图 2-55 所示为收发器的环路延时示意，图中，$T_{x,s}$ 为发送节点的数字输入信号；$R_{x,s}$ 为发送节点的数字输出信号；$R_{x,d}$ 为目标节点的数字输出信号；CAN_H 和 CAN_L 为总线上的物理信号；t_{LoopRD} 和 t_{LoopDR} 为收发器环路延时；a 代表隐性；b 代表显性。

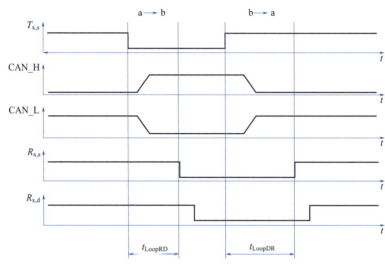

图 2-55 收发器的环路延时示意

隐性到显性和显性到隐性的转换均应满足特定时间需求。

(2) 测量电路环路延时 收发器应保证对输入信号 T_x 的最大环路延时。单个收发器的环路延时见表 2-20。

表 2-20 单个收发器的环路延时

故障事例	环路延时 /μs	条件
无故障	最大值 1.5	V_{TX} 输出 50kHz，50% 的占空比的方波信号，斜率时间小于 10ns，C_{RX}=10pF，R_{RTL}=R_{RTM}=500Ω，C_{CAN_L}=C_{CAN_H}=1nF，R_{CAN_L}=R_{CAN_H}=125Ω
除 CAN_L 短路到 CAN_H 线之外的所有故障	最大值 1.9	
CAN_L 短路到 CAN_H 线	最大值 1.9	V_{TX} 输出 50kHz，50% 的占空比的方波信号，斜率时间小于 10ns，C_{RX}=10pF，R_{RTL}=R_{RTM}=500Ω，C_{CAN_L}=C_{CAN_H}=1nF，R_{CAN_H}=125Ω，R_{CAN_L} > 1MΩ

收发器时间参数测量示意如图 2-56 所示。

(3) 地偏 地偏是指 CAN 总线网络中 CAN 总线节点的各地端电位存在着电位差。虽然 CAN 总线是差分信号线，一般接 CAN_H 和 CAN_L 两条线即可正常通信，不一定需要接地线，但在干扰较大的环境中，节点的地线之间可能存在共模干扰电压，从而使各节点的 CAN 总线对参考地的电压发生变化甚至逼近收发器的输入阈值，从而引起输入饱和，影响正常通信。因此有时需要测量地偏。

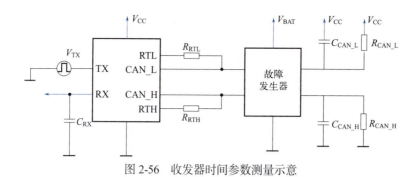

图 2-56 收发器时间参数测量示意

收发器的地偏测试电路如图 2-57 所示。

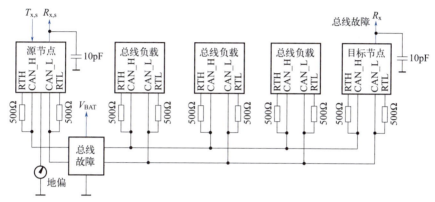

图 2-57 收发器的地偏测试电路

收发器主要在以下三种状态工作：差分驱动和接收、CAN_L 线的单独工作和 CAN_H 线的单独工作。

总线故障主要有以下形式：无故障、CAN_L 线断路、CAN_H 线断路、CAN_L 短路到 V_{BAT}、CAN_H 短路到 V_{BAT}、CAN_L 短路到地、CAN_H 短路到地、CAN_L 短路到 CAN_H。

2. 故障管理

故障管理包括故障检测和故障处理。

（1）故障检测 为处理物理故障和故障事件，应采取表 2-21 和表 2-22 列举的方案，表中 D 表示检测到，R 表示恢复。

表 2-21 正常模式下故障事件检测表

事件	状态	阈值	定时
CAN_H 对电源电压短路	D	$V_{CAN\_H} > V_{thHxBAT\_N}$	$t > 7\mu s$
	R	$V_{CAN\_H} < V_{thHxBAT\_N}$	$t > 125\mu s$
CAN_H 对供电电压短路	D	$V_{CAN\_H} > V_{thCAN\_H\_N}$	$t > 1.6ms$
	R	$V_{CAN\_H} < V_{thCAN\_H\_N}$	$t > t_{bit} \times 12ms$
CAN_L 对电源电压短路	D	$V_{CAN\_L} > V_{thLxBAT\_N}$	$t > 7\mu s$
	R	$V_{CAN\_L} < V_{thLxBAT\_N}$	$t > 125\mu s$

续表

事件	状态	阈值	定时
CAN_L 对地短路	D	$V_{diff} > V_{thDiff\_N}$	$t_{bit} \times 12ms < t < 1.6ms$
	R	$V_{diff} < V_{thDiff\_N}$	$t > 7\mu s$
CAN_L 对电源电压短路变量1	D	T_x 显性且 $V_{CAN\_L} > V_{thCAN\_L\_N}$	$3\mu s < t < 40\mu s$
CAN_L 对电源电压短路变量2	D	最大两倍（T_x 显性到隐性的边缘电压 $V_{CAN\_L} > V_{thCAN\_L\_N}$）	—

注：t_{bit} 表示位时间，即一个（二进制）位在总线传输所需要的时间。

表 2-22 低功耗模式下故障事件检测表

事件	状态	阈值	定时
CAN_H 对电源电压短路	D	$V_{CAN\_H} > V_{thHxBAT\_N}$	$t > 7\mu s$
	R	$V_{CAN\_H} < V_{thHxBAT\_N}$	$t > 125\mu s$
CAN_H 对供电电压短路	D	$V_{CAN\_H} > V_{thCAN\_H\_N}$	$t > 1.6ms$
	R	$V_{CAN\_H} < V_{thCAN\_H\_N}$	$t > t_{bit} \times 12ms$
CAN_L 对电源电压短路	D	没有检测到	—
	R	没有检测到	—
CAN_L 对地短路	D	$V_{CAN\_H} > V_{th(wake)H}$ 与/或 $V_{CAN\_L} < V_{th(wake)L}$	$0.1ms < t < 1.6ms$
	R	$V_{CAN\_H} < V_{th(wake)H}$ 或/与 $V_{CAN\_L} > V_{th(wake)L}$	$t > 7\mu s$
CAN_L 对电源电压短路变量1	D	T_x 显性且 $V_{CAN\_L} > V_{thCAN\_L\_N}$	$3\mu s < t < 40\mu s$
CAN_L 对电源电压短路变量2	D	最大两倍（T_x 显性到隐性的边缘电压 $V_{CAN\_L} > V_{thCAN\_L\_N}$）	—

(2) 故障处理 总线故障处理可通过收发器内部的状态机来实现。正常模式下收发器对总线故障的内部处理措施见表 2-23。

表 2-23 正常模式下收发器对总线故障的内部处理措施

状态	驱动器	接收器	终端
0	所有驱动器都被打开	差分接收器打开	CAN_H 短路到地，CAN_L 短路到供电电源 V_{CC}
E1	驱动器 CAN_L 被打开或关闭	单线接地，CAN_H 接收器关闭	CAN_H 短路到地，CAN_L 虚接到供电电源 V_{CC}
E1a	驱动器 CAN_L 被打开	单线接地，CAN_H 接收器或差分接收器或 CAN_H/CAN_L 的收发器关闭	CAN_H 短路到地，CAN_L 虚接到供电电源 V_{CC}
E1b	驱动器 CAN_L 被关闭	单线接地，CAN_H 接收器关闭	CAN_H 短路到地，CAN_L 虚接到供电电源 V_{CC}
E2	驱动器 CAN_H 被关闭	单线接地，CAN_L 接收器关闭	CAN_H 短路到地，CAN_L 短接到供电电源 V_{CC}

低功耗模式下收发器对总线故障的内部处理措施见表 2-24。

表 2-24 低功耗模式下收发器对总线故障的内部处理措施

状态	驱动器	接收器	终端
0	所有驱动器都被关闭	降低到故障确认	CAN_H 短路到地，CAN_L 短接到电源（≥5V）
E1	所有驱动器都被关闭	降低到故障确认	CAN_H 对地短路，CAN_L 悬空
E1a	所有驱动器都被关闭	降低到故障确认	CAN_H 悬空，CAN_L 短接到电源（≥5V）

3. HS-PMA 操作模式和期望行为

高速物理媒介连接（HS-PMA）由一个发送和接收实体（收发器）组成，它应能使相连接的物理媒介（双绞线）相对于公共地进行偏压。对连接到同一媒介的其他接收节点，收发器能驱动两种逻辑信号，一种逻辑 0 状态（显性状态）是在 CAN_H 和 CAN_L 之间驱动差分电压信号，另一种逻辑 1 状态（隐性状态）是在 CAN_H 和 CAN_L 之间不驱动差分电压信号。这两个信号是与物理媒介相关子层的接口。

由一个或多个 HS-PMA 组成的收发器应至少支持正常功能模式，对低功耗模式可选择性支持。正常功能模式是指收发器具有发送和接收报文的全部功能；低功耗模式是指除接收唤醒结构或唤醒帧（WUF）外，收发器不能发送或接收报文的模式。

HS-PMA 操作模式和期望行为见表 2-25。

表 2-25 HS-PMA 操作模式和期望行为

操作模式	总线偏压行为	传输行为
正常功能模式	总线偏压有效	显性或隐性
低功耗模式	总线偏压有效或无效	隐性

4. HS-PMA 测试电路

如图 2-58 所示为 HS-PMA 测试电路，图中 CAN_H 和 CAN_L 为 HS-PMA 对 CAN 总线信号的输出；TXD 为发送数据输入端；RXD 为接收数据输出端；R_L 为有效电阻负载；C_1 为可选分裂终端电容；C_2 为滤波电容；C_{RXD} 为 RXD 端电容负载；V_{CAN_H} 为 CAN_H 电压；V_{CAN_L} 为 CAN_L 电压；V_D 为 CAN_H 和 CAN_L 之间的差分电压。R_L 和 C_1 的值根据 HS-PMA 需要满足的不同参数而变化，并作为条件给出。

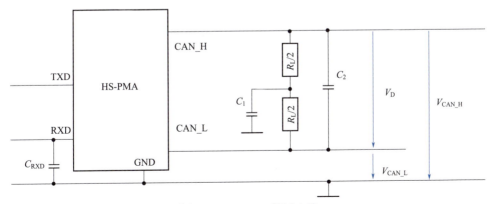

图 2-58 HS-PMA 测试电路

5. CAN 收发器特性

CAN 收发器的作用是负责逻辑电平和信号电平之间的转换。

如图 2-59 所示为某 CAN 收发器示意。CAN 控制芯片输出逻辑电平到 CAN 收发器中，然后经过 CAN 收发器内部转换，将逻辑电平转换为差分信号输出到 CAN 总线上，CAN 总线上的节点都可以决定自己是否需要总线上的数据。具体的引脚见表 2-26。

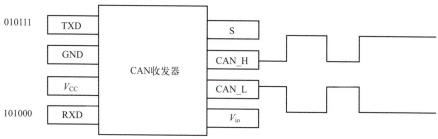

图 2-59　某 CAN 收发器示意

表 2-26　引脚的描述

助记符	引脚	描述
TXD	1	发送数据输入
GND	2	接地
V_{CC}	3	电源电压
RXD	4	接收数据输入
V_{io}	5	参考电压输出
CAN_L	6	低电平 CAN 总线
CAN_H	7	高电压 CAN 总线
S	8	选择进入高速模式还是静音模式

（1）发送器特性　显性状态下的发送器输出特性见表 2-27。这些数据只适合单一 HS-PMA、所有电容为 0 的情况。

表 2-27　显性状态下的发送器输出特性

参数名称	符号	值			总线负载条件 R_L/Ω
		最小 /V	正常 /V	最大 /V	
CAN_H 上的单端电压	V_{CAN_H}	2.75	3.5	4.5	50～65
CAN_L 上的单端电压	V_{CAN_L}	0.5	1.5	2.25	50～65
正常总线负载上的差分电压	V_D	1.5	2.0	3.0	50～65
仲裁期间有效电阻的差分电压	V_D	1.5	未定义	5.0	70
扩展总线负载范围上的差分电压	V_D	1.4	2.0	3.3	40～70

显性状态下的电压变化如图 2-60 所示。

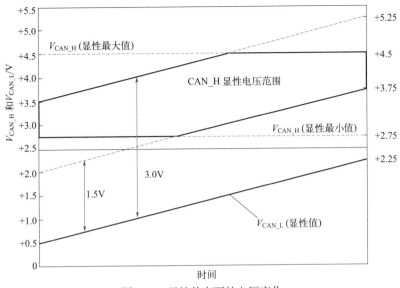

图 2-60　显性状态下的电压变化

为了达到远程帧可接受的低发射等级，发送器应满足表 2-28 所要求的驱动信号对称性。测试时，$R_L=60\Omega$，$C_1=4.7nF$，$C_2=0$，$C_{RXD}=0$。$V_{sym}=(V_{CAN\_H}+V_{CAN\_L})/V_{CC}$，$V_{CC}$ 为发送器的供电电压。

表 2-28　发送器的驱动信号对称性

参数名称	符号	值		
		最小 /V	正常 /V	最大 /V
驱动信号对称性	V_{sym}	0.9	1.0	1.1

发送器的最大输出电流应根据表 2-29 进行限制。测试时，$R_L>10^{10}\Omega$，$C_1=0$，$C_2=0$，$C_{RXD}=0$。

表 2-29　发送器输出电流

参数名称	符号	值		条件
		最小 /mA	最大 /mA	
CAN_H 的绝对电流	I_{CAN_H}	未定义	115	$-3V \leqslant V_{CAN\_H} \leqslant 18V$
CAN_L 的绝对电流	I_{CAN_L}	未定义	115	$-3V \leqslant V_{CAN\_L} \leqslant 18V$

表 2-30 规定了总线偏压有效时发送器隐性输出特性。测试时，$R_L>10^{10}\Omega$，$C_1=0$，$C_2=0$，$C_{RXD}=0$。

表 2-30 总线偏压有效时发送器隐性输出特性

参数名称	符号	值		
		最小 /V	正常 /V	最大 /V
CAN_H 上的单端输出电压	$V_{\text{CAN\_H}}$	2	2.5	3.0
CAN_L 上的单端输出电压	$V_{\text{CAN\_L}}$	2	2.5	3.0
差分输出电压	V_D	−0.5	0	0.05

表 2-31 规定了总线偏压无效时发送器隐性输出特性。测试时，$R_L > 10^{10}\Omega$，$C_1=0$，$C_2=0$，$C_{\text{RXD}}=0$。

表 2-31 总线偏压无效时发送器隐性输出特性

参数名称	符号	值		
		最小 /V	正常 /V	最大 /V
CAN_H 上的单端输出电压	$V_{\text{CAN\_H}}$	−0.1	0	0.1
CAN_L 上的单端输出电压	$V_{\text{CAN\_L}}$	−0.1	0	0.1
差分输出电压	V_D	−0.2	0	0.2

(2) 接收器特性 当 HS-PMA 是在低功耗模式并且总线偏压有效时，隐性和显性状态接收器差分输入电压范围见表 2-32。测试时，$R_L > 10^{10}\Omega$，$C_1=0$，$C_2=0$，$C_{\text{RXD}}=0$。

表 2-32 总线偏压有效时接收器差分输入电压范围

参数名称	符号	值		条件
		最小 /V	最大 /V	
隐性状态差分输入电压范围	V_D	−3.0	0.5	$-12\text{V} \leqslant V_{\text{CAN\_L}} \leqslant 12\text{V}$
显性状态差分输入电压范围	V_D	0.9	8.0	$-12\text{V} \leqslant V_{\text{CAN\_H}} \leqslant 12\text{V}$

当 HS-PMA 是在低功耗模式并且总线偏压无效时，隐性和显性状态接收器差分输入电压范围见表 2-33。测试时，$R_L > 10^{10}\Omega$，$C_1=0$，$C_2=0$，$C_{\text{RXD}}=0$。

表 2-33 总线偏压无效时接收器差分输入电压范围

参数名称	符号	值		条件
		最小 /V	最大 /V	
隐性状态差分输入电压范围	V_D	−3.0	0.4	$-12\text{V} \leqslant V_{\text{CAN\_L}} \leqslant 12\text{V}$
显性状态差分输入电压范围	V_D	0.9	8.0	$-12\text{V} \leqslant V_{\text{CAN\_H}} \leqslant 12\text{V}$

(3) 接收器输入电阻 HS-PMA 的实现应有输入电阻，输入电阻的范围见表 2-34，并且

内部电阻匹配应满足表 2-35 规定的需求。

表 2-34　接收器输入电阻的范围

参数名称	符号	值		条件
		最小 /kΩ	最大 /kΩ	
差分内部电阻	R_D	12	100	$-2V \leqslant V_{CAN\_L}$
单端内部电阻	R_{CAN_H}、R_{CAN_L}	6	50	$V_{CAN\_H} \leqslant 7V$

注：$R_D = R_{CAN\_H} + R_{CAN\_L}$。

表 2-35　接收器输入电阻匹配

参数名称	符号	值		条件
		最小 /kΩ	最大 /kΩ	
内部电阻匹配	m_R	−0.03	0.03	$V_{CAN\_L} = V_{CAN\_H} = 5V$
单端内部电阻	R_{CAN_H}、R_{CAN_L}	6	50	

注：$m_R = 2 \times (R_{CAN\_H} - R_{CAN\_L})/(R_{CAN\_H} + R_{CAN\_L})$。

如图 2-61 所示为 HS-PMA 内部差分输入电阻。

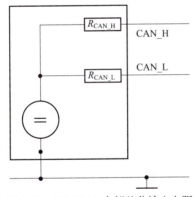

图 2-61　HS-PMA 内部差分输入电阻

6. HS-PMA 低功耗唤醒

当由一个或多个 HS-PMA 组成的实体实现低功耗模式时，HS-PMA 应有能力将唤醒事件发送到其实现。HS-PMA 唤醒机制见表 2-36。

表 2-36　HS-PMA 唤醒机制

HS-PMA 实现的种类	要求唤醒机制
CAN 唤醒，无低功耗模式	无唤醒要求
CAN 唤醒，低功耗模式但无选择性唤醒的实现	基本唤醒或唤醒模式（WUP）
CAN 唤醒，具有选择性唤醒	选择性唤醒帧（WUF）和唤醒模式（WUP）唤醒

在 HS-PMA 中实现多个唤醒机制时，要使用的唤醒机制应是可配置的。唤醒机制主要有基本唤醒、唤醒结构唤醒和选择性唤醒。

(1) 基本唤醒 基本唤醒是指至少在 t_{Filter} 持续时间内，HS-PMA 接收一次显性状态，唤醒事件应发生。

(2) 唤醒结构唤醒 唤醒结构唤醒是指 HS-PMA 接收到被一个隐性状态隔开的两个连续显性状态，并且显性状态和隐性状态输出时间至少是 t_{Filter} 持续时间，则应发生唤醒事件。

(3) 选择性唤醒 在检测到唤醒帧时，唤醒事件应发生。通过 HS-PMA 对标准帧格式（CBFF）或扩展帧格式（CEFF）中的 CAN 帧进行解码，并可以作为唤醒帧使用。如果启用这种方式，在正常和低功耗模式下可以解码 CAN 帧。

如果在正常模式与低功耗模式转换之前使用选择性唤醒，并且 HS-PMA 不再忽略帧，在帧检测到 IP 模式转换期间，需要支持 CAN 数据和远程帧的解码。如果接收到的帧是有效的唤醒帧，则收发器应指示唤醒。如果启用这种方式，在正常模式和低功耗模式下可以解码 CAN 帧。

7. CAN 总线网络设计期望指标

CAN 总线网络设计期望指标主要是指 HS-PMA 连接到媒介推荐使用的 CAN_H 上的单端输入电压值 V_{CAN_H} 和 CAN_L 上的单端输入电压值 V_{CAN_L}。

用于接收隐性状态的 CAN 接口输入电压参数见表 2-37。差分输入电压由存在于总线上的各个 CAN 节点的隐性状态输出电压的组合决定，因此，差分输入电压近似为零。

表 2-37 用于接收隐性状态的 CAN 接口输入电压参数

参数名称	符号	值			条件
		最小 /V	正常 /V	最大 /V	
工作输入电压	V_{CAN_H}	-12	2.5	12	相对于每个 CAN 节点进行单独接地测量
	V_{CAN_L}	-12	2.5	12	
差分输入电压	V_D	-3	0	0.012	每个 CAN 节点连接到媒介进行测量

用于接收显性状态的 CAN 接口输入电压参数见表 2-38。

表 2-38 用于接收显性状态的 CAN 接口输入电压参数

参数名称	符号	值			条件
		最小 /V	正常 /V	最大 /V	
工作输入电压	V_{CAN_H}	-10.8	3.5	12	相对于每个 CAN 节点进行单独接地测量
	V_{CAN_L}	-12	1.5	10.8	
差分输入电压	V_D	1.2	2	3	每个 CAN 节点连接到媒介进行测量

仲裁期间用于接收显性状态的 CAN 接口输入电压参数见表 2-39。

表 2-39 仲裁期间用于接收显性状态的 CAN 接口输入电压参数

参数名称	符号	值		条件
		最小 /V	最大 /V	
工作输入电压	V_{CAN_H}	-10.8	12	相对于每个 CAN 节点进行单独接地测量
	V_{CAN_L}	-12	10.8	
差分输入电压	V_D	1.2	3	每个 CAN 节点连接到媒介进行测量

四、物理编码子层

物理编码子层是执行位编码/解码和同步的子层。

1. 位时间

位时间是指一个位的持续时间。在一个位时间内实现的总线管理功能在位时间帧里执行，如 CAN 总线节点同步行为、网络发送延迟补偿和采样点位置都应由 CAN 总线实现的可编程位定时逻辑来指定。

一个电平位时间主要由同步段（SS）、传播时间段（PTS）、相位缓冲段 1（PBS1）和相位缓冲段 2（PBS2）组成，如图 2-62 所示。Tq 是表示同步机制时间分辨率的基本时间单位。

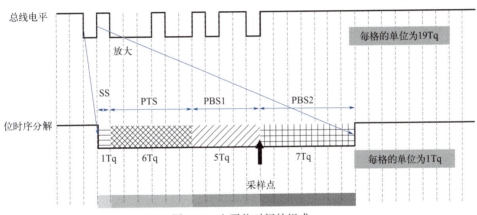

图 2-62 电平位时间的组成

（1）同步段　若通信节点检测到总线上信号的跳变沿被包含在同步段的范围内，则表示节点与总线的时序是同步的，固定为 1Tq。

（2）传播时间段　传播时间段是用于补偿网络的物理延时时间，是总线上输入比较器延时和输出驱动器延时综合的两倍，长度可编程为 1～8Tq。

（3）相位缓冲段 1　相位缓冲段 1 用于补偿节点间的晶振误差，允许通过重同步方式对该段加长，在这个时间段末端进行总线状态的采样，长度可编程为 1～8Tq。

（4）相位缓冲段 2　相位缓冲段 2 用于补偿节点间的晶振误差，允许通过重同步方式对该段缩短，长度可编程为 1～8Tq。

标称位时间是指仲裁段的一个位占用的时间长度。标称位时间划分为 4 个互不重叠的时间段，如图 2-63 所示。

采样点是读取并解析总线上各位值的时间点，它位于相位缓冲段 1 末端。信息处理时间从采样点开始,是为计算下一个位电平所预留的时间段。

图 2-63　标称位时间

重同步的结果会引起相位缓冲段 1 加长或相位缓冲段 2 缩短。同步跳转宽度决定了相位缓冲段加长或缩短的限值。

CAN 总线节点内部延时是在发送或接收过程中发生的所有异步延时的总和,与各个 CAN 总线节点集成电路的位定时逻辑单元相关,如图 2-64 所示。

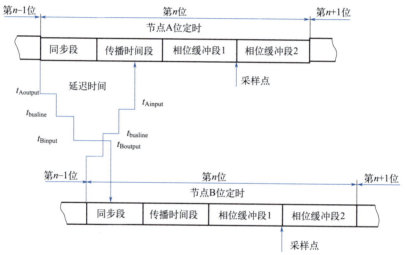

图 2-64　仲裁时节点 A 和节点 B 位定时的时间关系和延时

CAN 总线节点输入、输出延时的总和与位定时逻辑密切相关,节点内部延时为

$$t_{node} = t_{output} + t_{input} \tag{2-4}$$

式中,t_{node} 为节点内部延时;t_{output} 为节点输出延时;t_{input} 为节点输入延时。

为实现正确的仲裁,节点传播延时要满足以下条件。

$$t_{Prop\_Seg} \geqslant t_{nodeA} + t_{nodeB} + 2t_{busline} \tag{2-5}$$

式中,t_{Prop_Seg} 为节点传播延时;t_{nodeA} 为节点 A 内部延时;t_{nodeB} 为节点 B 内部延时;$t_{busline}$ 为节点总线延时。

位速率是指在理想情况下,发送器未进行重同步时每秒传输的位数量。位速率和位时间的关系为

$$标称位时间 = \frac{1}{标称位速率} \tag{2-6}$$

$$数据位时间 = \frac{1}{数据位速率} \tag{2-7}$$

例如，假设 1Tq=1μs，而每个数据由 19Tq 组成，则传输一位数据需要时间 19μs，从而每秒可以传输的数据位个数为 $1 \times 10^6/19 = 52631.6\text{bit/s}$。

两种位时间都应由不重叠的位时间段组成，标称位时间和数据位时间的分段如图 2-65 所示。

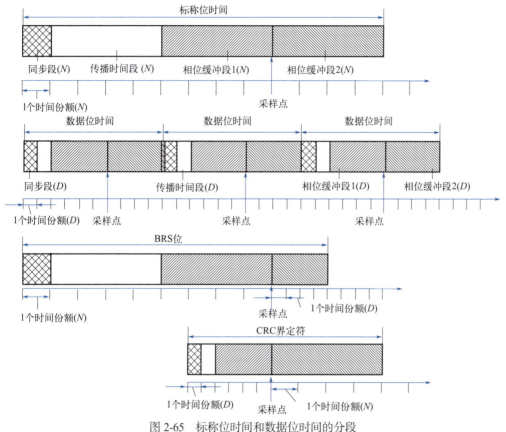

图 2-65　标称位时间和数据位时间的分段

N—最小时间份额；D—时间份额，由若干个最小时间份额组成

位时间的配置应使用以下几个时间段：同步段、传播时间段、相位缓冲段 1、相位缓冲段 2 以及再同步补偿宽度（SJW）。对于支持和不支持 CAN FD 总线的实现，其位时间段的配置范围应是不同的。时间段的最小配置范围见表 2-40。

表 2-40　时间段的最小配置范围

参数名称	不支持 FD	支持 FD		
		预分频不同	预分频相同	预分频相同/不同
	标称位时间	标称位时间	标称位时间	标称位时间
预分频	1～32	1～32	1～32	1～32
同步段	1 个时间份额（N）	1 个时间份额（N）	1 个时间份额（N）	1 个时间份额（D）

续表

参数名称	不支持 FD	支持 FD		
		预分频不同	预分频相同	预分频相同/不同
	标称位时间	标称位时间	标称位时间	标称位时间
传播时间段	1～8 个时间份额（N）	1～48 个时间份额（N）	1～96 个时间份额（N）	0～8 个时间份额（D）
相位缓冲段 1	1～8 个时间份额（N）	1～16 个时间份额（N）	1～32 个时间份额（N）	1～8 个时间份额（D）
相位缓冲段 2	2～8 个时间份额（N）	2～16 个时间份额（N）	2～32 个时间份额（N）	2～8 个时间份额（D）
SJW	1～4 个时间份额（N）	1～16 个时间份额（N）	1～32 个时间份额（N）	1～8 个时间份额（D）

两种不同的预分频使得单个时间份额（N）和时间份额（D）的长度不同。如果是相同的预分频，则单个时间份额（N）的长度等于时间份额（D）的长度。单个位时间的长度取决于位的单个时间份额的长度和时间份额的数量。如果不同的参数组合得到了相同的位时间长度，则应使用其中单个时间份额长度更短的组合。

2. 同步

状态机应以一个时间份额为时间步长，进行 CAN 总线实现的操作与 CAN 总线信号的同步。每一个时间份额里都应分析总线状态是隐性还是显性。

同步有硬同步和重同步。

（1）**硬同步** 硬同步发生在 SOF 位让所有接收节点调整各自当前位的同步段，调整宽度不限，且只有存在帧起始信号时才起作用，如果在一帧很长的数据内，节点信号与总线信号相位有偏移，这种同步方式就无能为力。

当某节点检测到总线的帧起始信号不在节点内部时序的同步段范围内，会判断它自己的内部时序与总线不同步，因而这个状态的采样点采集到的数据是不正确的，所以节点通过硬同步的方式重新调整，把自己的位时序中的同步段平移至总线出现下降沿的位置，从而获得同步，同步后采样点即可采集到正确的数据，如图 2-66 所示。

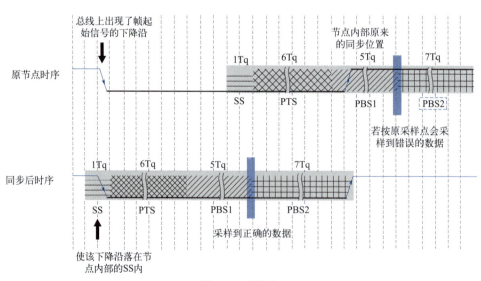

图 2-66　硬同步

硬同步后，位时间应被每一个完成了同步段的位定时逻辑单元重启。因此，硬同步将强制导致硬同步的边沿位于重启的位时间的同步段。

(2) 重同步 重同步会导致位时间的延长或缩短，以便于修正采样点的位置，该采样点位置与被检测到的边沿位置有关。当引起重同步的边沿相位错误的长度小于或等于已编程的再同步补偿宽度（SJW）值时，重同步的影响应和硬同步一样。

当跳变沿与同步段的误差小于再同步补偿宽度（SJW）值时，重同步会通过延长 PBS1 或者缩短 PBS2 来保证采样点位置的正确；如限定 SJW=4Tq 时，单次同步调整的时候不能增加或者减少超过 4Tq 的时间长度，若有需要，控制器会通过多次小幅度调整来实现同步，如图 2-67 和图 2-68 所示。

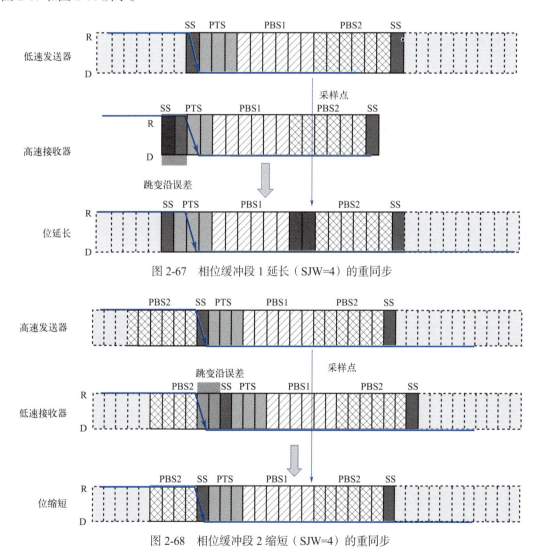

图 2-67 相位缓冲段 1 延长（SJW=4）的重同步

图 2-68 相位缓冲段 2 缩短（SJW=4）的重同步

五、物理媒介参数

1. 双绞线参数

CAN 总线采样双绞线，其物理参数见表 2-41。

表 2-41 双绞线物理参数

参数名称	单位	最小值	标称值	最大值
阻抗	Ω	95	120	140
单位长度电阻	mΩ/m	—	70	—
单位线延时	ns/m	—	5	—
每米双绞数量	个/m	33	—	50

2. 终端电阻参数

终端电阻参数见表 2-42。

表 2-42 终端电阻参数

参数名称	单位	最小值	标称值	最大值	备注
终端电阻阻值	Ω	100	120	130	最小耗散功率：220m·W

对于分离式终端的情况，终端电阻分为两个电阻，两个电阻值的允差应在 ±1% 以内。

3. 网络拓扑参数

网络拓扑参数见表 2-43。

表 2-43 网络拓扑参数

参数名称	单位	最小值	最大值	条件
总线长度	m	—	40	
支线长度	m	—	0.3	位速率：1Mbit/s
节点间距	m	0	40	

当位速率小于 1Mbit/s 时，总线长度可相应增加。由于各 CAN 总线节点的支线长度、位速率和内部电容的不同，其他支线长度和节点间距在不同的网络拓扑中也有应用。特别是当节点间距为 0 时，该网络拓扑为星型结构。在这种情况下，应通过测量每个 CAN 总线节点的输入差分电压，检查线束谐振波对位编码的影响。

4. 可选电容参数

当采用分离式终端时，可选电容应连接到地和中心点。可选电容参数见表 2-44。

表 2-44 可选电容参数

参数名称	单位	最小值	标称值	最大值	备注
可选电容值	nF	1	4.7	100	最小电压大于 58V

第五节　CAN 总线数据链路层

CAN 总线数据链路层位于整个 CAN 结构中的第二层，它由一系列的规则组成，规定什么样的电平代表什么样的意思，CAN 控制器按照什么样的规定发送和接收信息等。CAN 总线数据链路层分为逻辑链路控制子层和媒介访问控制子层。

一、逻辑链路控制子层

逻辑链路控制（LLC）子层描述了数据链路层的上层部分，它与媒介访问方法的协议事件相关联。

1. 逻辑链路控制子层的服务

逻辑链路控制子层提供 2 种无连接模式的传输服务：无应答数据传送服务和无应答远程数据请求服务。通过无应答数据传送服务，逻辑链路控制子层用户间可以不用建立数据链接，而是交换逻辑链路控制子层的协议数据单元，其数据传送可以是点对点、多播或者广播形式；通过无应答远程数据请求服务，逻辑链路控制子层用户间可以不用建立数据链接，而请求远程节点传送逻辑链路控制子层的协议数据单元。

远程节点可以通过以下两种方式服务这种数据请求。

① 被请求的数据在远程节点中已准备好。这种情况下，数据应处于远程节点的缓存中，一旦接收到对该数据的远程请求，立刻被远程节点发送出去。

② 远程节点接收到远程数据请求后，将被请求的数据发送出去。

根据上述两种不同的逻辑链路控制服务，发送节点和接收节点间的通信可能用到以下 6 种类型的帧：传统标准帧格式（CBFF）的逻辑链路控制数据帧、传统扩展帧格式（CEFF）的逻辑链路控制数据帧、可变数据速率标准帧格式（FBFF）的逻辑链路控制数据帧、可变数据速率扩展帧格式（FEFF）的逻辑链路控制数据帧、传统标准帧格式的逻辑链路控制远程帧、传统扩展帧格式的逻辑链路控制远程帧。

2. 逻辑链路控制子层的服务原语

逻辑链路控制子层的服务原语描述见表 2-45。

表 2-45　逻辑链路控制子层的服务原语描述

服务	服务原语	描述
无应答数据传送服务	L_Data.Request	请求数据传送
	L_Data.Indication	指示数据到来
	L_Data.Cofirm	数据传送确认
	L_Data.AbortRequest（可选）	请求放弃数据传送
无应答远程数据请求服务	L_Remote.Request	请求远程数据
	L_Remote.Indication	指示远程数据请求的到来
	L_Remote.Confirm	远程数据请求确认
	L_Remote.AbortRequest（可选）	请求放弃远程数据请求

不同逻辑链路控制子层服务原语的参数描述见表 2-46。

表 2-46 不同逻辑链路控制子层服务原语的参数描述

参数	描述
Identifier	标识帧的内容
Format	帧格式（CBFF、CEFF、FBFF、FEFF，指定可选的 ESI 和 BRS 位）
DLC	数据长度
Data	用户想要发送的数据
Transfer_Status	确认参数
Handle（可选）	标识用于处理的硬件元素

（1）L_Data.Request 服务原语 用于 LLC 用户向逻辑链路控制子层请求将某个逻辑链路控制子层的服务数据单元（LSDU）发送给一个或者多个远程逻辑链路控制子层实体。其参数格式如下。

L_Data.Request（
    Identifier
    Format
    DLC
    Data
    Handle
    ）

如果相关 LLC 数据帧的数据长度为 0，则参数 Data 可忽略；用于传送的硬件元素（信息存储单元）由 Handle 标识。

逻辑链路控制子层接收到该服务原语后，通过使用媒介访问控制子层提供的数据传送服务，启动 LLC 数据帧的传送。如果在此期间没有错误帧出现，则任何 L_Data.Request 应在不迟于第二个 SOF 前处理。

（2）L_Data.Indication 服务原语 用于逻辑链路控制子层向逻辑链路控制子层用户指示某个 LSDU 的到来。其参数格式如下。

L_Data.Indication（
    Identifier
    Format
    DLC
    Data
    ）

如果相关 LLC 数据帧的数据长度为 0，则参数 Data 可忽略。

（3）L_Data.Cofirm 服务原语 用于本地逻辑链路控制子层向逻辑链路控制子层用户反馈前一个 L_Data.Request 的结果，该服务原语是一个本地确认，即它不能说明远程逻辑链路控制子层实体向其逻辑链路控制子层用户发送了相应的 Indication 原语。其参数格式如下。

L_Data.Cofirm（
    Identifier
    Transfer_Status
    Handle
    ）

参数 Transfer_Status 用于以下指示处理状态的完成：由前一个 Transfer_Status 引起的进程（如果没有可选的 Handle）；Handle 指定的可选引用硬件元素的处理状态。

（4）**L_Data.AbortRequest 服务原语**　用于逻辑链路控制子层用户向逻辑链路控制子层发送请求，放弃之前请求的某个 LSDU 的传送。其参数格式如下。

L_Data.AbortRequest（
    Handle
    ）

接收到请求后，逻辑链路控制子层会放弃传送指定的信息存储单元中的 LLC 数据帧。已经传输给媒介访问控制子层正在处理的传送，只能在满足以下条件时被放弃：传送时媒介访问控制子层出现了错误；媒介访问控制子层仲裁失败。

（5）**L_Remote.Request 服务原语**　用于逻辑链路控制子层用户向逻辑链路控制子层请求由一个远程逻辑链路控制子层实体发送某个 LSDU。其参数格式如下。

L_Remote.Request（
    Identifier
    Format
    DLC
    Handle
    ）

接收到该请求后，逻辑链路控制子层通过媒介访问控制子层提供的远程数据传输服务，启动指定可选信息存储单元中的 LSDU 的传送。

（6）**L_Remote.Indication 服务原语**　用于逻辑链路控制子层向逻辑链路控制子层用户指示，传送某个 LSDU 请求的到来。其参数格式如下。

L_Remote.Indication（
    Identifier
    Format
    DLC
    ）

要传送的 LSDU，其中的 ID 由参数 Identifier 指定，其数据场长度由 DLC 指定。

（7）**L_Remote.Confirm 服务原语**　用于逻辑链路控制子层向逻辑链路控制子层用户传达先前 L_Remote.Request 的结果。该服务是一个本地确认，即它并不能说明远程逻辑链路控制子层实体向其逻辑链路控制子层用户传输了相应的指示。其参数格式如下。

L_Remote.Confirm（
    Identifier
    Transfer_Status
    Handle
    ）

参数 Transfer_Status 用于指示以下进程的状态：由前一个 L_Remote.Request 引起的进程（如果没有可选的 Handle），或者 Handle 指定的可选引用硬件元素的处理状态。

（8）**L_Remote.AbortRequest 服务原语**　用于逻辑链路控制子层用户向逻辑链路控制子层发送请求，放弃之前的向远程用户请求 LSDU 的传送请求。其参数格式如下。

L_Remote.AbortRequest（

　　　　　　　Handle

　　　　　　　）

接收到该请求后，逻辑链路控制子层会放弃传送指定的信息存储单元中的 LLC 远程帧。已经传输给媒介访问控制子层正在处理的传送，只能在满足以下条件时被放弃：传送时媒介访问控制子层出现错误，或者媒介访问控制子层仲裁失败。

3. 逻辑链路控制子层的功能

逻辑链路控制子层提供帧接收过滤、过载通知和恢复管理功能。

（1）**帧接收过滤**　逻辑链路控制中每一个帧的处理都应是一个独立的操作，而与之前的帧处理无关。帧的内容由其 ID 标识符命名。每一个接收方应根据其帧接收过滤来决定帧是否与己相关。

（2）**过载通知**　如果接收器内部要求延迟下一个逻辑链路控制数据帧或者逻辑链路控制远程帧，其逻辑链路控制子层应发起发送媒介访问控制过载帧的请求。如果 CAN 总线实现中存在引起媒介访问控制过载帧发送的情况，则该情况应在 CAN 总线实现中书面列明。最多可以发送 2 次媒介访问控制过载帧以延迟下一个数据帧或者远程帧。

（3）**恢复管理**　逻辑链路控制子层应为以下几种情形的帧提供自动重发：仲裁失败、未被应答或者发送时被错误干扰。在帧成功发送完成或者放弃（可选功能）前，不应向逻辑链路控制用户报告帧发送服务的确认状态或者报告已放弃（可选）该帧的发送。如果某个帧不再需要发送，则应禁止其自动重发功能。可以禁止所有帧的自动重发功能。

4. 逻辑链路控制帧的结构

逻辑链路控制帧是同级的逻辑链路控制实体间的数据交换（逻辑链路控制协议数据单元）。

逻辑链路控制数据帧由四个位场组成：标识符场、格式场、DLC 场和 LLC 数据场，如图 2-69 所示。

图 2-69　逻辑链路控制数据帧的组成

（1）**标识符场**　标识符场由两部分组成，标准 ID 标识符和扩展 ID 标识符。标准 ID 标识符长度为 11 位（ID28 至 ID18），扩展 ID 标识符长度为 18 位（ID17 至 ID0）。传统标准帧格式（CBFF）和可变数据速率标准帧格式（FBFF）的帧没有扩展 ID 标识符。

（2）**格式场**　格式场用于区分帧格式，如 CBFF、CEFF、FBFF 和 FEFF。其中 FBFF 和 FEFF 中含有错误状态指示（ESI）位和位速率转换（BRS）位。

（3）**DLC 场**　数据长度码（DLC）表明了该帧数据场中的字节长度，DLC 长度为 4 位。对于传统帧，DLC 值的范围为 0～15，其中 DLC 值为 0～7 时表示相应数据场长度为 0～7 字节，其他所有数值都表示数据场长度为 8 字节。

（4）**LLC 数据场**　LLC 数据场包含了要传输的数据。对于传统帧，其长度范围为 0～8

字节；对于可变数据速率帧，其长度范围为 0～64 字节。

逻辑链路控制远程帧应由标识符场、格式场和 DLC 场组成，如图 2-70 所示。

图 2-70　逻辑链路控制远程帧的组成

逻辑链路控制远程帧的标识符场和 DLC 场的格式与逻辑链路控制数据帧的标识符场和 DLC 场格式一致。逻辑链路控制远程帧没有数据场，与 DLC 值无关。逻辑链路控制远程帧的格式场仅用于区分传统标准帧格式和传统扩展帧格式。可变数据速率标准帧格式和可变数据速率扩展帧格式中没有逻辑链路控制远程帧。

二、媒介访问控制子层

媒介访问控制（MAC）子层描述了数据链路层的下层部分，它为逻辑链路控制（LLC）子层和物理层（PL）提供了服务接口，由以下功能组成：发送/接收数据的封装/解封、错误检测和标识、发送/接收媒介访问管理。

1. 媒介访问控制子层的服务

媒介访问控制子层提供的服务应允许在本地逻辑链路控制子层实体和同级逻辑链路控制子层实体间交换媒介访问服务数据单元，其服务如下。

（1）带应答的数据传送　该服务可以让逻辑链路控制子层实体间无须建立数据链路连接就能交换媒介访问控制子层的服务数据单元（MSDU），其数据传送可以是点对点、多播或者广播式的。

（2）带应答的远程数据请求　该服务允许逻辑链路控制子层实体向另一个远程节点请求发送 LSDU，两者无须建立数据链路连接。远程逻辑链路控制子层实体应用其媒介访问控制子层"带应答的数据传送"服务发送被请求的数据。由远程节点的媒介访问控制子层产生服务的 ACK，ACK 不应包含远程节点用户的任何数据。

（3）过载帧传送　该服务允许逻辑链路控制子层实体请求发送过载帧。过载帧是特殊固定格式的 LPDU，可用于延迟下一个数据帧或者远程帧。

2. 媒介访问控制子层的服务原语

媒介访问控制子层的服务原语见表 2-47。

表 2-47　媒介访问控制子层的服务原语

服务	服务原语
带应答的数据传送服务	MA_Data.Request
	MA_Data.Indication
	MA_Data.Confirm
带应答的远程数据请求服务	MA_Remote.Request
	MA_Remote.Indication
	MA_Remote.Confirm

续表

服务	服务原语
	MA_OVLD.Request
过载帧传送	MA_OVLD.Indication
	MA_OVLD.Confirm

（1）**MA_Data.Request 服务原语** 用于逻辑链路控制子层向媒介访问控制子层请求发送 MSDU 至一个或多个远程媒介访问控制子层实体。其参数格式如下。

MA_Data.Request（
    Identifier
    Format
    DLC
    Data
    ）

如果相关 MAC 数据帧的数据长度为 0，则参数 Data 可忽略。

收到该请求后，媒介访问控制子层会为来自逻辑链路控制子层的服务数据单元（SDU）增加 MAC 特定控制信息（SOF、SRR 位、IDE 位、RTR 位或 RRS 位、FDF 位、res 或 r0、BRS 位、ESI 位、CRC、全隐性的 ACK 场、EOF），形成 MAC 的协议数据单元。RRS 为远程请求替换位；FDF 为灵活数据速率格式；ESI 为错误状态指示。该 MAC 的协议数据单元将按位传送给物理层，并进一步传送给同级的媒介访问控制子层实体。

（2）**MA_Data.Indication 服务原语** 用于媒介访问控制子层向逻辑链路控制子层指示 MSDU 的到来。其参数格式如下。

MA_Data.Indication（
    Identifier
    Format
    DLC
    Data
    ）

如果相关 MAC 数据帧的数据长度为 0，则参数 Data 可忽略。仅在正确接收 MSDU 后，方可向逻辑链路控制子层发送该服务。

（3）**MA_Data.Confirm 服务原语** 用于本地媒介访问控制子层向逻辑链路控制子层传达前一个 MA_Data.Request 服务的处理结果。该服务是一个远程确认，它说明了远程媒介访问控制子层实体已向相应的用户发送了相关指示。其参数格式如下。

MA_Data.Confirm（
    Identifier
    Transmission_Status
    ）

Transmission_Status 用于指示前一个 MA_Data.Request 是否成功。

（4）**MA_Remote.Request 服务原语** 用于本地逻辑链路控制子层向媒介访问控制子层发

送请求，请求某个远程媒介访问控制子层实体发送指定的 MSDU。其参数格式如下。

  MA_Remote.Request（
        Identifier
        Format
        DLC
        ）

  收到该请求后，媒介访问控制子层会为来自逻辑链路控制子层的服务数据单元增加 MAC 特定控制信息（SOF、SRR 位、IDE 位、RTR 位或 RRS 位、FDF 位、res 或 r0、BRS 位、ESI 位、CRC、全隐性的 ACK 场、EOF），形成 MAC 的协议数据单元。该 MAC 的协议数据单元将按位传送给物理层，并进一步传送给同级的媒介访问控制子层实体。

  （5）**MA_Remote.Indication 服务原语** 用于媒介访问控制子层向逻辑链路控制子层告知被请求的 MSDU 的到来。其参数格式如下。

  MA_Remote.Indication（
        Identifier
        Format
        DLC
        ）

  仅在正确接收 MSDU 后，方可向逻辑链路控制子层发送该服务。

  （6）**MA_Remote.Confirm 服务原语** 用于本地媒介访问控制子层向逻辑链路控制子层传达前一个 MA_Remote.Request 服务的处理结果。该服务是一个远程确认，它说明了远程媒介访问控制子层实体已向相应的用户发送了相关指示。其参数格式如下。

  MA_Remote.Confirm（
        Identifier
        Transmission_Status
        ）

  Transmission_Status 用于指示前一个 MA_Remote.Requset 是否成功。

  （7）**MA_OVLD.Request 服务原语** 用于 LLC 子层向媒介访问控制子层请求发送 MAC OVLD 帧。该帧有固定格式，且完全由媒介访问控制子层实体构建。其参数格式如下。

  MA_OVLD.Request（
        ）

  收到该请求后，媒介访问控制子层生成一个过载帧，该过载帧应被传输给更低层级，从而传输给同级媒介访问控制子层实体。

  （8）**MA_OVLD.Indication 服务原语** 用于媒介访问控制子层向逻辑链路控制子层指示过载帧的到来。其参数格式如下。

  MA_OVLD.Indication（
        ）

  （9）**MA_OVLD.Confirm 服务原语** 用于本地媒介访问控制子层向逻辑链路控制子层告知已发送了一个过载帧。该服务是一个本地确认，它不能说明同级的远程实体已正确接收了过载帧。其参数格式如下。

MA_OVLD.Confirm（
                    Transmission_Status
                ）

Transmission_Status 用于指示前一个 MA_OVLD.Request 是否成功。

3. 媒介访问控制子层的功能

（1）作用　媒介访问控制子层的功能参考 ISO/IEC 8802-3 中的功能模型定义。该模型中，媒介访问控制子层被划分为 2 个完全独立操作的发送部分和接收部分。媒介访问控制子层的功能如图 2-71 所示。

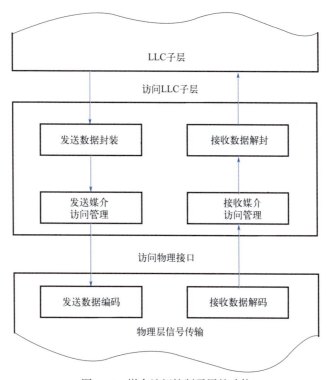

图 2-71　媒介访问控制子层的功能

（2）帧发送　帧发送应完全按照以下要求进行。

① 发送数据封装：LLC 帧和接口控制信息的接收；CRC 序列的计算，包括 FD 帧的填充位计数；MAC 帧的构建。

在 LLC 帧（有限定范围的逻辑链路控制子层可能不会请求发送 ID 或者数据场超出限定范围的 MAC 帧）基础上添加以下内容：SOF、SRR 位（根据帧格式定义使用）、IDE 位、RTR 位（或 RRS 位）、FDF 位、保留位（res）、BRS 位（根据帧格式定义使用）、ESI 位（根据帧格式定义使用）、CRC、ACK 和 EOF。

② 发送媒介访问管理：检测到总线空闲时，初始化发送进程（遵循帧间空间的要求）；MAC 帧的序列化；位填充；仲裁以及当仲裁失败时切换到接收模式；错误检测（监测、格式检查）；ACK 检查；超载情形探测；创建过载帧并启动发送；创建错误帧并启动发送；向物理层传输序列化的位流。

（3）帧接收　帧接收应遵循以下要求。

① 接收媒介访问管理：帧结构的去序列化和重组；去填充；错误检测（CRC、填充位计数检查、格式检查、填充规则检查）；发送 ACK；创建错误帧并启动发送；超载情形探测；创建对应过载帧并启动发送。

② 接收数据解封：去掉接收帧的 MAC 特定信息；向逻辑链路控制子层传输 LLC 帧和接口控制信息（对于有限定范围的逻辑链路控制子层，仅范围内的 LLC 帧会被传输）。

4. 媒介访问控制子层帧的类型

媒介访问控制子层有 4 种不同类型的帧：MAC 数据帧、MAC 远程帧、MAC 错误帧和 MAC 过载帧。

(1) MAC 数据帧 当发送数据时，一个 LLC 数据帧被转换成一个 MAC 数据帧；而当接收数据时，一个 MAC 数据帧被转换成一个 LLC 数据帧。MAC 数据帧由 7 个不同的位场组成：SOF、仲裁场、控制场、数据场、CRC 场、ACK 场和 EOF，如图 2-72 所示。

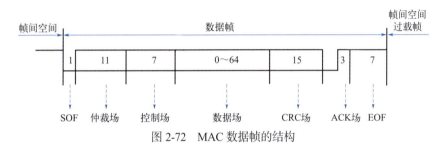

图 2-72 MAC 数据帧的结构

① SOF 由一个单独的显性位组成，它标志数据帧和远程帧的开始。只有当总线空闲时，节点才能发送 SOF。

② 仲裁场由标识符场（由逻辑链路控制子层传输而来）、RTR 位（仅用于 CBFF 和 CEFF）或者 RRS 位（仅用于 FBFF 和 FEFF）组成。其中 RTR 位或者 RRS 位在 MAC 数据帧中为显性。根据控制场的 IDE 位和 FDF 位不同，仲裁场的结构分为 4 种格式：CBFF（IDE 标志为显性），其仲裁场由 11 位标准标识符（ID28～ID18）和 RTR 位组成；CEFF（IDE 标志为隐性），其仲裁场由 11 位标准标识符（ID28～ID18）、SRR 位和 IDE 位（均为隐性）、扩展标识符（ID17～ID0）和 RTR 位组成；FBFF（IDE 标志为显性），其仲裁场由 11 位标准标识符（ID28～ID18）和 RRS 位（显性）组成；FEFF（IDE 标志为隐性），其仲裁场由 11 位标准标识符（ID28～ID18）、SRR 位和 IDE 位（均为隐性）、扩展标识符（ID17～ID0）、RRS 位（显性）组成。

③ 控制场长度如下：在 CBFF 和 CEFF 中，其长度为 6 位；在 FEFF 中，其长度为 8 位；在 FBFF 中，其长度为 9 位。其中最后 4 位为 DLC，DLC 由逻辑链路控制子层传输而来。

④ 数据场与 LLC 帧中的数据场一致。

⑤ CRC 场由 CRC 序列和隐性 CRC 界定符组成。对于 FD 帧，CRC 场还多一个填充计数。

⑥ ACK 场应包含 ACK 间隙和 ACK 界定符。在 ACK 场中，发送节点应发送隐性位。所有的接收方检测接收到的数据帧或者远程帧的一致性，如果帧是一致的，则发送应答；反之，则发送错误帧。一个没有被应答的数据帧或者远程帧应被视为已损坏，且应被发送节点用错误帧标识。

⑦ EOF 是连续 7 位的隐性位，用于标识数据帧和远程帧的结束。

(2) MAC 远程帧 一个节点如果作为某些特定数据的接收方，可能引起其源节点发送远程帧以请求传送各个数据,MAC 远程帧的结构如图 2-73 所示。

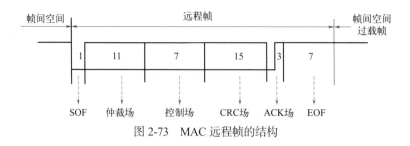

图 2-73 MAC 远程帧的结构

MAC 远程帧的 SOF、CRC 场、ACK 场和 EOF 应与其对应的 MAC 数据帧一致,远程帧没有数据场。

仲裁场由 ID 标识符场和 RTR 位组成,其中标识符场由逻辑链路控制子层传输而来。在 CBFF 和 CEFF 中,MAC 远程帧的 RTR 值为隐性。FBFF 和 FEFF 没有远程帧。

在 CBFF 和 CEFF 中,MAC 远程帧的控制场应和 MAC 数据帧的控制场相同。冲突解决要求远程帧的 DLC 值与被请求的数据帧的 DLC 值相同。

(3) **MAC 错误帧** MAC 错误帧包含两个不同的场,第一个场由不同节点发出的错误标志重叠而来,第二个场是错误界定符,如图 2-74 所示。

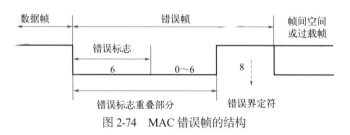

图 2-74 MAC 错误帧的结构

① 错误标志有主动错误标志和被动错误标志:主动错误标志由 6 个连续的显性位组成;被动错误标志由 6 个连续的隐性位组成,除非被其他节点的显性位覆盖。

一个主动错误节点检测到错误情形发生时,应发送主动错误标志。错误标志的形式不遵守位填充的规则,或者破坏了固定格式的位场。同样地,所有其他节点也应检测到错误情形,并发送错误标志。所以总线上实际可能检测到的显性位序列是由各个节点发送的错误标识重叠而来的。该序列的长度可能有从最小 6 位到最长 12 位的变化。

当发送方发起的被动错误标志处于帧中需要位填充的部分时,会引起接收方发生错误(有两个例外),因为接收方会认为检测到填充错误。第一个例外是被动错误标志位于仲裁场,且另一个节点继续发送。第二个例外是被动错误标志少于 CRC 序列结束前 6 位开始,且 CRC 序列剩下的位刚好都是隐性位。

由接收方发出的被动错误标志不能影响总线上的任何活动。因此,被动错误接收方在检测到错误情形发生时,应总是等待随后的 6 个等值位的出现。当这 6 个等值位被检测到,被动错误标志才算完成。

② 错误界定符由 8 个隐性位组成。发送错误标志后,每个节点应发送隐性位并检测总线,直到检测到一个隐性位。然后,它会开始发送余下的 7 个隐性位。

(4) **MAC 过载帧** MAC 过载帧包含过载标志和过载界定符,如图 2-75 所示。过载标志与主动错误标志一致,过载界定符与错误界定符一致。

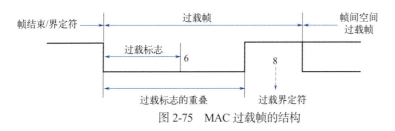

图 2-75 MAC 过载帧的结构

① 过载标志由 6 个显性位组成,它破坏了间歇场的固定形式。随后,所有其他节点也检测到一个过载情形,并开始发送过载标志。

② 过载界定符由 8 个隐性位组成。发送一个过载标志以后,每个节点应检测总线,直到检测到一个隐性位。此时,每个节点应完成过载标志的发送,并同时开始发送余下的 7 个隐性位,以完成 8 位过载界定符。

5. 帧间空间

无论上一帧的类型(数据帧、远程帧、错误帧、过载帧)是什么,数据帧和远程帧应与上一帧之间隔开一段时间,这段时间称为帧间空间。与之相比,错误帧和过载帧之前不应有帧间空间,并且多个过载帧也不应被帧间空间隔开。

帧间空间应包含间歇场和总线空闲时间。前一帧为发送方的被动错误节点时,帧间空间应也包含节点抑制发送时间,如图 2-76 和图 2-77 所示。

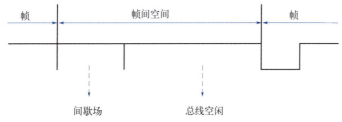

图 2-76 前一帧的接收节点或者非错误-被动节点的帧间空间

图 2-77 前一帧的发送节点或者非错误-被动节点的帧间空间

① 间歇场由 3 个隐性位组成。在此期间,节点不能发送数据帧或者远程帧,只允许标志过载情形。在间歇场第 3 位检测到的显性位,应被视为帧起始(SOF)。

② 总线空闲时长可以为任意长度。满足以下情形时,应认为总线空闲:对于接收方和主动错误发送方,当间歇场的第 3 位为隐性时;对于被动错误发送方,当抑制发送时间的第 8 位为隐性时,或者当脱离了总线整合状态时。总线空闲时,任意节点都可以访问总线以发送数据。在总线空闲时间内,总线上如检测到一个显性位,应被视为 SOF。

如果被动错误节点是上一个帧的发送方,应在间歇场后再抑制 8 位的时间间隔,才能传送下一帧。如果另一个节点在该节点的抑制发送时间内开始发送，则该节点应切换为数据帧或者远程帧的接收方。

6. 帧编码

编码主要有归零（RZ）编码、不归零（NRZ）编码和曼彻斯特编码等。

(1) 归零编码 归零编码是指在一个周期内用二进制传输数据位，在数据位脉冲结束后（传输完1位后），信号回到零电平的编码方式，如图2-78所示。归零编码可以不需要时钟信号，因为接收端在接收数据时，在信号回零后只需要重新采样即可，这种信号称作自同步信号，节省了一根信号线。但是，因为信号需要归零，浪费了宝贵的带宽资源。

(2) 不归零编码 不归零编码是指在一个周期内全部用来传输数据，传输完1位数据后，信号不需要回到零电平的编码方式，如图2-79所示。这种编码方式比较常见，需要时钟信号采样，不会浪费带宽资源。

图 2-78 归零编码　　　　　图 2-79 不归零编码

(3) 曼彻斯特编码 曼彻斯特编码利用信号的跳变方向决定数据，在位中间，信号由高向低跳变表示数据为0，信号由低向高跳变表示数据为1，如图2-80所示。

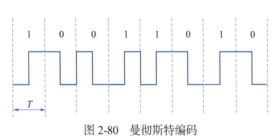

图 2-80 曼彻斯特编码

帧的位流应采用不归零编码，即正电平表示1，低电平表示0，这意味着在一个位时间内所产生的位电平为常量。

为了限制用于同步的边沿间的最大距离，帧的 SOF、仲裁场、数据场和 CRC 序列应采用位填充的方法编码。任意时刻，当一个发送方在发送的位流中检测到连续5个相同值的位出现时（包括填充位），应在该位流中自动插入一个相反的位（位填充）。接收方应识别出5个相同值的序列，并去掉填充位。位填充见表2-48。

表 2-48 位填充

未填充的位流	01011111010	10100000101	01011111000010	10100000111101
填充后的位流	01011111o010	10100000i101	01011111o000i10	10100000i111o01

注："0""o"代表显性填充位；"1""i"代表隐性填充位。

在 FD 帧的 CRC 场，填充位在固定位置插入，称为固定填充位。即使前一个场的最后几位不是连续 5 个相同值的序列，在填充计数的第一位之前应有一个固定填充位。如果前一个场的最后几位是连续 5 个相同值的序列，则其后、填充计数之前应只有一个固定填充位，而不是 2 个连续的填充位。其他固定填充位应在 CRC 场中每隔 4 位插入一个，且每一个固定填充位的值都是前一个的反码。接收方应能在位流中去掉固定填充位，便于 CRC 检测。如果一个固定填充位和其前一个固定填充位的值相同，则视为格式错误。FD 帧中 CRC 场固定填充位的数量与采用传统帧位填充方法得到的最大填充位数量相等。

数据帧和远程帧剩下的位场（CRC 界定符、ACK 场、EOF）为固定形式，无须位填充。错误帧和过载帧也是固定形式，无须位填充。

7. 帧应答

所有接收方应检测接收到的数据帧和远程帧的一致性，并应答一致的数据帧和远程帧。应答与帧的标识符无关。

8. 帧的有效性

帧被认为是有效的时间点，对于所有接收方应是相同的，但是对发送方是不同的。

对于接收方，如果直到 EOF 的最后一位也没有发生错误，则接收方认为帧有效。EOF 最后一位的值不影响帧的有效性，即使是显性，也无须认为是格式错误。一个接收方检测到 EOF 最后一位为显性时，用过载帧回应。

对于发送方，如果直到 EOF 的最后一位也没有发生错误，则发送方认为帧有效。如果帧损坏，应启动恢复进程。

9. 位发送顺序

数据帧和远程帧应从 SOF 的显性位开始按位场来发送。在一个场中，最高有效位应先发送。在数据场中（任意大小），字节从 0 到 n（$n+1$ 是数据字节的数量）的顺序发送。对每一个字节，位按 7 到 0 的顺序发送。

位发送顺序如图 2-81～图 2-86 所示，图中底部加粗的线表示该位为显性位，顶部加粗的蓝线表示该位为隐性位。图中不包含填充位。

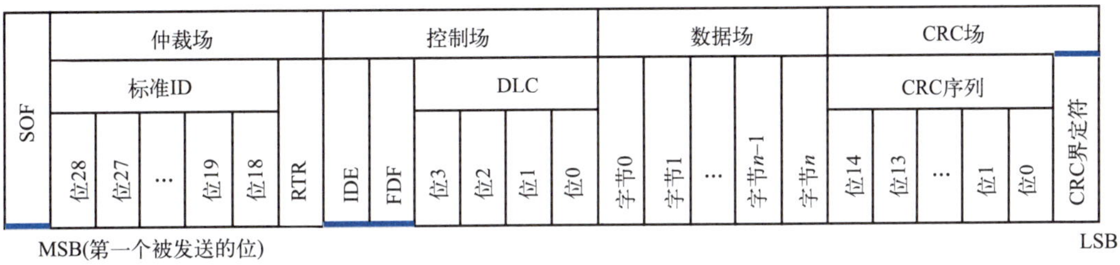

图 2-81　CBFF 的位发送顺序（最大 8 字节）

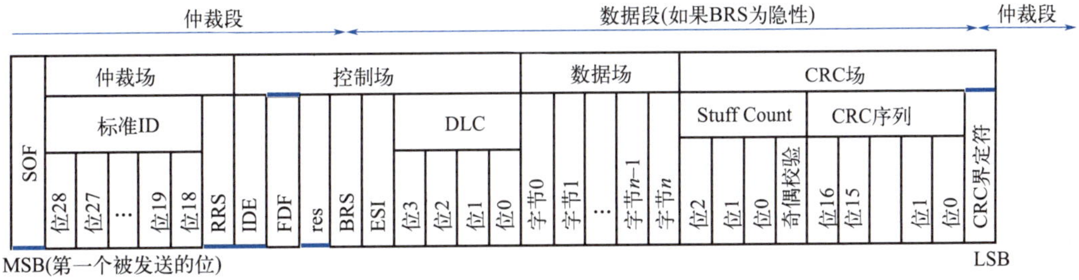

图 2-82　FBFF 的位发送顺序（最大 16 字节）

注：Stuff Count 记录填充位的个数和奇偶校验位，相当于一个计数器

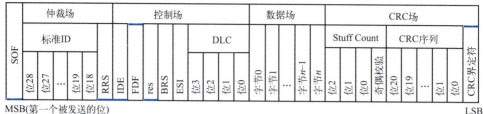

图 2-83　FBFF 的位发送顺序（20～64 字节）

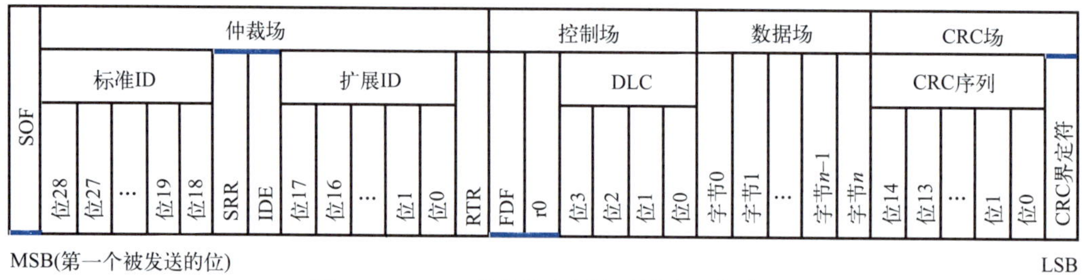

图 2-84　CEFF 的位发送顺序（最大 8 字节）

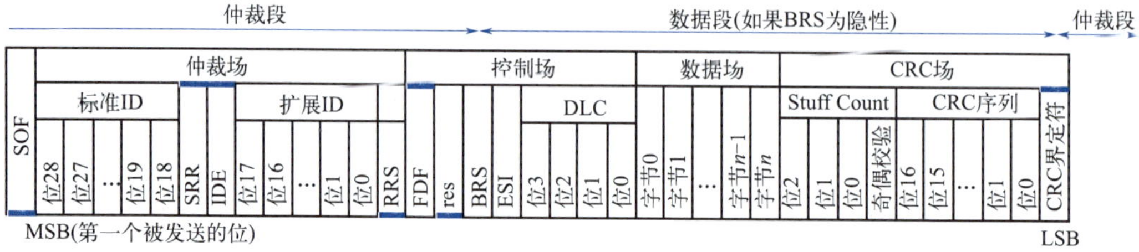

图 2-85　FEFF 的位发送顺序（最大 16 字节）

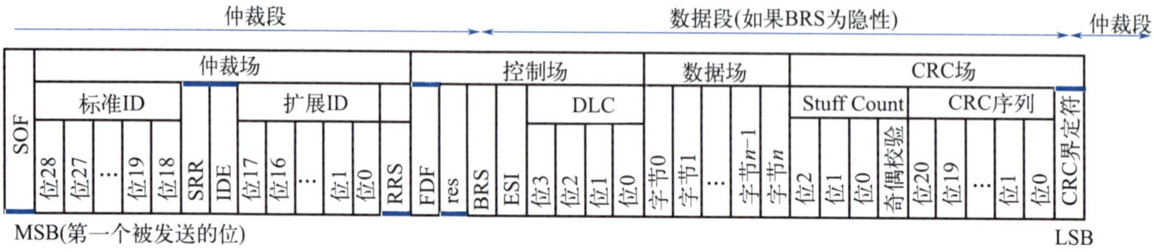

图 2-86　FEFF 的位发送顺序（20～64 字节）

10. 媒介访问方法

CAN 总线媒介访问方法相关的功能和特性如下。

（1）多主访问　在发送过程中，数据帧或者远程帧的发送节点即总线主节点。

（2）总线访问　一个主动错误节点，只要总线空闲即可访问总线。一个被动错误节点，如果是当前帧或者前一个帧的接收方，只要总线空闲即可访问；如果是当前帧或者前一个帧的发送方，当完成了其抑制发送时间后，且同时没有其他节点已经开始发送的情况下，可以开始访问总线。当多个节点同时开始发送，其中优先级最高的节点应成为总线主节点。这种解决总线访问冲突的机制应是基于内容的仲裁。

（3）总线整合状态访问　CAN 总线节点在以下情况时进入总线整合状态：启动协议操

作后、在总线关闭恢复期间或者在检测到协议外状态之后（仅对 CAN FD 总线节点或者 CAN FD 总线兼容节点）。当检测到空闲情形时，CAN 总线节点应离开总线整合状态。

（4）**协议外事件**　CAN FD 总线节点和 FD 兼容节点会检测协议外事件。对于协议外事件，错误计数器不应改变，应使其能硬同步，节点应发送隐性位并进入总线整合状态。

（5）**MAC 帧的传送**　当被允许访问总线时，节点可以开始发送 MAC 数据帧和 MAC 远程帧。以下情形的 MAC 数据帧和 MAC 远程帧应自动重发：失去仲裁的、未被应答的或者发送过程中被错误干扰的。重发的 MAC 数据帧或者 MAC 远程帧应和其他任意 MAC 数据帧或者 MAC 远程帧等同处理，例如，它们也需要参与仲裁流程以获得总线访问。当某个帧不再请求发送时，该帧的自动重发应被禁止。可选的 CAN 总线节点可以有限制重发次数的配置。可以禁止所有帧的自动重发。

（6）**基于内容的仲裁**　在仲裁中，每一个发送方应对比总线上正在传输的位电平：如果该电平与自己发出的相同，则该节点可以继续发送；如果发出的是隐性电平而检测到的是显性电平，则该节点失去仲裁并退出访问，不再发送任何位；如果发送的是显性电平而检测到的是隐性电平，则节点应检测到一个位错误。

（7）**帧的优先级**　两个有着不同标识符的帧，标识符值越小的拥有更高的优先级。如果数据帧和远程帧有相同的标识符，则数据帧应获得更高优先级。这点可以通过 RTR 位的设定值判断得出。

（8）**冲突解决**　只有当总线空闲的时候才可以传送数据。当两个或两个以上的帧同时开始传送的时候，这种情况称为冲突。CAN 总线的逐位仲裁方法解决了所有有不同标识符的数据帧和远程帧间或者不同类型帧间的冲突。如果冲突帧不相同，未解决的冲突会引起错误帧。

（9）**帧格式的禁止**　实现中可以有允许禁止传统 CAN 帧格式或者 FD 帧格式的配置接口。如果一个帧格式被禁止，该格式的帧应被当作无效帧处理，同时会引起错误帧。一个支持 FD 的实现不应设置成 FD 兼容模式。

11. MAC 数据的一致性

需要传输的信息由逻辑链路控制子层用户准备好，经由节点的控制器主机接口和数据链路层的逻辑链路控制子层传送到媒介访问控制子层，在媒介访问控制子层进行信息的封装。信息可以在共享内存中储存。共享内存中要传输的信息的数据一致性，应由以下至少一个方法来保证：在传送开始前，媒介访问控制子层应在临时缓中存储要传送的所有信息；当要传输的信息传至媒介访问控制子层时，逻辑链路控制子层应检测是否有数据错误。如果检测到数据错误，则传输不应启动。如果当检测到数据错误时，已开始传输，则节点应切换成总线监听模式或者进入受限操作模式。接收节点将不会见到有效信息。

12. 错误检查

媒介访问控制子层应提供以下机制用于错误检查：监控，填充规则检查，帧检查，FD 帧的填充计数检查，15 位、17 位或者 21 位 CRC，ACK 检查。

有以下 5 种不同的错误类型，彼此并不互斥。

（1）**位错误**　节点在总线上发送位的同时，也应监听总线。如果监听到的位和已发送的位不符，意味着检测到一个位错误。以下是例外情形，不应视为位错误：仲裁过程中如果发出的是隐性位，而检测到的是显性位；在 ACK 间隙中发出的是隐性位而检测到的是显性位；节点发送被动错误标志而检测到一个显性位。

(2) **填充错误** 如果在位填充相关的帧位场中检测到连续 6 个相同的位，应视为填充错误。如果在 FD 帧的 CRC 场中一个固定填充位的值与其预计值不符，应视为格式错误，而非填充错误。

(3) **CRC 错误** CRC 序列由发送方计算出的 CRC 值组成。接收方应使用与发送方相同的方法计算 CRC。如果计算出的 CRC 序列与接收到的不同，视为 CRC 错误。在 FD 帧中，计算出的填充位数量和接收到的填充计数不匹配，应视为 CRC 错误。

(4) **格式错误** 如果固定形式的位场包含一个或多个非法值，则视为格式错误。以下是例外情形，不应视为格式错误：一个接收方在 EOF 的最后一位检测到显性位；任意节点在错误界定符或者过载界定符的最后一位检测到一个显性位。

(5) **ACK 错误** 发送方无论何时在 ACK 间隙处未检测到显性位，视为 ACK 错误。

无论以上哪种错误被检测到，逻辑链路控制子层应得到通知。随后，媒介访问控制子层应发起错误帧的发送。

13. 错误标识

无论何时，任意节点检测到位错误、填充错误、格式错误或者 ACK 错误，相应节点应在下一位开始发送错误标志。当 FD 帧的数据段检测到错误，在发送错误标志前，节点应从数据位时间切换至仲裁段的标称位时间。使用发送端时延补偿（TDC）的发送方应按图 2-87 所示切换位时间。接收方（和不使用 TDC 的发送方）应按图 2-88 所示切换位时间。

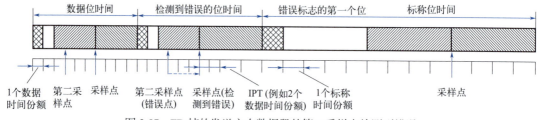

图 2-87 FD 帧的发送方在数据段的第二采样点检测到错误

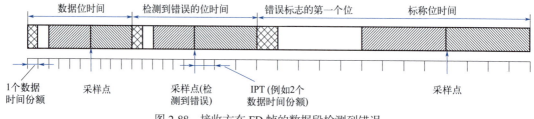

图 2-88 接收方在 FD 帧的数据段检测到错误

在第二采样点（SSP）（延迟后的采样点）处检测到错误后，在延迟前的采样点（SP）和信息处理时间（IPT）之后，位定时切换回标称位速率。但是处于 IPT 的位，如果已经在相位缓冲段 2 中进行了计数，则在下一个位开始之前和错误标志开始发送之前，应让其通过。

接收方接收传统帧并检测到 CRC 错误，应在 ACK 界定符后发送错误标志。接收方接收 FD 帧并检测到 CRC 错误，应在 CRC 界定符后 3 个位时间之后发送错误标志。传统帧中出现了 CRC 错误如图 2-89 所示，FD 帧中出现了 CRC 错误如图 2-90 所示。在 CRC 界定符和错误标志帧起始之间的显性位不应视为错误。

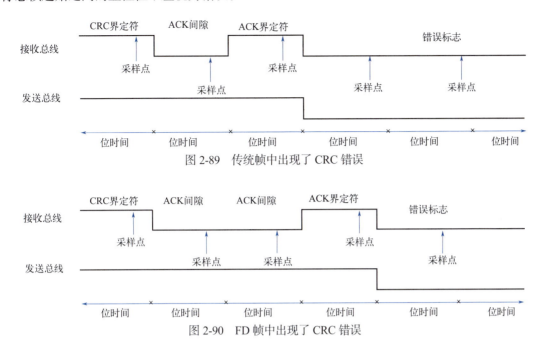

图 2-89　传统帧中出现了 CRC 错误

图 2-90　FD 帧中出现了 CRC 错误

第六节　CAN 总线应用层

　　CAN 总线协议对 CAN 总线物理层和数据链路层进行了明确的描述和规定，然而 CAN 总线的应用层只是指导了 CAN 消息帧 11 位的 ID 和 8 字节数据如何使用。因此，每个汽车制造商都可以遵循 CAN 总线规范设计自己独特的应用层协议。

一、CANopen 协议

　　CANopen 协议是 CAN 总线应用层提供的一组服务和协议，其中通信规范提供了配置设备的方法和通信数据，也定义了设备间数据的通信方式；设备规范为设备增加了相关的类型。

1. CANopen 协议提供的应用层服务功能

　　CANopen 协议提供了以下应用层服务功能。

　　（1）**CAN 总线消息管理**　CAN 总线消息管理提供了基于变量、事件、域类型的对象，并设计和规定了一个设备（节点）的功能如何被访问。例如，如何上传和下载超过 8 字节的一组数据，并且具备终止传输的功能。

　　（2）**CAN 总线网络管理**　CAN 总线网络管理是采用主从通信模式来实现的，提供初始化、启动和停止节点、监测失效节点等相关服务。

　　（3）**CAN 总线 ID 动态分配**　动态分配 CAN 总线 ID 服务是采用主从通信模式实现的，统一由一个主节点对 ID 进行分配。

　　（4）**修改层参数**　CAN 总线应用层还提供修改层参数的服务，一个主节点可以设置另外一个从节点的某层参数。

CAN 总线消息管理为消息定义了 8 个优先级，每个优先级拥有 220 个 ID，范围从 1～1760。剩余的 ID（0，1761～2031）则保留给 CAN 总线网络管理、CAN 总线 ID 动态分配和修改层参数等服务功能。同样，ID 越小，数据传输的优先级越高。

2. CANopen 设备的内部结构

CANopen 协议是一个基于 CAN 总线串行总线系统和 CAN 总线应用层的高层协议，其设备通常可划分为通信接口、对象字典和应用部分，如图 2-91 所示。通信接口规定了 CANopen 协议的通信规则和传输机制；对象字典是协议中最核心的内容，描述了设备使用的所有数据类型、通信对象和应用对象，对象字典位于通信程序和应用程序之间，用于向应用程序提供接口；应用部分是由用户自己编写的程序，通过操作对象字典来完成通信。

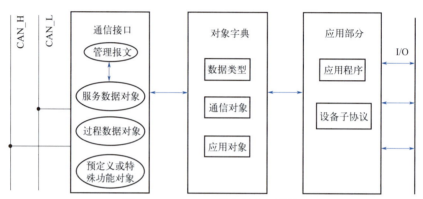

图 2-91　CANopen 设备的内部结构

3. CAN 标识符

为了降低通信网络的组态工作量，简化配置工作，CANopen 协议定义了预定义主/从连接集，这种标识符分配方案仅适用于标准化的 CANopen 设备。CAN 总线报文根据标识符的长度可分为标准帧格式（11 位）和扩展帧格式（29 位），CANopen 关于标识符的分配是基于标准帧格式的，将 11 位标识符划分为 4 位的功能码部分和 7 位的节点 ID 部分，如图 2-92 所示，由此可知，对于 CANopen 通信网络，由于节点 ID 为 0，即主机 ID，则从节点的个数最多为 127。

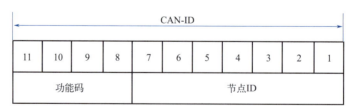

图 2-92　CAN 标识符分配

功能码用来设定通信对象类型以及设置消息的优先级；节点 ID 用来区别不同的 CANopen 从站设备，在本系统中通过设置拨码开关选择节点 ID。CANopen 协议中预定义的功能码和 CAN-ID 的划分见表 2-49。

表 2-49　预定义的功能码和 CAN-ID 的划分

通信对象	功能码	CAN-ID 范围
网络管理	0000b	000h
同步报文	0001b	080h
时间戳报文	0010b	100h
紧急事件	0001b	081h ～ 0FFh（080h+Node-ID）
TPDO1	0011b	181h ～ 1FFh（180h+Node-ID）
RPDO1	0100b	201h ～ 27Fh（200h+Node-ID）
TPDO2	0101b	281h ～ 2FFh（280h+Node-ID）
RPDO2	0110b	301h ～ 37Fh（300h+Node-ID）
TPDO3	0111b	381h ～ 3FFh（380h+Node-ID）
RPDO3	1000b	401h ～ 47Fh（400h+Node-ID）
TPDO4	1001b	481h ～ 4FFh（480h+Node-ID）
RPDO4	1001b	501h ～ 57Fh（500h+Node-ID）
SDO（TX）	1011b	581h ～ 5FFh（580h+Node-ID）
SDO（RX）	1100b	601h ～ 67Fh（600h+Node-ID）
网络管理错误控制	1110b	701h ～ 77Fh（700h+Node-ID）

4. 网络管理

网络管理（NMT）系统负责所有通信节点的启动、停止，维护通信网络的稳定、可靠、可控。在 CANopen 网络中，必须要有一个网络管理主机，其余节点是网络管理从机。每个 CANopen 节点会有 6 种状态：初始化、应用层复位、通信复位、预操作状态、操作状态和停止状态，如图 2-93 所示。这些状态的改变可以通过 NMT 主机来实现，也可以由节点自身通过程序自动完成状态的改变。图 2-93 中①表示系统上电；②表示系统初始化之后进入切换到预操作状态；③、⑥表示 NMT 主机启动节点的命令；④、⑦表示 NMT 主机进入预操作状态命令；⑤、⑧表示 NMT 主机停止节点的命令；⑨、⑩、⑪表示 NMT 主机复位节点命令；⑫、⑬、⑭表示 NMT 主机复位节点通信参数命令；⑮表示节点断电下线。

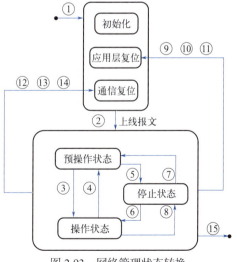

图 2-93　网络管理状态转换

（1）**NMT 从机报文** 在一个 CANopen 系统中，当主机或者从机上线后，都会发送一条上线报文到总线中，告诉总线网络中其他节点，此节点已加入系统中。节点上线报文格式见表 2-50。

表 2-50 节点上线报文格式

CAN-ID	数据（1 字节）
700h+Node-ID	00h

为确定从机节点状态以及检测节点是否在线，CANopen 协议采用了心跳报文的机制，要求系统中在线的从机节点定时发送一条包含节点 Node-ID 和节点状态的报文给主机，节点心跳报文格式见表 2-51。心跳报文一次发送字符串信息表示网络存储器的运行状态，以 UDP 广播或单播方式发送。心跳报文的发送方式和发送间隔可由用户在网络存储器的控制界面上设定。

表 2-51 节点心跳报文格式

CAN-ID	数据（1 字节）
700h+Node-ID	04h（节点当前为停止状态）
700h+Node-ID	045（节点当前为操作状态）
700h+Node-ID	7Fh（节点当前为预操作状态）

（2）**NMT 主机报文** 初始化后 NMT 的从机状态是由主机发送节点状态切换报文实现的，这也是网络管理中最重要的部分，主机以 CAN-ID 为 000h 向从机发送报文，表明此报文的优先级最高，将会占据接下来的总线。节点状态切换报文格式见表 2-52。

表 2-52 节点状态切换报文格式

CAN-ID	数据 1（1 字节）	数据 2（1 字节）
000h	01h（启动命令：节点进入操作状态）	Node-ID（若为 0 表示控制所有节点）
000h	02h（停止命令：节点进入停止状态）	Node-ID（若为 0 表示控制所有节点）
000h	80h（节点进入预操作状态）	Node-ID（若为 0 表示控制所有节点）
000h	81h（复位节点应用层）	Node-ID（若为 0 表示控制所有节点）
000h	82h（复位节点通信）	Node-ID（若为 0 表示控制所有节点）

5. 通信对象

CANopen 协议规定了以下四种不同类型的通信对象：过程数据对象、服务数据对象、预定义对象和网络管理对象。

（1）**过程数据对象** 过程数据对象（PDO）采用生产者-消费者模型来传输实时数据，而且不需要应答，具有较高的优先级，其传输的数据必须少于或等于 8 个字节，因此传输速率极快。过程数据对象分为接收过程数据对象（RPDO）和发送过程数据对象（TPDO），协议中的 TPDO 和 RPDO 是相对的，都是以当前节点来进行描述的。以下将从通信参数和映射参数两方面来说明过程数据对象。

PDO 通信参数见表 2-53，其中子索引 00h 参数表示本索引中所包含参数的个数；01h 参数表示这个 PDO 接收或者发送所对应的报文 CAN 总线的 ID 号；02h 参数表示 PDO 发送或者接收的传输形式，可选参数 00h（非循环同步）、01h（循环同步）、FCh（远程同步）、FDh（远程异步）、FEh（异步，制造商特定事件）和 FFh（异步，设备子协议特定事件）；03h 参数表示约束 PDO 发送的最小间隔，避免导致总线负载剧烈增加；04h 为预留的；05h 表示定时发送 PDO 的定时时间，若设为 0，表示此 PDO 为事件改变发送；06h 表示收到所设值的同步包后才进行同步传输。同步传输是指通过 NMT 主机发送同步报文信号，各节点根据设置，同步接收或者发送数据。同步传输可划分为循环同步和无循环同步，循环同步通过设置 0 ~ 240 个同步对象进行触发，非循环同步是在数据发生变化且收到同步消息后进行发送。异步传输可以理解为事件驱动，可以通过在子协议规定的事件中改变输入数据或者定时传输来触发，也可以通过发送远程帧来触发。

表 2-53 PDO 通信参数

索引	子索引	参数	数据类型	条目类别
RPDO： 1400h ~ 15FFh	00h	支持最高子索引	Unsigned8	必选
	01h	COB-ID	Unsigned32	必选
	02h	传输类型	Unsigned8	必选
	03h	禁止时间	Unsigned16	可选
TPDO： 1800h ~ 19FFh	04h	—	预留	—
	05h	事件定时器	Unsigned16	可选
	06h	同步初始值	Unsigned8	可选

PDO 的映射参数指向 PDO 发送的过程数据的指针（利用索引和子索引表示）。RPDO 的通信参数为 1400h 到 15FFh，映射参数为 1600h 到 17FFh，数据存放在 2000h 之后的厂商自定义区域；TPDO 的通信参数为 1800h 到 19FFh，映射参数为 1A00h 到 1BFFh，数据存放在 2000h 之后的厂商自定义区域。

(2) **服务数据对象** 服务数据对象（SDO）采用服务器通信模型作为客户端，将 CANopen 从节点作为 SDO 服务器，主节点作为 SDO 客户端，客户端通过索引和子索引，能够访问服务器上的对象字典和传输数据。SDO 客户端对 SDO 服务器对象字典进行读/写，通常称读操作为上传，写操作为下载。SDO 通信模型如图 2-94 所示。SDO 协议可以分为快速 SDO 协议和普通 SDO 协议。快速 SDO 协议仅适用于传输不超过 4 字节的数据，传输过程只需要交换两条 CAN 总线报文即可，此报文含有协议信息（1 字节）、对象字典中目标条目的索引和子索引（3 字节）以及实际数据（1 ~ 4 字节）。普通 SDO 协议用于传输超过 4 字节的数据，此时需要对所传输的数据进行分段处理。

(3) **预定义对象** 在 CANopen 协议中，为增强主机对从机的控制，预定义了同步对象、时间标记对象和紧急对象。同步对象采用生产者 - 消费者模式，由同步生产者向网络进行周期性的广播，提供基本的网络时钟，一般选用 080h 作为同步报文的 CAN-ID。时间标记对象采用广播方式，不需要节点应答，通过主节点发送时钟信号，为CANopen网络中其他节点提供公共的时间帧参考。当网络中的节点检测到硬件或者软件的错误时，可以将其通过紧急对象通知其他节点，包含通信错误和应用错误。

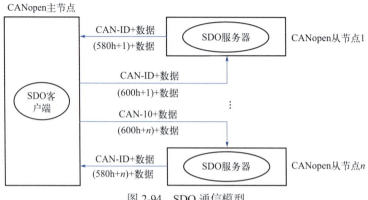

图 2-94　SDO 通信模型

（4）网络管理对象　网络管理对象包括启动消息、心跳协议及 NMT 消息，基于主从通信模式，NMT 用于管理和监控网络中的各个节点，主要实现三种功能：节点状态控制、错误控制和节点启动。

6. 对象字典

对象字典是 CANopen 协议最核心的内容，是所有数据结构的集合，这些数据结构包含设备的应用程序、通信以及状态机，以标准化方式描述所有对象。在对象字典中，所有对象均可以通过一个 16 位的索引（值为 0000h～FFFFh）和一个 8 位的子索引（值为 00h～FFh）寻址到。CANopen 协议已经划分了对象字典结构，见表 2-54。

表 2-54　对象字典结构

索引	对象
0000h	保留
0001h～001Fh	静态数据类型
0020h～003Fh	复杂数据类型
0040h～005Fh	制造商特定的数据类型
0060h～007Fh	设备子协议定义的静态数据类型
0080h～009Fh	设备子协议定义的复杂数据类型
00A0h～0FFFh	保留
1000h～1FFFh	通信对象
2000h～5FFFh	制造商特定的对象
6000h～9FFFh	标准化设备子协议对象
A000h～AFFFh	符合 IEC 61131-3 的网络变量
B000h～BFFFh	用于路由器或者网关的系统变量
C000h～CFFFh	保留

对象字典条目格式如图 2-95 所示。

| 索引 | 对象类型 | 对象名称 | 数据类型 | 访问权限 | 可选性 |

图 2-95　对象字典条目格式

(1) 索引　对象字典的索引是用来表示此条对象在字典中的位置，类似于对象的地址。

(2) 对象类型　对象类型是用来表示对象字典里的特定索引处的对象的类型，对象字典的对象类型见表 2-55。

表 2-55　对象字典的对象类型

对象类型名称	说明	编码
NULL	一个没有数据域的字典条目	0
DOMAIN	大块数据（比如可执行代码）	2
DEFTYPE	一般数据类型	5
DEFSTRUCT	新定义的复杂数据类型	6
VAR	一个单值变量（如 BOOLEAN、float 等）	7
ARRAY	包含多个数据域，每个数据域只能是基本数据类型的数据	8
RECORD	包含多个数据域，每个数据域可以是任何组合数据类型	9

(3) 对象名称　对象名称是对特定对象功能性的文本描述。

(4) 数据类型　数据类型可以为布尔型、浮点数型、无符号整型以及其他预定义类型。

(5) 访问权限　访问权限可设为 RW（可读写）、RO（只读）、WO（只写）、CONST（只读，值为常量）。

(6) 可选性　可选性定义对象是强制的还是可选的。

不同的汽车厂商都可以根据 CAN 总线应用层提供的服务设计出独特的 CAN 总线应用层协议。

二、J1939 协议

SAE J1939（以下简称 J1939）协议是美国汽车工程师协会参照 CAN 总线协议，是为重卡、大型客车领域车载通信系统做统一的协议规定。J1939 协议规定的通信速率可达 250kbit/s，是工程车辆领域内应用非常广泛的通信协议。该协议对汽车内部电子设备及地址参数进行了明确定义，支持该协议的工程车辆均可共享数据信息。

1. J1939 协议分层结构

J1939 协议以 CAN 总线 2.0B 为基础，在 CAN 总线 2.0B 的物理层与数据链路层基础上，另外定义了应用层和网络层，对 OSI 七层模型中的传输层、会话层和表示层不做规定，从而简化了信息的流通，也方便将来功能的扩展。J1939 协议对应的 OSI 模型分层结构如图 2-96 所示。

(1) J1939 物理层　J1939 物理层描述了电气接口和物理媒介，定义的内容包括：物理媒介为屏蔽双绞线；传输速率为250kbit/s；同一网络上最大子系统数为30个；最大传输线长度为40m；物理层还定义了数据的物理特性及总线的电气连接特性。

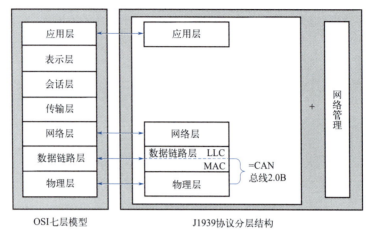

图2-96 J1939协议对应的OSI模型分层结构

(2) **J1939数据链路层** J1939数据链路层定义了信息帧的数据结构、编码规则，包括通信优先级、传输方式、通信要求、总线仲裁、错误检测及处理，它负责将CAN总线扩展帧格式的29位标识符重新分组定义，使报文的标识符能够描述报文的全部特征，包括目标地址、源地址等内容。

(3) **J1939网络层** 与其他上层协议不同，J1939网络层的主要任务就是节点的地址分配或确定，但它不能实现其他上层网络协议中的节点监测功能。因此，J1939网络必须通过应用程序来实现节点监测。节点地址是J1939网络正常工作的前提条件，这和单纯的CAN总线网络不同。J1939网络初始化期间，所有节点都要检查它们自己静态配置的节点地址，从而确定这个地址在网络中是独一无二的，每个节点在获得响应的地址后才能进行正常通信。

汽车J1939网络如图2-97所示。

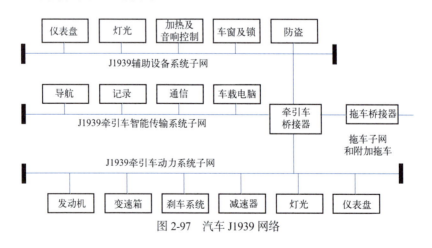

图2-97 汽车J1939网络

2. J1939协议标准组成

J1939协议标准组成见表2-56。

表 2-56　J1939 协议标准组成

子标准编号	子标准名称	子标准内容
J1939	车辆网络串行通信的控制总标准	通信结构及各子标准，参数组号（PGN）、源地址（SA）和故障诊断代码（DTC）的编码定义
J1939/01	路面设备控制和通信网络子标准	区别本网络与其他 CAN 总线应用网络的特性
J1939/11	物理层子标准	硬件应符合 CAN 总线 2.0B 标准，总线最大长度为 40m 等物理层特性和网络电气特性
J1939/13	非随车诊断设备接口子标准	定义除车辆自诊断设备外其他诊断设备的接口格式
J1939/21	数据链路层子标准	采用 CAN 总线 29 位扩展帧格式进行数据传输，优先级的总线仲裁方式，循环冗余校验监测错误等实现数据传输的功能
J1939/31	网络层子标准	不同网络之间的互相连接
J1939/71	车辆应用层子标准	车辆控制主参数的数据格式，包括参数数据长度、分辨率、范围及类型、参数组号、刷新率、默认优先级及数据场各位的含义等
J1939/73	应用层诊断子标准	主要针对排放诊断要求，规定了 12 个诊断结果信息，给出了 3 种错误模式标识符的定义
J1939/75	应用层设置及工业化子标准	规定了应用层的修订以及应用的程序
J1939/81	网络管理子标准	规定了连接在网络上的电子控制单元的命名方法

3. J1939 协议报文格式

J1939 协议遵循 CAN 总线 2.0B 要求，使用扩展帧格式（29 位 ID）定义形成了自身的编码系统，从而实现发送数据帧同步、顺序控制、错误控制和流控制等功能。协议数据单元（PDU）提供了组织信息的框架，包括优先级（P）、扩展数据页（EDP）、数据页（DP）、PDU 格式（PF）、PDU 特定域（PS）、源地址（SA）及数据域（DATA），如图 2-98 所示。在开放式系统互联参考模型（OSI）应用层中，这七部分被封装成一个或多个 CAN 总线数据帧，通过物理层发送到总线网络的其他设备节点。协议数据单元（PDU）分为 PDU1 格式和 PDU2 格式，PDU1 格式报文支持点对点会话，PDU2 格式支持大部分报文广播发送。

图 2-98　J1939 协议数据单元

29 位标识符的前 3 位被用来决定仲裁过程中的信息优先级。其中，值 000 具有最高优先级。较低优先级的信息将被不关键的数据使用，较高优先级的信息被用作高速控制信息。R

位被保留。DP 和 PDU 格式域有 9 位。DP 也被用作选择器，当前页定义的信息包含在页 0 中，页 0 完成功能后将被分配。DP 附加扩展功能则通过页 1 实现。两个 PDU 格式中，通过 PF 来判定其中哪一个格式能够被传送。当 SRR 位和 IDE 位完全被 CAN 总线定义控制时，J1939 协议则不能被描述和修改。特定 PDU 有 8 位，主要由 PF 的值决定。

参数组号码（PGN）主要用来识别或标识命令、数据、某些请求及应答等。传输命令、信息、格式及编码也通过 PGN 来定义。一个 CAN 帧只有一个 PDU，而一个 PDU 有时需要多个 CAN 帧完成。CAN 总线 2.0 规范中明确定义了数据帧的某些域，针对数据链路层以上的 OSI 层，这些域不可见，未在 PDU 中定义。例如，帧起始、替代远程请求、标识符扩展、远程请求、部分控制域、校验域、应答域及帧结束等，对于这些域，J1939 协议完全遵从 CAN 总线规范中的定义。应用层参数组中的每个参数都分配有一个特定参数号（SPN）。部分参数具有 SPN，但不属于任何参数组，如故障诊断协议的 SPN1556。

4. J1939 协议通信方式

J1939 协议有 3 种主要通信方式，见表 2-57。不同通信方式具有不同的用途。报文必须发送到一个或另一个指定目标地址，并不是目标地址的参数号码。例如，J1939 协议定义一个发送到发动机或减速器的转矩控制报文，在发动机超过一个的情况下，报文必须发送到所要求的发动机，因此需要提前分配制定目标地址的参数号码。

表 2-57　J1939 协议主要通信方式

通信方式	内容
指定目标地址通信	PDU1（PF 值是 0～239，包括全局目标地址 255）
广播通信	PDU2（PF 值是 240～255）
私有通信	PDU1 或 PDU2 格式

J1939 协议通信中的核心是负责数据传输的传输协议，它的功能分为两部分。一部分为数据的拆分打包和重组。J1939 协议的一个报文单元是只有 8 个字节的数据场。当发送的数据超过 8 个字节时，则需将其分批发送，分成若干个小的数据包。报文的序号从数据场的第一个字节开始，后 7 个字节用来存放数据。在报文接收过程中，按序号重新组合原来的数据。另一部分为数据传送管理，即针对节点之间的连接进行建立和关闭。根据需要，所定义的帧结构包括发送请求帧、发送清除帧、结束应答帧、广播帧及连接失败帧。节点之间的连接是通过一个节点向目的地址发送一个请求帧而建立的。当接收发送请求帧时，节点能够有效接收数据，从而发送一个清除帧，进行数据的传送。当数据接收全部完成时，节点则发送一个结束应答帧，连接关闭。考虑到储存空间不足或数据无效等原因，节点则需要拒绝连接，从而发送连接失败帧，连接关闭。

5. J1939 协议消息类型

J1939 协议支持五种类型的报文，包括请求报文、命令报文、广播 / 响应报文、确认报文及组功能报文，可以通过协议中的参数组编号来识别报文的具体类型。

(1) 请求报文　请求报文能够提供全局范围或特定目标地址的请求信息。典型请求报文见表 2-58。

表 2-58 典型请求报文

参数组名称	请求 PGN
定义	用于从一个或多个网络设备请求参数组
传输速率	用户自定义，推荐每秒请求不多于 2 或 3 次
数据长度	3 字节
数据页	0
PDU 格式	234
PDU 特定域	目标地址（全局或特定）
缺省优先级	6
参数组编号	59904（00EA00$_{16}$）
字节 1、2、3	被请求的参数组编号

(2) **广播 / 响应报文** 广播 / 响应报文的类型是设备主动提供的报文广播，或者是命令或请求的响应。总线数据交换大多采用此类报文。如一个电子控制单元以一定的周期广播某个参数，或者一个电子控制单元接受其他电子控制单元的参数组编号（PGN）请求而发送参数。

(3) **确认报文** 确认报文具有两种形式：由一个"帧内"确认 ACK 组成，用来确认一个消息已至少被一个节点收到，其形式由 CAN 总线协议帧规定；对特定命令、请求的 ACK 或 NACK（非确认字符）等响应，其形式由应用层规定。典型确认报文见表 2-59。

表 2-59 典型确认报文

参数组名称		确认报文
定义		提供发送方及接收方的握手机制
传输速率		收到需要此类型的确认的 PGN
数据长度		8 字节
数据页		0
PDU 格式		232
缺省优先级		6
参数组编号		59392（00E800$_{16}$）
参数定义	字节 1	控制字节
	字节 2	组功能值
	字节 3～5	保留给中国汽车技术研究中心有限公司（CATARC），置各字节为 "FF$_{16}$"
	字节 6～8	被请求报文的参数组编号

(4) **命令报文** 从某个源地址向目标地址或全局目标地址发送命令报文后，根据接收到

的报文采取具体的动作。PDU1 格式和 PDU2 格式都能用作命令报文。

(5) 组功能报文 组功能报文用于特殊功能组（如专用功能、网络管理功能、多包传输功能等）。典型组功能报文见表 2-60。

表 2-60 典型组功能报文

参数组名称	传输协议（连接管理，TPCM）
定义	9 字节及以上的数据的参数组的传输
传输速率	依据传送的参数组编号
数据长度	8 字节
数据页	0
PDU 格式	236
PDU 特定域	目标地址
缺省优先级	7
参数组编号	60416（00EC00$_{16}$）

6. 汽车典型参数信息

汽车在运行过程中，各个电子控制单元通过 CAN 总线实时传输信息，各种重要参数信息都以报文的形式传输，从而达到信息共享目的。同时，一些控制信号通过 CAN 总线传输给电子控制单元，便于其实现下一步控制行为。所以，许多汽车运行参数信息都可以通过 CAN 总线报文解析获得。针对具体电子控制单元参数，根据 J1939 协议的规定，利用 19 位特定参数号（SPN）来识别，并对参数名称、归属 PGN 属性、范围、分辨率等进行详细描述。后台数据库通过建立的 PGN 和 SPN 基本表，具体分析汽车应用层参数。J1939-71 协议中规定的汽车典型参数信息见表 2-61。

表 2-61 J1939-71 协议中规定的汽车典型参数信息

发送报文	参数组名称	参数	字节位置	分辨率	偏移量	优先级
发动机	发动机电子控制器 1（0x00F004）	发动机转矩模式	1.1	16	0	3
		主动轮命令发动机转矩比例 /%	2	1	-125	3
		发动机实际转矩比例 /%	3	1	-125	3
		发动机转速 /（r/min）	4～5	1/8	0	3
		发动机控制设备源地址	6	1	0	—
		发动机启动模式	7.1	16	0	3
		发动机需求转矩比例 /%	8	1	-125	3
	发动机电子控制器 2（0x00F003）	油门踏板 1 息速开关	1.1	4	0	3
		油门踏板自动降挡开关	1.3	4	0	3
		限速状态	1.5	4	0	3

续表

发送报文	参数组名称	参数	字节位置	分辨率	偏移量	优先级
发动机	发动机电子控制器2（0x00F003）	油门踏板2怠速开关	1.7	4	0	3
		加速踏板位置1/%	2	0.4	0	3
		当前转速下的负荷比例/%	3	1	0	3
		加速踏板位置2/%	5	0.4	0	3
		实际最大发动机转矩比例/%	7	0.4	0	3
	发动机温度（0x00FEEE）	冷却液温度/℃	1	1	-40	6
		发动机燃油温度1/℃	2	1	-40	6
		发动机机油温度1/℃	3~4	0.031	-273	6
		涡轮温度/℃	5~6	0.031	-273	6
ABS	巡航控制/车速（0x00FEF1）	车速/（km/h）	2~3	1/256	0	6
	高分辨率轮速（0x00FE6E）	前轴左轮轮速/（km/h）	1~2	1/256	0	2
		前轴右轮轮速/（km/h）	3~4	1/256	0	2
		后轴左轮轮速/（km/h）	5~6	1/256	0	2
		后轴右轮轮速/（km/h）	7~8	1/256	0	2
	电子制动控制器1（0x00F001）	ABS满运作	6.1	4	0	2
		EBS红色警告信号	6.3	4	0	2
		ABS/EBS琥珀色警告信号	6.5	4	0	2
制动器ECU	电子制动控制器1（0x00F001）	制动踏板的位置/%	2	0.4	0	6
变速器ECU	电子变速器控制器1（0x00F002）	变速器换挡过程	1.5	4	0	3
		变速器输入轴转速/（r/min）	6~7	0.125	0	3
		变速器输出轴转速/（r/min）	2~3	0.125	0	3

7. J1939协议与CAN总线2.0B协议之间的转换

CAN总线协议主要完成物理层和数据链路层上的数据通信，可在工业上普遍应用；而J1939协议主要针对网络层的信息通信，针对汽车电子控制单元之间的通信来定义协议。在CAN总线2.0B标准协议中，不同功能的报文信息可以使用相同的ID，集成时会出现ID不能识别或识别不一致的问题。而J1939协议每帧报文的标识符唯一，同时具有自己的PGN，每个节点规定了唯一的源地址。CAN总线强调数据的发送和接收，是单片机供应的标准，其应用层上的协议可以有多种，数据传输速率也不同，从而所选用的单片机也不同。J1939协议的数据传输为250kbit/s，是基于CAN总线驱动之上、应用层之下的协议。根据CAN总线协议定义，其隐性表示为"1"，显性表示为"0"，其中显性屏蔽隐性。由于连续七个"1"表示帧结束，所以头7位不能全是"1"。帧起始、仲裁场、控制场、数据场和CRC序列等位场，需要利用位填充结束技术进行编码。其余的位场和帧具有固定形式，从而无须位填充。当发送器检测到连续5个相同位时，则自动插入一补充位。

CAN总线协议格式由28位到0位传输，共29位；而J1939协议格式的标识符由1位到32位传输，共32位。J1939协议的29位标识符见表2-62。按以下方法步骤进行CAN总线协议和 J1939 协议之间的转换。

（1）CAN 总线协议转变为 J1939 协议　CAN 总线协议的帧起始位为 J1939 协议的第 1 位，CAN 总线协议的第 28 到第 18 位依序为 J1939 协议的第 2 到第 12 位，CAN 总线协议的第 17 到第 0 位依序为 J1939 协议的第 15 到第 32 位。

（2）J1939 协议转变为 CAN 总线协议　J1939 协议的第 1 位为 CAN 总线协议的帧起始位，J1939 协议的第 2 到第 12 位依序为 CAN 总线协议的第 28 到第 18 位，J1939 协议的第 13、第 14 位不要，J1939 协议的第 15 到第 32 位依序为 CAN 总线协议的第 17 到第 0 位。

表 2-62　J1939 的 29 位标识符

CAN 扩展帧格式	SOF	11 位标识符										SRR	IDE
		P			R	DP	PDU 格式 /PF						
J1939 帧格式		3	2	1			8	7	6	5	4	3		
J1939 帧位位置	1	2	3	4	5	6	7	8	9	10	11	12	13	14
CAN ID 帧位位置		28	27	26	25	24	23	22	21	20	19	18		

CAN 扩展帧格式	PF	18 位扩展标识符												RTR
		PDU 特定域 /PS						源地址 /SA						
J1939 帧格式	2	1	8	7	6	5	4	3	2	1	8	7	6	5	4	3	2	1	
J1939 帧位位置	15	16	17	18	19	20	21	22	23	24	25	26	27	28	29	30	31	32	33
CAN ID 帧位位置	17	18	15	14	13	12	11	10	9	8	7	6	5	4	3	2	1	0	

8. J1939 协议参数的计算

J1939 协议以协议数据单元的形式进行传输，其中一个协议数据单元包括 8 个字节。在 J1939 应用层协议中，详细定义了参数组（PG），包括参数的更新率、有效数据长度、数据页、PDU 格式、PDU 细节、默认优先权及参数组的内容，并且每个参数组都有相对应的参数组编号（PGN）。同时对 J1939 网络的各个参数分配了一个编号（SPN），参数定义了 PDU 数据场中字节的物理意义，包括数据长度、数据类型、分辨率、范围及参考标签。由以上参数可以计算出每一个参数对应的实际物理数值。根据 J1939 协议参数组（PG）的原始 16 进制数，可以得到与之对应的设计物理量为

$$\text{Value} = R_{es} \times R + \text{Offset} \tag{2-8}$$

式中，Value 为参数实际值；R_{es} 为参数分辨率；R 为参数数值；Offset 为参数偏移量。

根据参数数值范围规定，连续性参数一般用 1 到 4 个字节来表示，需要满足表 2-63 的规定，字节表示的数据才具有有效性。

表 2-63　参数数值范围规定

范围名称	1 字节	2 字节	4 字节	ASC Ⅱ
有效信号	0 ~ 250 00_{16} ~ FA_{16}	0 ~ 64255 0000_{16} ~ $FAFF_{16}$	0 ~ 4211081215 00000000_{16} ~ $FAFFFFFF_{16}$	1 ~ 254 01_{16} ~ FE_{16}
特定参数指示	251 FB_{16}	64256 ~ 64511 $FB00_{16}$ ~ $FBFF_{16}$	4211081216 ~ 4227858431 $FBxxxxxx_{16}$	无

续表

范围名称	1字节	2字节	4字节	ASC Ⅱ
保留给将来指示使用的范围	252～253 FC_{16}～FD_{16}	64512～65023 $FC00_{16}$～$FDFF_{16}$	4227858432～4261412863 $FC000000_{16}$～$FDFFFFFF_{16}$	无
错误指示	254 FE_{16}	65024～65279 $FExx_{16}$	4261412864～4278190079 $FExxxxxx_{16}$	0 00_{16}
不可用或不可被请求	255 FF_{16}	65280～65535 $FFxx_{16}$	4278190080～4294967294 $FFxxxxxx_{16}$	255 FF_{16}

9. 车速

（1）**车速 ID 地址解译** 由 CAN 总线 USB 获得其中一组数据为

接收 0.060376 18FEF100x 数据帧 扩展帧 0x08 43 0D 3B 45 00 28 1F FF

车速报文各部分含义及标识符 ID 转换见表 2-64 和表 2-65。

表 2-64 车速报文各部分含义

报文	含义
接收	接收/发送报文
0.060376	接收报文的时间
18FEF100x	29 位标识符的 ID
数据帧	帧类型
扩展帧	帧格式
0x08	数据字节数量
43 0D 3B 45 00 28 1F FF	8 个字节的数据（FF 代表不用的信息）

表 2-65 车速标识符 ID 转换

十六进制	18FEF100
二进制	11000111111101111000100000000
十进制	419361024

（2）**车速数据信息** 车速数据域转换见表 2-66。根据 J1939 协议和 J1939-71 应用层协议，可得到相对应 PGN 参数组 65265，即为车速报文信息。

表 2-66 车速数据域转换

十六进制	43 0D 3B 45 00 28 1F FF
二进制	1000011000011010011101101000101000000000010100000011111111111111
十进制	4831583142779822079

根据 J1939-71 特定参数 SPN84 规定，其字节长度为 2 位，分辨率为每位 1/256km/h，偏移量为 0，PGN 号码为 65265。参考字节 2～3 为 3B 0D 或 15117。计算得参考车速为 15117×（1/256）+0=59.051km/h。

10. 发动机参数

（1）发动机参数 ID 地址解译　由 CAN 总线 USB 获得其中一组数据为

接收 0.149536 0CF00400x 数据帧 扩展帧 0x08 F6 E1 80 20 2D FF 00 FF

发动机参数报文各部分含义及标识符 ID 转换见表 2-67 和表 2-68。

表 2-67　发动机参数报文各部分含义

报文	含义
接收	接收/发送报文
0.149536	接收报文的时间
0CF00400x	29 位标识符的 ID
数据帧	帧类型
扩展帧	帧格式
0x08	数据字节数量
F6 E1 80 20 2D FF 00 FF	8 个字节的数据（FF 代表不用的信息）

表 2-68　发动机参数标识符 ID 转换

十六进制	0CF00400
二进制	1100111100000000010000000000
十进制	217056256

（2）发动机参数数据信息　发动机参数数据域转换见表 2-69。根据 J1939 协议和 J1939-71 应用层协议，可得到相对应 PGN 参数组 61444，即为发动机电子控制器报文信息。其中，数据长度为 8 字节，参考字节 4～5 即为发动机转速，对应的特定参数 SPN 为 190。参考字节 3 即为发动机转矩比例（%），对应的特定参数 SPN 为 513。

表 2-69　发动机参数数据域转换

十六进制	F6 E1 80 20 2D FF 00 FF
二进制	1111011011100001100000000010000000101101111111110000000011111111
十进制	17789640878789165311

根据 J1939-71 发动机转矩比例（%）特定参数 SPN513 规定，其字节长度为 1bit，分辨率为 1%/bit，偏移量为 -125%，PGN 号码为 61444，参考字节 3 为 80 或 128。发动机转速特定参数 SPN190 规定，其字节长度为 2bit，分辨率为 0.125（r/min）/bit，偏移量为 0，PGN 号码为 61444，参考字节 4～5 为 2D 20 或 11552。计算得发动机转矩比例为 128×1%-125%=3%，

发动机转速为 11552×0.125+0=1444r/min。

第七节 时间触发通信

时间触发通信是指网络中的每个节点在一个固定的时间里发送信息，这样就不用再对信息进行优先级仲裁，由于每个节点分配到的时间是固定的，所以还可以预判整个网络的延迟时间。要实现这样的时间触发 CAN 通信有两种方式：周期信息传输和全局系统时间传输。

一、时间触发通信协议

1. 系统矩阵的矩阵周期

两个参照帧之间的时间被称为一个基本周期，基本周期由数个时间窗组成。

矩阵周期是指在系统矩阵中从第一个基本周期到最后一个基本周期。如果系统矩阵只由一个基本周期构成，则矩阵周期与基础周期就是一样的。在一个时间触发系统中，网络中所有节点的所有报文组成系统矩阵的一部分。系统矩阵规定了报文和其发送所属的时间窗口之间的相互关系。在时间触发 CAN 总线中，系统矩阵由基本周期（系统矩阵的行）和发送列（系统矩阵的列）组成。在系统矩阵中基本周期的数目是 2 的整数幂，最小值是 1。每个基本周期由一个规定的特征报文开始。时间触发 CAN 总线的基本周期如图 2-99 所示。

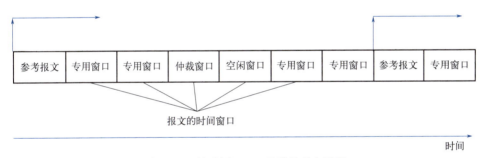

图 2-99 时间触发 CAN 总线的基本周期

在一个基本周期中，一个报文可能被分配到不止一个时间窗口，即一个特定的报文可能属于多个发送列。在系统矩阵中，所有基本周期的循环构成了矩阵周期。在一个矩阵周期中，周期计数将计算基本周期的数量。计数将从零开始，达到周期计数最大值时结束。周期计数的当前值将作为参照报文（开始一个基本周期的数据帧）的一部分被时间主节点发送，周期计数值将因时间主节点的每个基本周期的发送而递增。接收到任意一个有效的参照报文后将使用此参照报文中的周期计数。帧同步实体是协调逻辑链路控制子层和媒介访问控制子层的部分，在时间触发 CAN 总线网络中，每个 CAN 控制器都有其自身的帧同步实体。

一个矩阵周期的列被称为发送列。在一个发送列中，周期性地传输一个特定的报文，周期是 2 的整数幂，它不大于系统矩阵的行数。这个周期的单位是"系统矩阵的行"。第一个发送特定报文的基本周期的数量（作为周期计数的值）称为周期偏移，这个周期被称为重复因数。一个特定的报文可能不只属于一个发送列，也可能用同一发送列中不止一个时间窗口来传输。

2. 时间窗口

时间窗口是一个时间定量，是在系统矩阵中为了实现一个具体的发送列而分配的时间段。每个报文都将由一个指定的时间窗口来传输。在时间窗口里，报文的发送只开始于发送使能（报文开始发送的时间段）窗口，例如报文的帧起始位将在发送使能窗口中发送。

在时间 - 触发器总线里，提供了三种不同类型的时间窗口：专用时间窗口、空闲时间窗口和仲裁时间窗口。专用时间窗口是指分配给发送特定周期报文的不参与总线竞争的时间窗口；空闲时间窗口是指在系统矩阵中报文调度空闲的时间窗口；仲裁时间窗口是指同一个时间内可以定义多个节点同时发送报文的时间窗口。

一个基本周期由不同类型和长度的时间窗口构成。发送列中的所有时间窗口都应有相同的长度，但是可以是不同的类型。

周期计数最大值为 3 时的系统矩阵如图 2-100 所示。

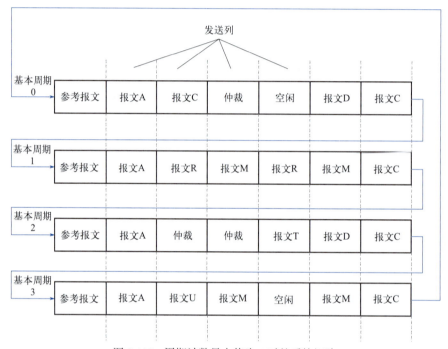

图 2-100　周期计数最大值为 3 时的系统矩阵

专用时间窗口被分配给周期性发送的特定报文，CAN 总线没有竞争。网络中仅有的一个帧同步实体可以在专用时间窗口中开始发送。仲裁时间窗口被分配给共享同一个时间窗口的报文，在仲裁时间窗口内，通过 CAN 总线仲裁标识符解决总线冲突。网络中的几个帧同步实体可以在仲裁时间窗口中开始发送。在 CAN 总线中，如果发送期间丢失仲裁，就不能自动重发（合并仲裁窗口除外），连续的仲裁时间窗口可能会合并成一个单一窗口，丢失仲裁或者被错误干扰的帧可以在合并仲裁窗口中被重新发送。空闲时间窗口为将来网络的拓展做准备。

3. 时间同步基本周期

在一个非事件同步的时间触发系统中，参照报文应在等距的时间槽中被周期性地传输。在主节点中，时间触发总线可以选择性地将基本周期与一个特定的事件进行同步。当通信同步时，周期报文的发送将在一个基本周期结束之后被终止，同时会在上一个基本周期结束和下一个基本周期开始之间出现一个时间间隔，此时间间隔在上一个基本周期参照报文中被时间主节点广播。在当前的时间主节点或者备用的时间主节点发送一个用于开始矩阵周期的基本周期的参照报文时,时间间隔被终止。时间同步基本周期如图 2-101 所示。

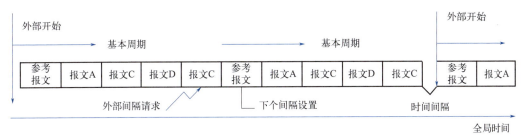

图 2-101　时间同步基本周期

二、参照报文

参照报文是指开始一个基本周期的数据帧。等级是指时间触发 CAN 总线的执行级别,分为等级 1 和等级 2,等级 2 是等级 1 的扩展。

所有时间触发在 CAN 总线上的周期通信以参照报文为基础。一个参照报文通过特定的 CAN 标识符表示成数据帧,除了主节点(参照报文的发送方)之外的所有帧同步实体接收并认可。对于等级 1,数据长度代码至少是 1;对于等级 2,数据长度代码至少是 4,否则报文将不作为参照报文被接收。

对于等级 1 和等级 2,参照报文有不同的格式。

等级 1 的参照报文至少由一个数据字节构成,首字节包含下个间隔位和周期计数,最高有效位(位号 7)首先被发送。等级 1 的参照报文格式见表 2-70。

表 2-70　等级 1 的参照报文格式

7	6	5	4	3	2	1	0
下个间隔	预留	可选,周期计数 5	可选,周期计数 4	可选,周期计数 3	可选,周期计数 2	可选,周期计数 1	可选,周期计数 0

等级 2 的参照报文将包含至少 4 个数据字节,见表 2-71。第 1 个字节包含下个间隔位和周期计数,每个字节的最高有效位(位号 7)首先被发送;第 2 个字节包含中断位和网络时间单元带宽;第 3 个字节包含主节点参考标志的低字节;第 4 个字节包含主节点参考标志的高字节。

表 2-71　等级 2 的参照报文格式

第 1 个字节							
7	6	5	4	3	2	1	0
下个间隔	预留	可选,周期计数 5	可选,周期计数 4	可选,周期计数 3	可选,周期计数 2	可选,周期计数 1	可选,周期计数 0
第 2 个字节							
7	6	5	4	3	2	1	0
网络时间单元带宽 6	网络时间单元带宽 5	网络时间单元带宽 4	网络时间单元带宽 3	网络时间单元带宽 2	网络时间单元带宽 1	网络时间单元带宽 0	中断位

续表

第3个字节							
7	6	5	4	3	2	1	0
主节点参考标志7	主节点参考标志6	主节点参考标志5	主节点参考标志4	主节点参考标志3	主节点参考标志2	主节点参考标志1	主节点参考标志0
第4个节点							
7	6	5	4	3	2	1	0
主节点参考标志15	主节点参考标志14	主节点参考标志13	主节点参考标志12	主节点参考标志11	主节点参考标志10	主节点参考标志9	主节点参考标志8

三、定时和同步特征

1. 等级1和等级2

在时间触发CAN总线中有两个可能的等级，等级1和等级2。等级1只提供使用周期时间的时间触发操作。等级2则在此基础上额外增加了同步质量，提供了全局时间和外部时钟时间。在两个等级中，所有的定时特征都是基于本地时间。原则上，网络中的所有帧同步实体使用网络时间单元计算其本地时间。节点的网络时间单元因本地振荡器（系统时钟）的不同与整个网络的网络时间单元存在少量的差异。在等级2中，同步程序应确保不同帧同步实体中的本地网络时间单元非常接近，网络时间单元是CAN总线标称位时间。

如果等级2的网络时间单元等于等级1的网络时间单元（CAN总线标称位时间），则在同一时间触发的CAN总线网络中，等级1和等级2的帧同步实体就可以混用。然而，在这样的混合网络中，所有备用的时间主节点应是等级2的特性。

2. 本地时间的产生

在每个帧同步实体中，本地时间通过一个周期增加的计数器实现。在等级1中，计数器加上网络时间单元（在等级1中为标称位时间）之后是16个位。在等级2中，计数器中要包含至少19个位，除了16个最高有效位之外的剩余位为网络时间单元的小数部分。除了计数器增加之外，本地时间只会被硬件复位影响。在硬件方面，每个帧同步实体可以访问提供本地时钟计时单元的振荡器。在等级2中，一个网络时间单元的实现将以时间单元比率为基准。

时间单元比率是一个特定帧同步实体相关的数（通常非整数），它是网络时间单元的长度和特定帧同步实体的基本时间单元之间的比率。特定帧同步实体的基本时间单元是指振荡器周期的长度。一个本地网络时间单元的生成应以当前有效的时间单元比率的本地值为基准，即实际时间单元比率。在帧同步实体中，实际时间单元比率的精度影响任意两个本地网络时间单元的最大差值。时间单元比率的值将决定一个本地网络时间单元的长度，进而影响本地时间计数器的速率。时间单元比率的实现及数据格式由帧同步实体规定。

等级2中生成节点网络时间单元的原理如图2-102所示。

对于帧同步实体，需要明确时间单元比率的数据格式。时间单元比率在一个帧同步实体（时间单元比率配置）内的初始值是已知的。非时间主节点的帧同步实体与时间触发CAN总线网络同步时，应根据其本地时间（系统时钟）和主节点的全局时间之间的比率持续更新其时间单元比率值。

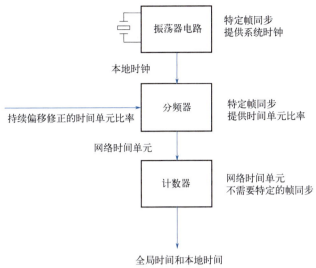

图 2-102　等级 2 中生成节点网络时间单元的原理

3. 周期时间参数

在 CAN 总线网络中，对于每个数据帧或远程帧，帧同步脉冲在每个帧同步实体中产生，并且位于帧起始的采样点。忽略信号的传播时间，这个脉冲用于整个网络的同步。在帧同步脉冲中，本地时间的当前值会被保存为同步标志。在每个参照报文成功完成之后，当前的同步标志被保存为参考标志。

周期时间是帧同步实体的本地时间和其参考标志之间的差值。周期时间理论上是在每个基本周期开始时（参照报文的同步标志）从 0 重新开始，但实际上只有在完成参照报文之后的时间点才被认为是周期时间的起始点。在等级 2 中，只有此差值的 16 个最高有效位才对周期时间有效。所有的时间标志都会在周期时间参数中给出。

4. 等级 2 中的同步

在等级 2 同步中，通过调整时间单元比率值，实现改善参照报文之间不同的时间计数器的同步性。时间单元比率通常不是整数。帧同步实体不是时间主节点，在每次接收到参照报文之后，时间单元比率适应主节点的全局时间，从而弥补时钟偏移。

在帧同步脉冲中，节点的本地时间和本地偏移之和的当前值将被保存为全局同步标志（节点的全局时间包括小数部分），全局同步标志至少有 19 位。时间主节点在参照报文中发送其当前的全局同步标志作为主节点参考标志。在每个参照报文成功完成之后，当前的主节点参考标志被保存为全局参考标志。

5. 等级 2 中的全局时间

全局时间等于本地时间与本地偏移之和。一个时间触发的 CAN 总线网络的全局时间在时间主节点里是 16 个最高有效位。在每个帧同步实体中，本地时间加上本地偏移的 16 个最高有效位将得到一个全局时间的近似值。这个近似值不会产生连续的值（也就是两个连续值最多相差1），它将提供一个 16 个最高有效位的无变化值，这个连续的无变化值应用于全局时间。全局时间的单位是网络时间单元。为了保持全局时间的无变化性和连续性，外部时钟同步的频率调节、长时间的间隔、时间的变化等是十分必要的。如果由于外部时钟同步导致出现中断，它将发信号（中断标志）给应用程序。

6. 外部时间同步

时间触发 CAN 总线的时间主节点能够使用外部时间来提供一个网络的全局时间。外部时间同步可以通过以下方式来实现。

① 调频可以使用外部时间周期作为网络时间单元的基础，这会使时间单元比率的值能够适应外部时间周期的长度。当前主节点将在调节时间单元比率中写入新的时间单元比率值并设置外部时钟同步命令。在下一个基本周期开始时，帧同步实体使用新的调整时间单元比率作为实际时间单元比率。

② 调相可以通过连续的频率调节或在全局时间中插入中断实现。对于这种情况，中断位将是参照报文的一部分，表明了全局时间的中断行为被期望。此应用将把网络中期望全局时间和当前全局时间的差值写入预设全局时间里并设置时间命令。在下一个基本周期开始时，这个值将被加入时间主节点的本地偏移中，进而加入全局时间中。参照报文中的中断位能够被设置；网络中不应出现两个连续的带有置位中断位的参照报文。

③ 对于特定的外部全局时间的值，应通过设置参照报文中的下个间隔来调整周期时间，同时根据修正请求开始一个事件同步的基本周期。

四、报文发送和接收

在一个时间触发系统中，网络中所有节点的所有报文都是构成系统矩阵的要素。系统矩阵中规定了报文和其被发送的时间窗口之间的相关性。每个基本周期由一个规定的特殊报文开始，即参照报文。在系统矩阵中所有基本周期都是矩阵周期。在基本周期中的时间窗口的序列，应通过与周期时间相比的时间标志来控制。当开启一个特殊的时间窗口，周期时间点应用时间窗口的时间标志来表示。当下一个时间窗口打开时，之前的时间窗口关闭。时间触发 CAN 总线的定时应以系统矩阵的特定时间标志有关的下一个触发器为基础，这个触发器包括发送触发器、接收触发器、发送参照触发器和监测触发器。

发送触发器规定了某一报文何时传输参数，该参数由时间标记、传输列中第一次发送的位置（周期偏移）、该传输列中的重复率（重复因数）以及发送触发器有效的参照报文组成；接收触发器规定了核实一个报文被成功接收的参数；发送参照触发器指定了只关系参照报文触发的发送触发器参数；监测触发器用于检验从最后一个有效的参照报文开始，时间是否过长的时间标志。

1. 报文发送

报文发送涉及发送触发器、发送使能和发送消息对象。

（1）**发送触发器**　在节点中，发送触发与时间触发 CAN 总线网络是同步的，报文的发送将由发送触发器控制。因此，发送触发器指定参照报文在矩阵周期的哪一个时间窗口被发送。

如图 2-103 所示为一个专用报文的发送触发示例。报文 D 应在这个系统矩阵的第一个和第三个基本周期的第五个时间窗口（专用时间窗口）中发送，周期偏移的配置为 0，重复因数为 2。

（2）**发送使能**　发送触发器指定了报文时间窗口的开始。为了遵守线下定义的调度表（矩阵周期）的定时限制，开始发送一个报文的事件将受限于一个报文时间窗口的开始。发送使能是一个指定了发送开始时间的窗口，其应在时间窗口开始时打开，在一个指定数量的标称 CAN 总线位时间（1～16）之后关闭。发送使能窗口的长度由系统配置指定，同时对于网络中不同的帧同步实体，发送使能会出现变化。虽然这个允许出现，但在一个时间触发 CAN

总线的帧同步实体内,对于每个时间窗口,没有必要针对发送使能窗口指定不同长度,也就是说,发送使能窗口的长度可以是一个帧同步实体常数。

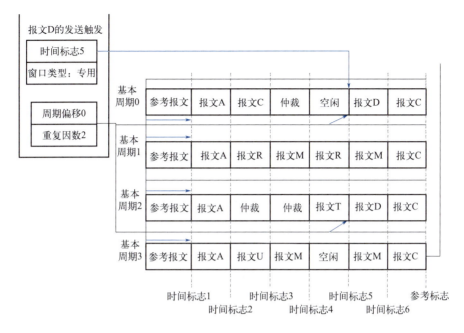

图 2-103　一个专用报文的发送触发示例

如果是逻辑链路控制子层发送请求,则所有媒介访问控制子层发送需求由报文发送触发器设置,在发送使能窗口结束时重新设置。

当已经开始重新设置一个媒介访问控制子层的发送请求时,在媒介访问控制子层发送过程中不能中断传输,媒介访问控制子层的发送应完整。当一个节点需要在指定窗口发送一个报文时,不能在发送使能窗口中开始(例如,因为总线不是空闲的或者应用程序暂时关闭了报文发送),传输在这个时间窗口中不会开始,对于需要发送的报文将会延缓发送直到下一个发送触发或彻底被忽略。任何情况下,在报文发送触发事件中,报文发送请求(逻辑链路控制子层发送请求)从逻辑链路控制子层转发到媒介访问控制子层,媒介访问控制子层发送请求在发送使能窗口结束时被关闭。

合并仲裁窗口的发送使能窗口在第一个时间窗口启动时开始,在最后一个合并的时间窗口的发送使能窗口结束时停止。因此,最后的合并时间窗口长度指定了在合并仲裁时间窗口中可以发送的报文的最大长度。

合并仲裁时间窗口内的第一个和最后一个发送触发,应被每个加入合并仲裁时间窗口中的帧同步实体所识别。

(3) 发送消息对象　一个消息对象应提供一个 LLC 帧的存储,当这个消息对象的发送触发器被激活时,LLC 帧、控制信息和状态信息将一起发送。对于时间触发 CAN 总线,消息对象将包含附加的状态信息。在初始化期间,消息对象应被配置,并且在时间触发的操作期间可能会被更新。

2. 报文接收

报文接收涉及接收触发器和接收消息对象。

(1) 接收触发器 在帧同步实体同步到时间触发 CAN 总线网络时，接收触发器控制着报文接收的检验。接收触发器用于核实一个专用报文的成功接收。接收触发器的时间标志给出了一个时间点，在此时间点之后以及下一个基本周期开始之前，相应报文接收应完成。多个接收触发器有可能指定给相同的报文。

(2) 接收消息对象 消息对象应提供 LLC 帧的存储，如果接收触发器的时间标志与当前周期时间相匹配，消息对象也应为接收到的专用报文的确认提供控制和状态信息。对于时间触发 CAN 总线，消息对象应包含额外的状态信息，用于展示验证的结果。在初始化期间，消息对象应被配置，并且在时间触发的操作期间可能会被更新。

3. 参照报文的发送

参照报文的发送涉及发送参照触发器、发送参照触发器的消息对象、参照触发器偏移和监测触发器。

(1) 发送参照触发器 发送参照触发器是一个特别的发送触发器，这个发送触发器只与参照报文的触发相关。发送参照触发器只在潜在时间主节点中出现。在严格的时间触发系统中，只有一个发送参照触发器保证参照报文的周期性发送。只要发送参照触发器出现，帧同步实体将尝试发送一个参照报文。

在一个事件同步基本周期的系统中，需要使用两个发送参照触发器。在周期性的情况下，一个发送参照触发器是活跃的，并且在下一个基本周期被同步到一个事件（时间主节点激活下个间隔位）之前，需要保证参照报文的周期性发送。在同步事件未出现或者丢失的情况下，另一个发送参照触发器应该重新开始参照报文的周期性发送，因此对于间隙情况，发送参照触发器检查应用程序规定的最大间隙长度。在一个给定的时间内，只有一个发送参照触发器有效。

周期情况的发送参照触发器的时间标志应与网络中所有的潜在时间主节点相同，这些时间标志的大小给出了基本周期的长度。此外，发送参照触发器的时间标志可以被参照触发偏移修改。

(2) 发送参照触发器的消息对象 发送参照触发器的消息对象应保存参照报文标识符和数据长度代码。参照报文的数据部分由时间触发 CAN 总线协议机制提供，参照报文标识符的最后 3 位规定了帧同步实体的时间主节点的优先级。

(3) 参照触发器偏移 参照触发器偏移通过修改发送参照触发器的时间标志来实现时间主节点的初始化和容错。发送参照触发器的时间标志与参照触发器的偏移决定了参照报文发送的开始时间。参照触发器偏移的值应由主节点状态和初始化状态决定。在当前主节点正常运转情况下，参照触发器偏移的值为 0，对于其他的备用时间主节点，参照触发器偏移等于初始化参照偏移量。这里初始化参照偏移量是一个由配置确定的正值。例如，在初始化期间或在重新设置之后，一个备用的时间主节点有比当前主节点更高的优先级，则应重新设置参照触发器偏移的值等于 0（如果参照触发器偏移的值是正的），并且参照触发器偏移每经过一个基本周期都减 1，直到发出或接收到的参照报文有更高的优先级。参照触发器偏移的值为 -127 ~ 127。

(4) 监测触发器 如果很长时间没有参照报文发送（例如，在总线受到强烈干扰期间，所有备用主节点经过多次重试发送参照报文之后），帧同步实体的监测触发器应当激活。对于发送参照触发器，应有两个监测触发器，一个用于周期情况，另一个用于事件同步情况，这也适用于时间接收的帧同步实体。然后，错误处理程序将开始运作并告知应用层。在初始化过程中，监测触发器应关闭直到完全发送或接收一个报文。

第八节　CAN FD 总线

CAN FD 是具有灵活数据速率的 CAN。CAN FD 总线继承了 CAN 总线的主要特性，弥补了 CAN 总线的数据长度和带宽的限制，可以认为 CAN FD 总线就是 CAN 总线的升级版。

2012 年，博世公司发布了 CAN 总线协议的替代——CAN FD 总线协议。2015 年，国际标准化组织（ISO）正式发布了包含 CAN FD 总线协议的 ISO 11898-1 协议。2016 年，ISO 发布了 ISO 11898-2 协议，将 CAN 收发器支持超过 1Mbit/s 的技术标准化。

一、引入 CAN FD 总线的背景

随着电子、半导体、通信等行业的快速发展，汽车智能化的诉求也越来越强。为了提高汽车的安全性和舒适性，实现汽车的电动化、智能化和网联化，汽车制造商将越来越多的功能集成到了汽车上，电子控制单元大量地增加使总线负载率急剧增大。

目前汽车上使用的车载网络主要以 CAN 总线为主，但是由于 CAN 总线的最高传输速率为 1Mbit/s（通常汽车 CAN 总线系统的实际使用速率最高为 500kbit/s），电子控制单元的大量增加使总线负载率急剧增大以致造成网络拥堵，影响信息传输的可靠性和实时性。为了满足日益增长的汽车网络需求，所以需要能够传输更多信息的高速车载网络。另外，CAN 总线报文中只有 40%～50% 的带宽用于实际数据传输；最大总线速度受到响应机制的限制，例如 CAN 控制器中的 ACK 生成延迟、收发器传播延迟、导线延迟等。为了解决 CAN 总线的局限，就对其进行升级，CAN FD 总线就此诞生。

二、CAN FD 总线的特点

CAN FD 总线具有以下特点。

（1）**增加传输速率**　CAN FD 总线支持双位速率，与传统 CAN 总线一样，标称（仲裁）位速率限制为 1Mbit/s，而数据位速率则取决于网络拓扑和收发器，CAN FD 总线可以实现高达 5Mbit/s 的数据位速率。

（2）**增加数据长度**　CAN FD 总线的每个数据帧最多支持 64 个数据字节，而传统 CAN 总线最多支持 8 个数据字节，这减少了协议开销，并提高了协议效率。

（3）**增加可靠性**　CAN FD 总线使用改进的循环冗余校验（CRC）和受保护的填充位计数器，从而降低了未被检测到的错误风险。

CAN FD 总线通过改变帧结构和提高位速率等方法把数据传输速率提高到了 5Mbit/s，其基本原理如图 2-104 所示。

三、CAN FD 总线的分层架构

OSI 参考模型的详细定义见表 2-72，一共分为七层。其中应用层、表示层、会话层、传输层和网络层由软件控制，主要用来实现通信传输报文的信息定义、转换表现形式、数据加密、数据同步以及访问路由等功能；逻辑链路层和物理层由硬件控制，主要负责报文的帧化、传输保证、位时序等功能。根据 OSI 参考模型定义和功能定义，可以将 CAN FD 总线的功能合理地分割到数据链路层和物理层，而数据链路层的功能可以更细地划分为媒介访问控制子

层和逻辑链路控制子层。由此可将 CAN FD 总线的功能和 OSI 参考模型一一映射分割，完成功能切割。

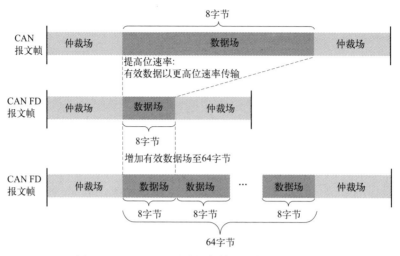

图 2-104　CAN FD 总线提高传输速率的基本原理

表 2-72　OSI 参考模型的详细定义

OSI 参考模型		各层定义及主要功能
软件控制	7. 应用层	由实际应用程序提供可利用的服务
	6. 表示层	转换数据表现形式，数据加密等
	5. 会话层	数据同步，建立会话式通信
	4. 传输层	错误检测、寻址、缓存和应答等
	3. 网络层	提供数据在网络间的传输媒介，选取最优路径等
硬件控制	2. 数据链路层	数据帧化和去帧化、错误检测、错误纠正等
	1. 物理层	规定了通信网络的物理特征，包括通信媒介的类型、拓扑结构、媒介电压、传输带宽等

CAN FD 总线的具体功能分割见表 2-73。根据表中 OSI 参考模型对数据链路层和物理层的功能定义，可以将报文的接收过滤、过载通知、错误恢复管理、信息的帧化、多主仲裁、总线错误检测和错误通知、应答等功能划分到数据链路层；而位填充、位时序和位同步属于通信网络的物理特征，故被划分到物理层中。

表 2-73　CAN FD 总线的具体功能分割

OSI 参考模型子层		CAN FD 总线功能
数据链路层	逻辑链路控制子层	报文的接收过滤
		过载通知
		错误恢复管理

OSI 参考模型子层		CAN FD 总线功能
数据链路层	媒介访问控制子层	信息的帧化
		多主仲裁
		总线错误检测和错误通知
		应答
物理层		位填充
		位时序
		位同步

四、CAN FD 总线协议

1. 数据帧

CAN FD 总线报文中的数据帧由七个位场构成，一帧报文的发送顺序为帧起始（SOF）、仲裁场、控制场、数据场、CRC 场、ACK 场和帧结束（EOF）。CAN FD 数据帧结构如图 2-105 所示。与传统的 CAN 总线相比，CAN FD 每帧传输的数据量更多，基本帧最多可传输 64 字节，传输速率也从 CAN 总线的 1Mbit/s 提升至最高 10Mbit/s，增强了传统 CAN 总线的错误漏检率。除此之外控制场中还增加了错误状态指示（ESI）、位速率转换开关（BRS）、FDF 位，同时在 CAN FD 控制器中可以实现 CAN 总线通信。

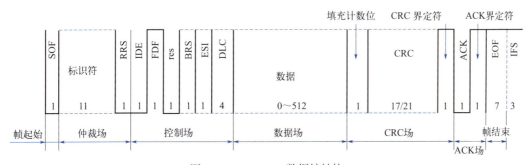

图 2-105　CAN FD 数据帧结构

（1）**帧起始（SOF）**　当节点发送一帧数据时，发送的第一部分就是帧起始部分，帧起始是一个 1 位的位域，显性位（逻辑 0）有效。无论是 CAN 总线还是 CAN FD 总线，只要总线当前为空闲状态，总线网络中的任意节点都可以发送 SOF 信号，SOF 会将总线从隐性（1）拉至显性（0）。在通信过程中最先开始发送报文的节点将作为后续报文发送的时间参考，这个节点的帧起始对接下来发送节点的硬同步起决定性作用。

（2）**仲裁场**　CAN FD 总线的仲裁场是由标识符（ID）和 RRS 位构成，用于判断报文帧格式以及确定哪个报文可以优先进行传输。

（3）**控制场**　CAN FD 总线的控制场由 IDE 位、FDF 位、保留位（res）、BRS 位、ESI 位和 DLC 位构成，主要用于控制报文的数据场的数据长度。

仲裁场和控制场的结构如图 2-106 所示。

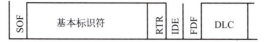

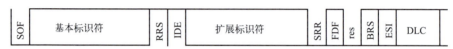

图 2-106　仲裁场和控制场的结构

① 标识符（ID）根据不同帧类型存在两种不同长度的位域，当报文为标准帧格式时标识符是由一个 11 位的位域组成，当报文为扩展帧格式时它的标识符将由一个 29 位的位域组成，其中包含 11 位的基本标识符和 18 位的扩展标识符。而标识符的作用就是区分消息和判断消息的优先级。

② 远程发送请求（RTR）位由 1 位的位域组成，逻辑 0 表示此时为数据帧，逻辑 1 则表示此时为远程帧。

③ 远程请求替换（RRS）位（RRS 位替换 RTR 位），由于 CAN FD 总线报文不支持远程帧，因此在 CAN FD 总线报文中 RRS 位始终为显性。

④ 替换远程请求（SRR）位（SRR 位替换 RTR 位）通常表现为隐性。

⑤ 标识符扩展（IDE）位用于区分标准帧格式和扩展帧格式，逻辑 0 为标准帧格式，逻辑 1 为扩展帧格式。

⑥ 灵活数据格式（FDF）用于区分报文格式，FDF 位表现为隐性时数据流为 CAN FD 总线报文，FDF 位表现为显性时数据流为 CAN 总线报文。

⑦ CAN FD 帧的保留位（res）设置为隐性可以表示一个新的协议。

⑧ 位速率转换开关（BRS）只存在于 CAN FD 总线报文中，用于控制数据域传输速率的切换，当 BRS 位为显性时，CAN FD 数据帧将以一般位速率（即最高 1Mbit/s）来发送；当 BRS 位为隐性时，数据帧的数据场部分将以更高的位速率（5Mbit/s）来发送。

⑨ 错误状态指示（ESI）位为显性时表示错误有效，节点处于主动错误状态，相反则处于被动错误状态。

⑩ 数据长度码（DLC）表示传输了多少字节的报文。CAN 总线和 CAN FD 总线都由 4 位的位域组成。CAN FD 数据场所能携带的最大字节数可以达到 64 位，与 CAN 总线相比有了很大的提升。数据长度可以从 0 到 8、12、16、20、24、32、48、64 字节中选择。而 CAN

只有 0 到 8 字节。DLC 与数据长度之间的关系见表 2-74。DLC 不能指定除此处描述之外的数据长度，例如 14 字节或 50 字节。

表 2-74 DLC 与数据长度之间的关系

帧类型	数据长度码（DLC）				数据字节数量
	DLC3	DLC2	DLC1	DLC0	
传统帧和 FD 帧	0	0	0	0	0
	0	0	0	1	1
	0	0	1	0	2
	0	0	1	1	3
	0	1	0	0	4
	0	1	0	1	5
	0	1	1	0	6
	0	1	1	1	7
	1	0	0	0	8
传统帧	1	0 或 1	0 或 1	0 或 1	8
FD 帧	1	0	0	1	12
	1	0	1	0	16
	1	0	1	1	20
	1	1	0	0	24
	1	1	0	1	32
	1	1	1	0	48
	1	1	1	1	64

（4）**数据场** 与 CAN 总线一样，数据场中存放的是数据帧中要发送的有效数据，但是 CAN 总线的有效数据场只有 8 位，而 CAN FD 总线增加了数据场的长度，每帧报文的有效数据长度可达 64 位。

（5）**CRC 场** CRC 场用于检测一帧数据发送是否正确，只有确认对错的作用，没有纠错的能力。CAN 总线和 CAN FD 总线报文的 CRC 场如图 2-107 所示。CAN FD 总线的 CRC 场与 CAN 总线的 CRC 场相比，增加了填充位计数和奇偶校验位，而且 CRC 校验、填充位和 CRC 界定符都发生了变化。

① CRC 校验的变化。随着数据场的扩大，为了保证信息发送的质量，CAN FD 总线的 CRC 计算不仅包括数据段的位，还包括来自帧起始的填充位，即 CRC 以含填充位的位流进行计算，以一个填充位开始，序列每 4 位插入一个填充位加以分割，且填充位的值是上一位的反码。作为格式检查，如果填充位不是上一位的反码，就报错处理。

CAN 总线的 CRC 场的位数是 17 位，而 CAN FD 总线的 CRC 场的位数扩展到了 21 位。

当传输数据为 16 字节或者更少时使用 CRC17 位；当传输数据超过 16 字节时使用 CRC21 位。

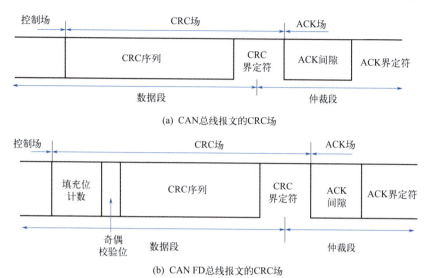

图 2-107　CAN 总线和 CAN FD 总线报文的 CRC 场

填充位计数由格雷码计算（前 3 位）和奇偶校验（最后 1 位）两个元素组成。填充计数编码见表 2-75。

表 2-75　填充计数编码

填充位除以 8 得到的余数	格雷码（3 位）	奇偶校验（1 位）
0	000	0
1	001	1
2	011	0
3	010	1
4	110	0
5	111	1
6	101	0
7	100	1

② 填充位的变化。CAN FD 的填充位插在帧起始和数据场的末尾之间，插入的位数值是经过格雷码计算转换后的值，并且受到奇偶校验位保护。

在 CRC 场中，被放置在固定的位置的填充位称为固定填充位。填充位的值是上一位的反码。从 CRC 场的第一位开始，每间隔 4 位添加一个填充位。CRC 场填充位结构如图 2-108 所示。

③ CRC 界定符的变化。CRC 界定符表示 CRC 场的结束，是一个 1 位的位域，通常表现为逻辑 1。但是在 CAN FD 总线中，考虑到节点之间的位的距离，在接收端允许最大 2 位的位域。CAN FD 帧的数据场（可变速段）是 CRC 界定符的第一位采样点。

(6) **ACK 场** CAN FD 总线的 ACK 场由一个 2 位的位域构成的应答间隙和 1 位的位域构成的应答界定符两部分组成，其构成和 CAN 总线是基本相同的。不同的是，在 CAN 总线中，ACK 场的长度是 1 位，但在 CAN FD 总线中，接收节点利用 2 位时间将其识别为有效应答。在传输过程中，当传输完数据场即将开始传输仲裁场时，传输速率需要从数据位速率转换到标称位速率，而速率的切换会导致接收和发送节点控制器的相位偏移和延迟。所以在 CAN FD 总线的应答间隙中加入了一个额外的位时间作为应答有效。ACK 界定符这个位就是表示当前 ACK 场结束，通常表现为隐性。

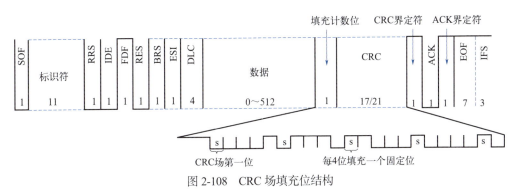

图 2-108 CRC 场填充位结构

(7) **帧结束** 帧结束表示一帧报文传输结束，无论是 CAN 总线还是 CAN FD 总线，帧结束都是 7 个连续的隐性位。

2. 远程帧

一个完整的远程帧也是由多个位场构成的，如图 2-109 所示，与数据帧相比结构类似，只缺少数据场。由于远程帧中不存在数据场，所以报文中的 DLC 位的值没有限制，可以为 64 以内的任意值，并且远程帧请求位为 1。

图 2-109 远程帧结构

3. 过载帧

过载帧用来向总线网络中的发送节点告知当前节点接收能力已经透支，无法接收更多的报文。一个完整的过载帧由两部分组成，即过载标志和过载界定符。CAN 总线和 CAN FD 总线的过载帧结构如图 2-110 所示。

图 2-110 过载帧结构

过载标志是由一个 6 位的位域组成的，但是总线上可能会出现不止一个节点发送过载帧的情况，由于每个节点发送过载标志的时间存在先后差异，就会造成总线上的过载标志叠加。通常过载标志的 6 位都为显性位，由于过载帧只在帧间隔进行发送，帧间隔中的间歇场就会遭到破坏。

过载界定符是由一个 8 位的位域组成的，当节点检测到总线上有一个跳变沿且为上升沿，这说明此时过载标志传输完成，要开始发送过载界定符，通常位域中的每一位都表现为隐性。

只有下面三个条件会触发过载帧。

① 接收节点由于自身某些因素无法继续接收报文，需要将接下来要接收的数据帧或者远程帧延迟一定时间发送。

② 通常间歇场由 3 位的隐性位组成，一旦采样到间歇场中存在非法显性位就会引发过载帧。但是当采样到间歇场的最后一位为显性位时，不会触发过载帧，因为控制器认为这个显性位为帧起始。

③ 节点在接收报文时检测到这个数据流的接收界定符和过载界定符的末位为 0（显性位），表示此时仍有其他节点向这个接收节点发送报文，此时这个接收节点将会发送一个过载帧。

4. 错误帧

CAN FD 总线错误帧与 CAN 总线错误帧结构相同，都由两部分组成，即错误标志和错误界定符。错误帧结构如图 2-111 所示。错误标志分为主动错误标志与被动错误标志，两种错误标志都由一个 6 位的位域构成，每一位可以表现为显性或是隐性。当所有位全部表现为显性时，就构成了一个主动错误标志。

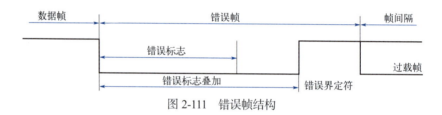

图 2-111　错误帧结构

错误界定符在错误标志后进行发送，它由 8 位的位域组成，通常每一位都表现为隐性。

5. 帧间隔

总线通信过程中，两个连续的帧之间通过插入帧间隔来区分本帧和先行帧。先行帧可以为 CAN 总线报文中四种帧格式的任意一种，但是由于先行帧可能为过载帧或错误帧（之前不可以存在帧间隔），当前帧只能为数据帧或者远程帧。帧间隔主要由两部分组成，即间隔段与总线空闲段。

间隔段由一个 3 位的位域组成，每一位可以表现为显性或隐性。当位域中的所有位表现为隐性时表示发送间歇场，这使总线中的节点在下一个消息帧来到之前有内部处理的时间。当间隔段出现逻辑 0 时，总线中的节点会发送过载帧，提示总线过载。在间隔段后，直到下一帧消息起始，需要发送连续的隐性位作为总线空闲标志。

总线空闲周期没有限制，并且可以被视为新消息可以发送的标志。当总线上的电平一直表现为隐性，此时总线网络中的所有节点都可以向总线发送帧起始信号。如果有节点先前因为消息冲突而导致有报文被挂起，则该节点将会在总线空闲状态到来时继续发送，总线空闲的判断标志就是间歇场结束后的第一个位是否为隐性。

6. 位流编码

CAN FD 总线报文的位流编码方式与 CAN 总线报文相同，都采用不归零编码。在不归零编码方式的通信过程中总线电平只有两种表现形式，即显性电平（逻辑 0）和隐性电平（逻辑 1）。

在报文传输过程中如出现多位连续相同的电平值就会导致总线上有效沿的距离过长，从而会影响总线的位同步机制，为解决这个问题，CAN FD 总线和 CAN 总线都采用位填充的方法。只有 ACK 场和帧结束两个位场不需要进行位填充操作。

CAN 总线报文采用单一的位填充方式，当总线节点控制器检测到 5 个连续且相同的位后就会插入一个与前面 5 位相反的位。CAN FD 总线报文则采用两种填充方式，CRC 场采用独特的固定位填充方式，即每 4 位就填充一个与上一位相反的位。其他需要进行填充的场位采用 CAN 总线报文的填充方式。CAN FD 总线报文固定填充位的填充方式如图 2-112 所示。

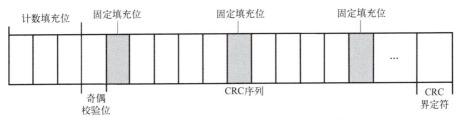

图 2-112　CAN FD 总线报文固定填充位的填充方式

7. 位时间

位时间是总线传输一个二进制位所用的时间，也就是说它的倒数就是位速率。由于 CAN FD 总线在传输速率上做了提升，在报文发送过程中可以提供两种位速率以供选择，分别为标称位速率和数据位速率。CAN 总线报文的传输速率以及 CAN FD 总线报文的仲裁段和 ACK 段传输速率被称为标称位速率，CAN FD 总线数据段传输的速率可以选择更快的数据位速率。

总线协议中定义了节点的许多状态和功能，这些功能都与总线位时间息息相关。由于 CAN FD 总线节点报文需要提供两种位速率，那么就需要两种位时间与之对应，即标称位时间和数据位时间。数据位时间的长度要小于标称位时间的长度，然而无论是哪种位时间，它们都由四个时间片段组成，分别是同步段、传播段、相位缓冲段 1 和相位缓冲段 2。其中同步段是每一个位时间周期的起始部分，总线上的所有节点都是从同步段开始的，在总线通信过程中产生的上升沿和下降沿都需要落在同步段的范围内，这是总线是否触发硬同步的重要标志。在总线的发送过程中发送节点发送一帧报文，接收节点无法立刻收到，那是因为总线上的节点间有一定的物理延时，传播段存在的意义就是消除这个延迟时间。相位缓冲段 1 和相位缓冲段 2 在重同步机制中必不可少，延长或减少这两个时间片段的长度是达到重同步的唯一手段。

每个时间片段占整个位时间的比重决定了位时间的长度，每个时间片段的长度都由若干个基本时间单位（Tq）组成。在总线控制器中会对基本时间单位的大小进行定义，无论是标称位时间还是数据位时间，同步段的时间长度与基本时间单位的大小相等，而其他三个时间段的长度在标称位时间和数据位时间中的大小各不相同，但是它们的时间长度都是由整数个基本时间单位组成的。CAN FD 总线报文中时间片段长度范围见表 2-76。

表 2-76 CAN FD 总线报文中时间片段长度范围

时间段	时间份额	
	标称位时间	数据位时间
同步段	1 个基本时间单位	1 个基本时间单位
传播时间段	1~32 个基本时间单位	1~8 个基本时间单位
相对缓冲段 1	1~32 个基本时间单位	1~8 个基本时间单位
相对缓冲段 2	2~32 个基本时间单位	2~8 个基本时间单位
信息处理时间	2 个基本时间单位	2 个基本时间单位

8. 位时间切换及位同步

（1）位时间切换　由于位时间是位速率的倒数，所以数据位速率的位时间要小于标称位速率的位时间。但是在 CAN FD 总线报文传输中，只有位速率转换（BRS）位到 CRC 界定符这部分可以使用数据位速率进行传输。当采样点采集到 BRS 位和 CRC 界定符后立即进行位速率切换，如果检测到错误帧，总线将会继续采用标称位速率传输。

（2）位同步　位同步是保证总线通信准确性和稳定性的前提，无论是传统 CAN 总线还是 CAN FD 总线都有两种同步方式——硬同步和重同步。硬同步和重同步的主要差别在于是否需要改变时间片段的长度，其中硬同步方式是在总线空闲时检测到帧起始就会将同步段的位置进行移动，强制帧起始的下降沿落在同步段内，不改变任何一个时间片段的长度。硬同步方式如图 2-113 所示。

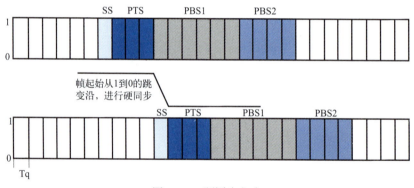

图 2-113　硬同步方式

重同步的同步机制是如果在消息帧之后的位中检测到一个跳变沿并且是从逻辑 0 跳变到逻辑 1 时，就会促使产生一次重同步。重同步方式如图 2-114 所示。重同步的同步方式确保总线采样正确的方法就是调节采样点（SP）的位置。当这个上升沿落入同步段和采样点之间，此时接收节点的相位超前于发送节点，为保证能够将正确的采样发送节点发送到总线上的报文，接收控制器需要延长相位缓冲段 1（PBS1）时间片段的长度。同理，一旦这个边沿落在采样点与同步段之间，表示此时的相位误差为负值，接收节点控制器会认为这个跳变沿是由发送节点控制器发送的一个提前边沿，并且认为这个跳变沿应该来自下一个位时间周期，所以接收节点控制器会调节相位缓冲段 2（PBS2）时间片段的长度，强制缩短这个时间片段。

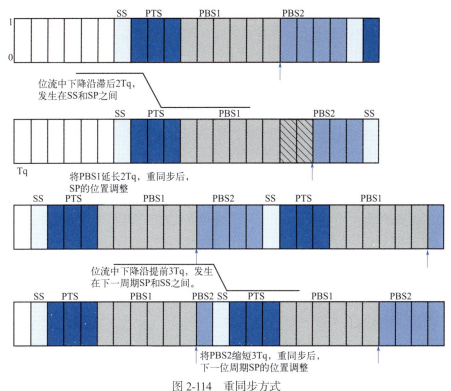

图 2-114 重同步方式

9. 错误处理

总线在通信过程中可能会发生位错误、位填充错误、CRC 错误、ACK 错误和格式错误。对这五种错误制定了相应的处理办法，见表 2-77。

表 2-77 错误分类及处理方法

错误	检测内容	检测帧类型	检测节点
位错误	发送节点发送到总线上的数据与采样点采集到的总线上的数据不一致	数据帧 远程帧 错误帧	发送节点
位填充错误	检测到需要进行位填充的位域存在 6 个连续相同位	过载帧 数据帧 远程帧	接收节点
CRC 错误	CAN FD 总线报文中填充位计数的值与计算出的计数填充值不同，接收到的 CRC 序列与计算得到的 CRC 序列不一致	数据帧 远程帧	接收节点
ACK 错误	发送控制器在 ACK 槽时间段没有收到接收节点的响应	数据帧 远程帧	发送节点
格式错误	CAN FD 总线报文中填充出现错误，固定格式位值与理论固定值不一致	数据帧 远程帧 错误界定符 过载界定符	接收节点

控制器在检测到总线通信过程中发生错误后，将会发送相应的错误标志，但是如果该错

误为 CRC 错误时，错误标志会在 ACK 界定符后进行发送。如果错误发生在 CAN FD 总线报文数据位速率传输过程中，节点会在发送错误帧之前进行位速率转换，也就是说错误帧将会以标称位速率进行传输。

第九节　CAN 总线应用

目前汽车车载网络以 CAN 总线为主，其他总线为辅。汽车 CAN 总线一般分为动力总成 CAN 总线、底盘 CAN 总线、车身 CAN 总线、娱乐 CAN 总线和诊断 CAN 总线。

(1) **动力总成 CAN 总线**　动力总成 CAN（P-CAN）总线主要负责车辆动力信号传输，是整车 CAN 网络中网络信号优先级、安全等级和传输速率最高的一条 CAN 总线。P-CAN 总线上的 ECU 一般包括发动机控制单元、安全气囊控制单元和电子驻车控制单元等。

(2) **底盘 CAN 总线**　底盘 CAN（C-CAN）总线主要负责汽车底盘及 4 个车轮的制动、稳定和转向等，其信号优先级也是比较高的。C-CAN 总线上的 ECU 一般包括 ABS 控制单元、ESP 控制单元和 EPS 控制单元等。

(3) **车身 CAN 总线**　车身 CAN（Body CAN，B-CAN）总线主要负责控制车上辅助设备，网络信号优先级比较低。B-CAN 总线上的 ECU 一般包括空调控制单元、车身控制单元（控制天窗、车窗、雾灯、转向灯和雨刮等）、发动机防盗系统控制单元和胎压监控系统控制单元等。

(4) **娱乐 CAN 总线**　娱乐 CAN（I-CAN）总线主要负责控制车上娱乐性的智能硬件，网络信号优先级比较低。I-CAN 总线上的 ECU 一般包括车载娱乐系统控制单元和组合仪表控制单元等。

(5) **诊断 CAN 总线**　诊断控制 CAN（D-CAN）总线提供远程诊断功能，只有一个远程控制模块的 ECU。

各企业生产的汽车采用的 CAN 总线都不相同，名称也不相同，没有统一的使用标准，这种分类只能供参考，最终应以企业提供的车载网络为准。

一、长安 UNI-T 汽车整车网络

长安 UNI-T 属于紧凑型 SUV，外形尺寸为 4515mm×1870mm×1545mm；轴距为 2710mm；前置前驱；配置 2.0T 发动机，最大功率为 171kW，最大转矩为 390N·m；变速器为 8 挡自动变速器；最高车速为 215km/h；新欧洲驾驶循环（NEDC）综合油耗为 6.7L/100km；配置自适应巡航控制系统、车道保持辅助系统和盲区监测系统等先进驾驶辅助系统。长安 UNI-T 汽车外形如图 2-115 所示。

图 2-115　长安 UNI-T 汽车外形

长安 UNI-T 汽车整车网络拓扑结构如图 2-116 所示，图中的英文意思见表 2-78。

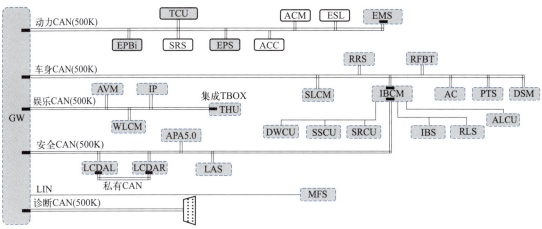

图 2-116　长安 UNI-T 汽车整车网络拓扑结构

表 2-78　长安 UNI-T 汽车整车网络拓扑结构中的英文意思（部分）

英文	意思	英文	意思
AC	空调控制器	IP	仪表控制器
ACC	自适应巡航控制模块	LAS	车道偏离控制器
ACM	电子换挡控制模块	LCDAL	左侧并线辅助模块
ALCU	氛围灯控制模块	LCDAR	右侧并线辅助模块
APA	自动泊车控制器	MFS	多功能转向盘
AVM	全景影像控制模块	PTS	电动背门控制器
BT	射频蓝牙模块	RLS	雨量光线传感器
DSM	主驾座椅模块	RRS	倒车雷达控制器
DWCU	主驾车窗防夹控制器	SLCM	车窗纹波防夹模块
EMS	发动机管理系统	SRCU	天窗控制单元
EPBi	电子驻车制动控制器总成	SRS	安全气囊控制器
EPS	电动助力转向控制器	SSCU	电动遮阳帘
ESL	电子换挡杆控制模块	TBOX	远程 / 车载通信模块
GW	网关控制器	TCU	变速器控制模块
IBS	智能电池传感器	THU	车载娱乐基础终端
IBCM	智能车身控制模块	WLCM	无线充电模块

二、长安 UNI-K 汽车整车网络

长安 UNI-K 属于中型 SUV，外形尺寸为 4865mm×1948mm×1690mm；轴距为 2890mm；

适时四驱；配置 2.0T 发动机，最大功率为 171kW，最大转矩为 390N·m；变速器为 8 挡自动变速器；最高车速为 200km/h；世界轻型汽车试验循环（WLTC）综合油耗为 8.95L/100km；配置自适应巡航控制系统、车道保持辅助系统和盲区监测系统等先进驾驶辅助系统。长安 UNI-K 汽车外形如图 2-117 所示。

图 2-117　长安 UNI-K 汽车外形

长安 UNI-K 汽车整车网络拓扑结构如图 2-118 所示，图中的英文意思见表 2-79。

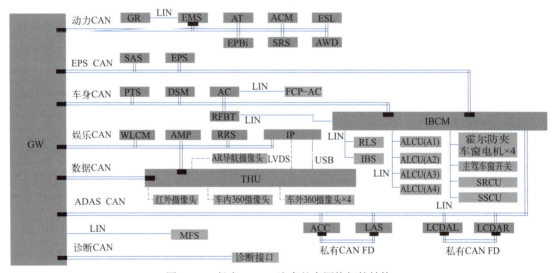

图 2-118　长安 UNI-K 汽车整车网络拓扑结构

表 2-79　长安 UNI-K 汽车整车网络拓扑结构中的英文意思（部分）

英文	意思	英文	意思
AC	空调控制器	ALCU（A2）	氛围灯控制模块（A2）
ACC	自适应巡航控制模块	ALCU（A3）	氛围灯控制模块（A3）
ACM	电子换挡控制模块	ALCU（A4）	氛围灯控制模块（A4）
ALCU（A1）	氛围灯控制模块（A1）	AMP	外置功放

续表

英文	意思	英文	意思
AT	变速器控制模块	LCDAL	左侧并线辅助模块
AWD	四驱控制模块	LCDAR	右侧并线辅助模块
DSM	主驾座椅模块	MFS	多功能转向盘
EMS	发动机管理系统	PTS	电动背门控制器
EPBi	电子驻车制动控制器总成	RFBT	射频蓝牙模块
EPS	电动助力转向控制器	RLS	雨量光线传感器
ESL	电子换挡杆控制模块	RRS	倒车雷达控制器
FCP-AC	空调前控制面板	SAS	转向角传感器
GR	智能发电机	SRCU	天窗控制单元
GW	网关控制器	SRS	安全气囊控制器
IBCM	智能车身控制模块	SSCU	电动遮阳帘
IBS	智能电池传感器	THU	车载娱乐基础终端
IP	仪表控制器	WLCM	无线充电模块
LAS	车道偏离控制器		

三、长安 CS75 PLUS 汽车整车网络

长安 CS75 PLUS 属于紧凑型 SUV，外形尺寸为 4700mm×1865mm×1710mm；轴距为 2710mm；前置前驱；配置 2.0T 发动机，最大功率为 171kW，最大转矩为 390N·m；变速器为 8 挡自动变速器；最高车速为 196km/h；NEDC 综合油耗为 8.1L/100km；配置自适应巡航控制系统、车道保持辅助系统和盲区监测系统等先进驾驶辅助系统。长安 CS75 PLUS 汽车外形如图 2-119 所示。

图 2-119 长安 CS75 PLUS 汽车外形

长安 CS75 PLUS 汽车整车网络拓扑结构如图 2-120 所示，图中的英文意思见表 2-80。

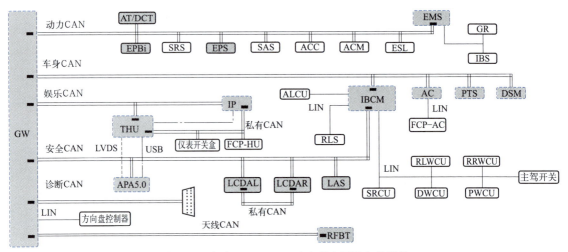

图 2-120 长安 CS75 PLUS 汽车整车网络拓扑结构

表 2-80 长安 CS75 PLUS 汽车整车网络拓扑结构中的英文意思（部分）

英文	意思	英文	意思
AC	空调控制器	IBCM	智能车身控制模块
ACC	自适应巡航控制模块	IBS	智能电池传感器
ACM	电子换挡控制模块	IP	仪表控制器
ALCU	氛围灯控制模块	LAS	车道偏离控制器
APA	自动泊车控制器	LCDAL	左侧并线辅助模块
AT/DCT	变速器控制模块	LCDAR	右侧并线辅助模块
DSM	主驾座椅模块	PTS	电动背门控制器
DWCU	主驾车窗防夹控制器	RFBT	射频蓝牙模块
EMS	发动机管理系统	RLS	雨量光线传感器
EPBi	电子驻车制动控制器总成	RLWCU	后左驱动防滑控制单元
EPS	电动助力转向控制器	RRWCU	后右驱动防滑控制单元
ESL	电子换挡杆控制模块	SAS	安全预警模块
FCP-AC	空调前控制面板	SRCU	天窗控制单元
FCP-HU	娱乐前控制面板	SRS	安全气囊控制器
GR	智能发电机	THU	车载娱乐基础终端
GW	网关控制器		

四、长安逸动 PLUS 汽车整车网络

长安逸动 PLUS 属于紧凑型轿车，外形尺寸为 4730mm×1820mm×1505mm；轴距为 2700mm；前置前驱；配置 1.4T 发动机，最大功率为 118kW，最大转矩为 260N·m；变速器

为7挡湿式双离合变速器；最高车速为200km/h；NEDC综合油耗为5.6L/100km；配置车道保持辅助系统和盲区监测系统等先进驾驶辅助系统。长安逸动PLUS汽车形如图2-121所示。

图2-121　长安逸动PLUS汽车外形

长安逸动PLUS汽车整车网络拓扑结构如图2-122所示，图中的英文意思见表2-81。

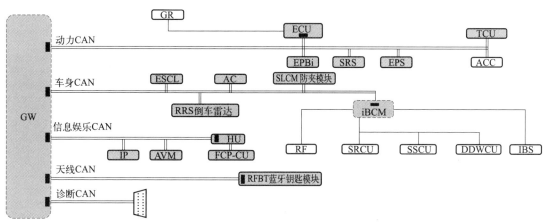

图2-122　长安逸动PLUS汽车整车网络拓扑结构

表2-81　长安逸动PLUS汽车整车网络拓扑结构中的英文意思（部分）

英文	意思	英文	意思
AC	空调控制器	GW	网关控制器
ACC	自适应巡航控制模块	HU	车机+中控屏+座舱域控制器
AVM	全景影像控制模块	iBCM	智能车身控制模块
DDWCU	驾驶员侧车窗防夹控制器	IBS	智能电池传感器
ECU	电子控制单元	IP	仪表控制器
EPBi	电子驻车制动控制器总成	RFBT	射频蓝牙模块
EPS	电动助力转向控制器	SRCU	天窗控制单元
ESCL	电子转向柱锁模块	SRS	安全气囊控制器
FCP-CU	集中控制面板	SSCU	电动遮阳帘控制单元
GR	智能发电机	TCU	变速器控制模块

五、长安汽车典型 ADAS 网络

1. 自适应巡航控制系统

自适应巡航控制系统在汽车行驶过程中，通过安装在汽车前部的测距传感器持续扫描汽车前方道路，同时轮速传感器采集车速信号。本车与前方汽车之间的距离小于或大于安全车距时，燃油汽车的自适应巡航控制系统的电子控制单元通过与制动系统、发动机控制系统协调动作，改变制动力矩和发动机输出功率，对汽车行驶速度进行控制，以使本车与前方汽车始终保持安全车距行驶，避免追尾事故发生，同时提高通行效率。如果本车前方没有汽车，则本车按设定的车速巡航行驶。

对于电动汽车自适应巡航控制系统，发动机更换为驱动电机，通过改变制动力矩和驱动电机的输出功率控制电动汽车的行驶速度。

自适应巡航控制系统也在不断发展，利用传感器融合技术，可以增加其功能。全速自适应巡航控制系统采用多传感器融合技术，融合毫米波雷达、多功能摄像头和导航地图，感知行驶道路环境，通过动力、制动、转向控制汽车自动加减速及转向，将汽车保持在车道中，或跟随前方目标车轨迹自动行驶，如图 2-123 所示。全速自适应巡航控制系统包括单车道智能辅助驾驶、交通拥堵辅助和智能限速辅助等功能，使用了一个中距离毫米波雷达和 1 个智能前视摄像头；工作速度为 0 ～ 130km/s。

图 2-123 全速自适应巡航控制系统

基于 CAN 总线的全速自适应巡航控制系统拓扑结构如图 2-124 所示，图中的英文意思见表 2-82。

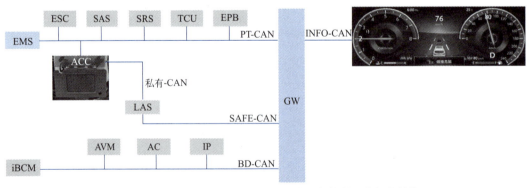

图 2-124 基于 CAN 总线的全速自适应巡航控制系统拓扑结构

表 2-82　基于 CAN 总线的全速自适应巡航控制系统拓扑结构中的英文意思

英文	意思	英文	意思
AC	空调控制器	INFO-CAN	娱乐系统 CAN
ACC	自适应巡航控制系统	IP	仪表控制器
AVM	全景影像控制模块	LAS	车道偏离控制器
BD-CAN	车身 CAN	PT-CAN	动力总成 CAN
EMS	发动机管理系统	SAFE-CAN	安全 CAN
EPB	电子驻车制动系统	SAS	转向角传感器
ESC	电子车身稳定系统	SRS	安全气囊控制器
GW	网关控制器	TCU	变速器控制模块
iBCM	智能车身控制模块	私有 -CAN	CAN 的私有云盘服务

2. 车道保持辅助系统

车道保持辅助系统能够利用车载传感器（如视觉传感器）实时监测汽车与车道边线（确定车道边界的可见道路交通标线）的相对位置，持续或在必要情况下控制汽车横向运动，使汽车保持在原车道内行驶，从而减轻驾驶员负担，减少交通事故的发生，如图 2-125 所示。

图 2-125　车道保持辅助系统

基于 CAN 总线的车道保持辅助系统拓扑结构如图 2-126 所示，图中的英文意思见表 2-83。

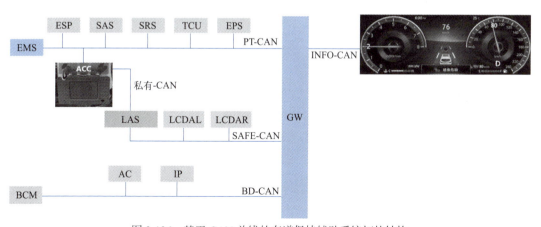

图 2-126　基于 CAN 总线的车道保持辅助系统拓扑结构

表 2-83　基于 CAN 总线的车道保持辅助系统拓扑结构中的英文意思

英文	意思	英文	意思
AC	空调控制器	LAS	车道偏离控制器
ACC	自适应巡航控制模块	LCDAL	左侧并线辅助模块
BCM	车身控制模块	LCDAR	右侧并线辅助模块
BD-CAN	车身 CAN	PT-CAN	动力总成 CAN
EMS	发动机管理系统	SAS	转向角传感器
EPS	电动助力转向系统	SAFE-CAN	安全 CAN
ESP	车身电子稳定系统	SRS	安全气囊控制器
GW	网关控制器	TCU	变速器控制模块
INFO-CAN	娱乐系统总线	私有 -CAN	CAN 的私有云盘服务
IP	仪表控制器		

3. 盲区监测系统

盲区监测系统也称并线辅助系统，盲区监测系统实时监测驾驶员的视野盲区，并在其盲区内出现其他道路使用者时发出提示或警告信息。盲区监测系统在驾驶员超车或变道时，通过传感器监测外后视镜盲区内是否有其他可能会引起碰撞的汽车，如果有则通过视觉信号或听觉信号对驾驶员进行提醒，从而消除视野盲区，提高行车安全性，如图 2-127 所示。该系统仅是对盲区预警的辅助手段，并不会采取任何自主行动来阻止可能发生的碰撞，驾驶员需要对汽车的安全操作负责。

图 2-127　盲区监测系统

基于 CAN 总线的盲区监测系统拓扑结构如图 2-128 所示，图中的英文意思见表 2-84。

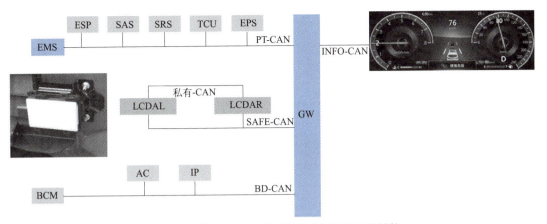

图 2-128　基于 CAN 总线的盲区监测系统拓扑结构

表 2-84　基于 CAN 总线的盲区监测系统拓扑结构中的英文意思

英文	意思	英文	意思
AC	空调开关	LCDAL	左侧并线辅助模块
BCM	车身控制模块	LCDAR	右侧并线辅助模块
BD-CAN	车身 CAN	PT-CAN	动力总成 CAN
EMS	发动机管理系统	SAFE-CAN	安全 CAN
EPS	电动助力转向控制器	SAS	转向角传感器
ESP	车身电子稳定系统	SRS	安全气囊控制器
GW	网关控制器	TCU	变速器控制模块
INFO-CAN	娱乐系统总线	私有 -CAN	CAN 的私有云盘服务
IP	仪表控制器		

智能网联汽车车载网络技术解析

第三章
LIN 总线技术

LIN 总线是为汽车网络开发的一种低成本、低端多路复用通信标准。虽然 CAN 总线满足了高带宽、高级错误处理网络的需求,但是实现 CAN 的软硬件花费使得低性能设备(如电动车窗和座椅控制器)无法采用该总线。若应用程序无须 CAN 的带宽及多用性,则可采用 LIN 总线这种高性价比的通信方式。用户可在最先进的价格较低的 8 位微控制器中嵌入标准串行通用异步收发器,以相对廉价的方式实现 LIN 总线通信。

第一节 LIN 总线概述

一、LIN 总线发展历程

随着汽车电子设备的增多,市场上对于成本低于 CAN 总线的通信总线的需求日益强烈,不同的车厂相继开发各自的串行通信协议,以在低速和对性能要求不高的场合取代 CAN 总线。由于不同车厂定义的协议有兼容性的问题,所以在 1998 年由欧洲五大车厂(宝马集团、大众汽车集团、奥迪集团、沃尔沃汽车集团、梅赛德斯-奔驰集团)成立联合工作组,开发了一种定位于车身电子领域传感器和执行器组网的串行通信总线,要求该总线系统的协议和时序控制尽可能简单,即使低端 MCU 没有专用通信单元,也可以实现基于该总线的通信,这种总线即为 LIN 总线。

LIN 总线是在汽车内广泛应用的串行通信协议,它的第一个完整版本 LIN 总线 1.3 发布于 2002 年,2016 年 LIN 总线被正式列为国际标准(ISO 17987)。LIN 总线是指总线上所有设备基本处于相邻的物理空间(例如车门),由 LIN 总线构建的区域子系统再经由电子控制单元(或网关)等接入到上层的 CAN 总线。

LIN 总线适用于节点数目小于等于 16 个,数据传输速率为 20kbit/s 以内的应用场合。通过 LIN 总线可以简单而快速地组网,总线上节点设备分为一个主机和多个从机,主机通常为接入到上层网络的电子控制单元,而从机为执行器、智能传感器或包括 LIN 总线硬件接口的开关等。主机控制 LIN 总线上的整个通信过程,在通信过程中从机时钟必须与主机时钟同步。

LIN 总线拓扑通常为总线型，即所有节点设备均通过单线连在一起。

LIN 总线作为一种低成本、高效率的串行通信网络，已经普遍应用于现在的汽车上。LIN 总线作为 CAN 总线的辅助，通常用于对传输速率和性能要求不高的较小的网络。

二、LIN 总线特点

LIN 总线具有以下特点。

① LIN 总线的通信是基于串行通信接口的数据格式，媒介访问采用单主节点、多从节点的方式，数据优先级由主节点决定，灵活性好。LIN 总线网络的主从结构如图 3-1 所示。主控单元可以向任一从控单元发送信息；从控单元仅在主控单元的控制下向 LIN 总线发送数据；从控单元一旦将数据发布到总线上，任何控制单元都可接收该数据。

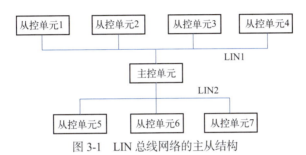

图 3-1　LIN 总线网络的主从结构

② 一条 LIN 总线最多可以连接 16 个节点，共有 64 个标识符。

③ LIN 总线采用低成本的单线连接方式，传输速率最高可达 20kbit/s。

④ 不需要进行仲裁，在从节点中不需要石英或陶瓷振荡器，只采用片内振荡器就可以实现自同步，从而降低了硬件成本。

⑤ 几乎所有的微控制单元（MCU）均具备 LIN 总线所需的硬件，且实现费用较低。

⑥ 网络通信具有可预期性，信号传播时间可预先计算。

⑦ 通过主机节点可将 LIN 总线与上层网络（CAN）相连接，实现 LIN 总线作为子总线的辅助通信功能，从而优化网络结构，提高网络效率和可靠性。

⑧ LIN 总线最大通信距离不超过 40m。

在 LIN 总线规范中，除定义了基本协议和物理层外，还定义了开发工具和应用软件接口。因此，从硬件、软件以及电磁兼容性方面，LIN 总线保证了网络节点的互换性，这极大地提高了开发速度，同时保证了网络的可靠性。

三、LIN 总线与 CAN 总线的比较

LIN 总线与 CAN 总线具有以下区别和联系。

（1）**信号线及信号**　CAN 总线有 CAN_H 和 CAN_L 两条信号线（双绞线），两条线的电平分别约为 0V 和 5V（隐性时）；LIN 总线只有一条信号线，隐性时电平接近蓄电池电压，并随之浮动，显性时电平接近地电平，使用横截面面积为 0.35mm^2 的导线，颜色为紫底白色。

（2）**组件**　CAN 总线工作时，电子控制单元中除了需要用相对复杂的收发器外，通常还需要用专门的协议控制器；LIN 总线单元中的收发器较简单，而且由于协议简单，通常不需要用专门的协议控制器。

（3）**传输速率**　CAN 总线的传输速率较高，在汽车上使用时通常为 500kbit/s，最低的也

达到了 100kbit/s；LIN 总线的最高传输速率为 20kbit/s。

（4）**系统结构**　CAN 总线为多主机系统，即接入总线的任一电子控制单元都可通过总线仲裁来获取总线控制权，并向总线系统发送信息，电子控制单元在发出完整的 ID 时即为主机；CAN 总线使用 11 位 ID（甚至更多），在一个子系统中可有较多的电子控制单元。LIN 总线为单主机多从机系统，每一个子系统中有且只有一个主机，所有的信息传送都由主机控制，从机必须等待主机发出了与它对应的 ID 后才能发送信息；LIN 总线使用 6 位 ID，在一个子系统中只能有较少的电子控制单元。

（5）**可靠性**　CAN 总线采用可靠性很高的 CRC 校验；LIN 总线采用可靠性相对较低的带进位的校验和。

（6）**成本**　CAN 总线能用于各种信息传输的场合，但成本相对较高，工艺性相对差些；LIN 总线只能用于对传输速率及可靠性要求不是很高的场合，如舒适系统或某些子系统等，优点是成本低，工艺性好。

四、LIN 总线标准

LIN 总线具有以下国际标准。

1. ISO 17987-1：2016

《道路车辆　局域互连网络（LIN）　第 1 部分：通用信息和用例定义》概述了 ISO17987（所有部分）的结构、划分和用例；定义的术语适用于所有 LIN 总线通信系统。

2. ISO 17987-2：2016

《道路车辆　局域互连网络（LIN）　第 2 部分：传输协议和网络层服务》规定了传输协议和网络层服务，以满足基于 LIN 总线的本地互连网络上的车辆网络系统的要求；提供了传输协议和网络层服务，以支持不同的应用层实现正常的通信消息和诊断通信消息。

3. ISO 17987-3：2016

《道路车辆　局域互连网络（LIN）　第 3 部分：协议规范》规定了 LIN 总线协议，包括信号管理、帧传输、调度表处理、任务行为和状态管理以及 LIN 总线主从节点；还包含 LIN 总线的节点配置和标识服务的 OSI 第 5 层属性。

4. ISO 17987-4：2016

《道路车辆　局域互连网络（LIN）　第 4 部分：电气物理层规范 12V/24V》规定了 LIN 总线通信系统的 12V 和 24V 电气物理层。LIN 总线的电气物理层设计用于连接汽车电子控制单元的低成本网络，位速率为 20kbit/s。使用的媒介是每个接收器和发射器相对于地面的单线。本标准包括传输本身的电气特性的定义以及总线驱动器设备的基本功能的文档。

5. ISO/TR 17987-5：2016

《道路车辆　局域互连网络（LIN）　第 5 部分：应用程序接口（API）》中的 TR 表示该文件是技术报告，它定义了 LIN 总线的应用程序接口（API）。

6. ISO 17987-6：2016

《道路车辆　局域互连网络（LIN）　第 6 部分：协议一致性试验规范》规定了 LIN 协议一致性测试，该测试验证了 LIN 通信控制器对于 ISO 17987-2 和 ISO 17987 的一致性。本标准提供了所有必要的技术信息，以确保测试结果在不同的测试系统上是相同的。

7. ISO 17987-7：2016

《道路车辆　局域互连网络（LIN）　第 7 部分：电气物理层一致性试验规范》规定了

LIN 通信系统电气物理层的一致性测试。本标准的目的是提供一种标准化的方法来验证 LIN 总线驱动器是否符合 ISO 17987-4，以确保系统环境中不同来源的 LIN 总线驱动程序具有一定的互操作性。本标准提供了所有必要的技术信息，以确保即使在不同的测试系统上，测试结果也是一致的。

8. ISO 17987-8：2019

《道路车辆　局部互连网络（LIN）　第 8 部分：电气物理层规范——直流电力线（DC-LIN）上的 LIN》规定了 ISO 17987 系列 LIN 的附加电气物理层；规定了在不影响 LIN 更高层的情况下通过直流电力线进行传输；规定了电气特性、传输的调制方法以及如何将载波信号施加在直流电力线上。

五、LIN 总线分层结构

根据 OSI 参考模型，LIN 总线的分层结构如图 3-2 所示。物理层定义了信号如何在总线上传输；定义了物理层的驱动器/接收器特性。数据链路层又分为媒介访问控制（MAC）子层和逻辑链路控制（LLC）子层，媒介访问控制子层是 LIN 总线协议的核心，它管理从逻辑链路控制子层接收到的报文，也管理发送到逻辑链路控制子层的报文；逻辑链路控制子层涉及报文滤波、恢复管理和报文确认等。传输层的规范主要规定了分组数据单元的结构和传输层的通信等内容。应用层的规范主要介绍了信号的处理、配置、识别和诊断功能。

图 3-2　LIN 总线的分层结构

第二节　LIN 总线基本组成与工作原理

LIN 总线是一种串行通信协议，用于连接车辆电子控制模块之间的通信。它通过数据传输的方式实现模块之间的信息交换。LIN 总线通常由一个主控模块和多个从控模块组成，主控模块可以向从控模块发送指令并接收从控模块的响应。在传输数据时，LIN 总线使用了特定的协议和校验机制，以确保数据传输的可靠性和正确性。LIN 总线在车辆电子控制系统中扮演着重要的角色。

一、LIN 总线的基本组成

LIN 总线主要由 LIN 主控制单元、LIN 从控制单元、LIN 总线数据传输和信息等组成，如图 3-3 所示。

1. LIN 主控制单元

LIN 主控制单元连接在 CAN 总线上（图 3-4），它执行 LIN 总线的主功能，具有以下作用。
① 监控数据传输和数据传输的速率，发送信息标题。
② 主控制单元的软件内已经设定了一个周期，这个周期用于决定何时将哪些信息发送到

LIN 总线上多少次。

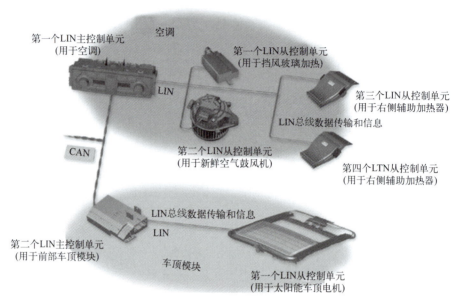

图 3-3 LIN 总线的基本组成

③ 主控制单元在 LIN 总线上与 CAN 总线之间起"翻译"作用,它是 LIN 总线系统中唯一与 CAN 总线相连的控制单元。

④ 通过 LIN 主控制单元进行与之相连的 LIN 从控制单元的自诊断。

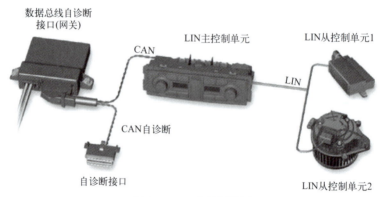

图 3-4 LIN 主控制单元

2. LIN 从控制单元

在 LIN 总线系统内,单个的控制单元(如新鲜空气鼓风机)或传感器及执行元件(如水平传感器及防盗警报蜂鸣器)都可看作 LIN 从控制单元,如图 3-5 所示。传感器内集成有一个电子装置,该装置对测量值进行分析。测量值是作为数字信号通过 LIN 总线传输的。有些传感器和执行元件只使用 LIN 主控制单元插口上的一个针脚。LIN 执行元件都是智能型的电子或机电部件,这些部件通过 LIN 主控制单元的 LIN 总线数字信号接收任务。LIN 主控制单元通过集成的传感器来获知执行元件的实际状态,然后就可以进行规定状态和实际状态的对比。只有当 LIN 主控制单元发送出标题后,传感器和执行元件才会作出反应。

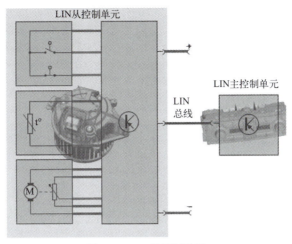

图 3-5 LIN 从控制单元

主控制单元和从控制单元具有类似的硬件结构，如图 3-6 所示。

3. LIN 总线数据传输

LIN 总线数据传输速率为 1～20kbit/s，在 LIN 控制单元的软件内已经设定完毕，该速率最大能达到舒适 CAN 总线数据传输速率的五分之一。

LIN 总线上具有显性和隐性两种互补的逻辑电平，即显性电平和隐性电平，如图 3-7 所示。显性电平（参考地电压）是逻辑 0，隐性电平（电源电压）是逻辑 1。如果无信息发送到 LIN 总线上或者发送到 LIN 总线上的是一个隐性位，那么 LIN 总线上的电压就是蓄电池电压。为了将显性位传到 LIN 总线上，发送控制单元内的收发器将数据总线接地。由于控制单元内的收发器有不同的型号，所以表现出的显性电平是不一样的。

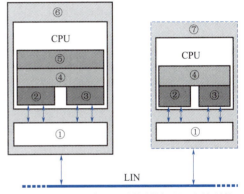

图 3-6 主控制单元和从控制单元具有的硬件结构
①—为物理接口；②—硬件串口；③—软件串口；④—从控制单元功能；⑤—主控制单元功能；⑥—主控制单元；⑦—从控制单元

为了保证数据传输的安全性，在隐性电平和显性电平的收发时，通过预先设定发送的电压范围来保证数据传输的稳定性，如图 3-8 所示。

为了能在有干扰辐射的情况下仍能收到有效的信号，接收的允许电压值要稍高一些，如图 3-9 所示。

4. 信息

信息包括信息标题和信息内容。

信息标题由 LIN 主控制单元按周期发送。信息标题分为四部分：同步暂停区、同步分界区、同步区和识别区，如图 3-10 所示。

① 同步暂停区的长度至少为 13 位（二进制），它以显性电平发送。这 13 位的长度是必须的，这样才能准确地通知所有的 LIN 从控制单元有关信息的起始点。其他信息是以最长为 9 位（二进制）的显性位来一个接一个传输的。

② 同步分界区的长度至少为一位（二进制），且为隐性。

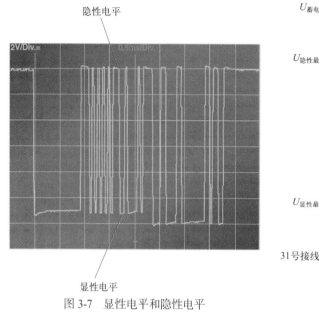

图 3-7　显性电平和隐性电平

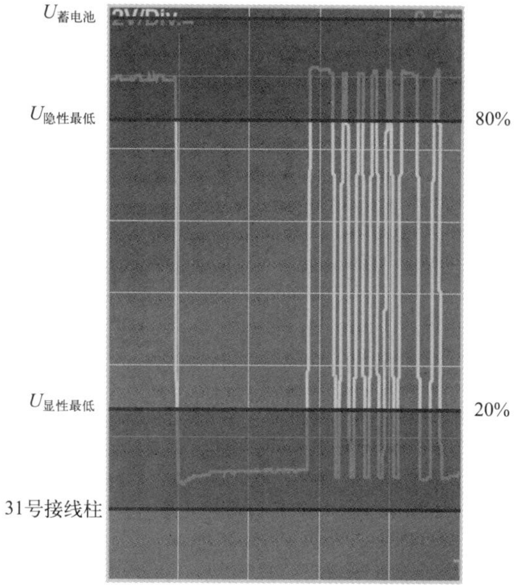

图 3-8　设定发送的电压范围

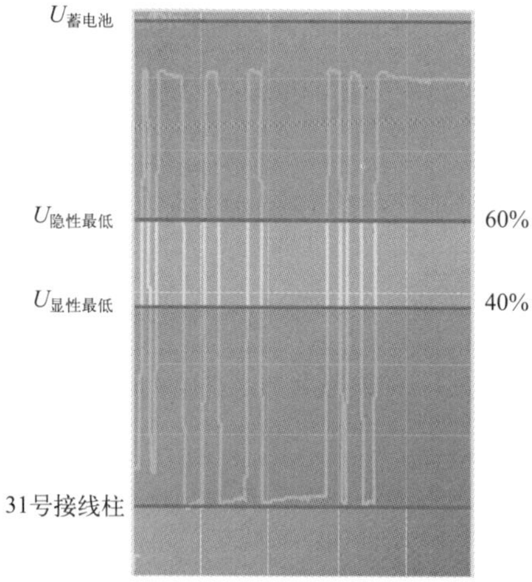

图 3-9　设定发送的电压范围调整

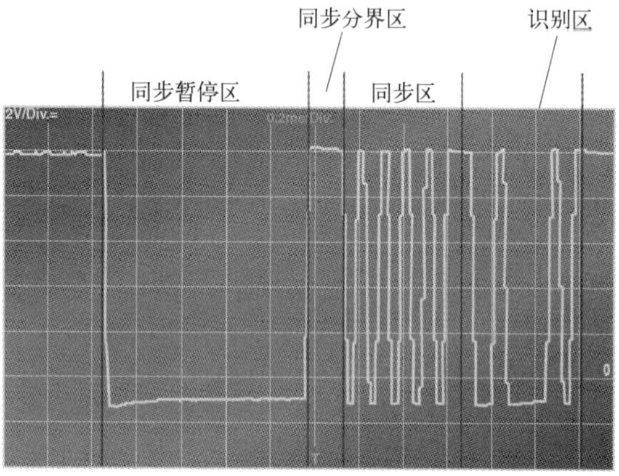

图 3-10　信息标题

③ 同步区由 0101010101 这个二进制位序构成，所有的 LIN 从控制单元通过这个二进制位序来与 LIN 主控制单元进行匹配。所有控制单元同步对于保证正确的数据交换是非常必要的。如果失去了同步性，那么接收到的信息中的某一数位值就会发生错误，该错误会导致数据传输错误。

④ 识别区的长度为 8 位（二进制），头 6 位是回应信息识别码和数据区的个数，回应数据区的个数为 0～8，后 2 位是校验位，用于检查数据传输是否有错误。当出现识别码传输错误时，校验可防止与错误的信息适配。

对于带有从控制单元回应的信息，LIN 从控制单元会根据识别码给这个回应提供信息，如图 3-11 所示。

对于主控制单元带有数据请求的信息，LIN 主控制单元会提供回应，如图 3-12 所示。根据识别码的情况，相应的 LIN 从控制单元会使用这些数据去执行各种功能。

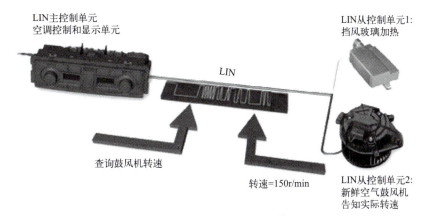

图 3-11 LIN 从控制单元回应信息

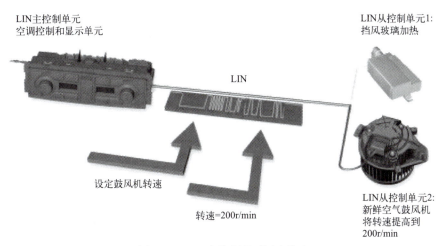

图 3-12 LIN 主控制单元回应信息

二、LIN 总线的工作原理

LIN 总线网络采用单主机多从机模式，一个 LIN 总线网络包括一个主节点和若干个从节点。由于过多的网络节点将导致网络阻抗过低，因此，一般情况下网络节点总数不宜超过 16 个。如图 3-13 所示，所有的网络节点都包含一个从任务，提供通过 LIN 总线传输的数据，主节点除了从任务还包括一个主任务，负责启动网络中的通信。

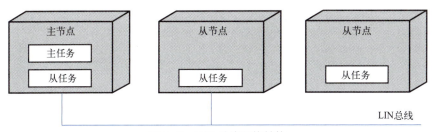

图 3-13 LIN 总线网络结构

LIN 总线网络的数据通信主要有主-从通信模式和从-从通信模式，两种通信模式都是由主节点控制，有各自的优势和劣势。

1. 主-从通信模式

主节点传输信息 ID，进而发送数据传输命令。网上所有 LIN 总线节点将该信息进行转换，然后再进行相应的操作。根据主-从通信模式，主节点内部有一个从节点正在运行，它对正确的 ID 进行响应，然后将规定的位传输到 LIN 总线。不同 LIN 总线节点在网络中都拥有完整的 LIN 帧，同时还按照各自的不同应用提供主节点数据和流程。例如主节点可能希望所有门锁都打开，这样每个门锁节点被设定为对单个信息进行响应，然后完成开锁；或者主节点可能传输 4 条不同信息，然后有选择性地打开门锁。

主-从通信模式将大部分调度操作转移到主节点上，从而简化其他节点操作。因此，LIN 总线从节点硬件大幅减少，甚至可能减少为单个状态设备。另一个优势是，由于主节点能够同时与所有节点通信，已知信息和要求的 ID 数量都大大减少。主节点将所有数据通信发送到全部节点，然后在所有数据传输到其他设备之前从节点上接收该数据，这样可以检查传输数据的有效性。该操作允许主节点对所有通信进行监测，减少并消除潜在错误。但是，这种通信模式速度缓慢，LIN 总线节点很难及时地接收和处理数据，并有选择性地将它传输给其他节点。

2. 从-从通信模式

与主-从通信模式相比，从-从通信模式更迅速。各个信息帧上的节点共用信息，从而极大地提高响应速度。例如单个信息可以打开两扇车窗，关闭一个车门，打开三个车门或者移动车窗，这样就可以明显减少网上的数据流量。但是，从-从通信模式有很大的局限性，各个从节点的时钟源未知，因此从节点将数据传输到网络时（根据主节点请求），数据可能发生漂移。主节点有一个精确度很高的时钟，数据漂移有较大的误差范围，但另一个接收数据的 LIN 总线从节点却没有，这会导致数据误译。这种情况下，主节点不显示从-从通信已经失效。

三、LIN 总线的基本特性

LIN 总线的基本特性包括信息传输方式（信息路由）、位传输速率、LIN 总线网络节点、无仲裁的单主机、物理层、LIN 总线网络信号传输、应答、命令帧和扩展帧、睡眠模式以及唤醒等。

1. 信息传输方式（信息路由）

在 LIN 总线网络中，除了主节点需要进行 LIN 总线网络配置之外，其余从节点不需要加载关于 LIN 总线网络配置的任何信息。这就会使 LIN 总线网络系统十分灵活，如果想添加新的从节点进入 LIN 总线网络中，可以不用改变其他从节点的软件或硬件条件，仅仅需要在主节点的网络配置中增加该从节点的信息，并将该节点的针脚连接进 LIN 总线即可。

2. 位传输速率

由于来自传输媒介的电磁干扰的限制，LIN 总线网络最大的传输速率被限制为 20kbit/s，并且由于 LIN 总线协议规定的定时溢出时间的限制，最小的传输速率被限定为 1kbit/s。在 LIN 总线网络的实际应用中，建议低速的位传输速率为 2.4kbit/s，中速的位传输速率为 9.6kbit/s，高速的位传输速率为 19.2kbit/s。

3. LIN 总线网络节点

LIN 总线网络节点的数量被两个关键因素限制，所以不能超过 16 个。一方面，LIN 总线协议规定标识符数量为 64 个；另一方面，还受到线束的物理特性的限制，如果 LIN 总线网络中节点的数量大于 16 个则会降低网络阻抗，LIN 总线有概率会发生通信失效。在 LIN 总线中每多一个节点会降低 3% 的网络阻抗，为 1～30kΩ，且 LIN 总线的电线长度需要保持在 40m 以下。

4. 无仲裁的单主机

报头由主节点发送并且由从节点来响应该报头。由于整个过程没有网络仲裁，所以多个从机同时响应可能会产生冲突。在这种情况下，用户可以根据自身使用需求来定义仲裁。

5. 物理层

LIN 总线的物理层如图 3-14 所示，图中的 V_{BAT} 为 12V 电源，由汽车蓄电池提供；每个节点都会连接一个上拉电阻，上拉电阻大小为 1kΩ（主控制单元）、30kΩ（从控制单元）；与上拉电阻串联的二极管可以防止当电源电压下降时 LIN 总线的电能消耗；电容可消除信号波动，大小为 2.2nF（主控制单元）、220pF（从控制单元）；SCI 为串行通信接口；GND 为信号接地回路。

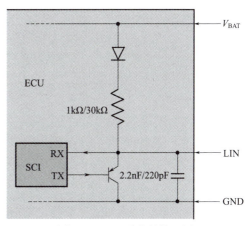

图 3-14 LIN 总线的物理层

6. LIN 总线网络信号传输

LIN 总线上的逻辑值，显性电平为值 0，隐性电平为值 1。在 LIN 总线协议上电平的规则被定义为线与：LIN 总线网络上只要存在一个节点发送 0，总线消息即显示为显性；只有当所有节点都发送 1 时，总线消息才显示为隐性电平。显性电平在 LIN 总线网络上起主导。

LIN 总线信号发送低电平（显性）时，SCI 通过 TX 控制三极管，使 V_{BAT} 与 GND 通过上拉电阻接通，LIN 总线接地，此时 LIN 总线为低电平（显性），靠近接地电压，如图 3-15 所示。

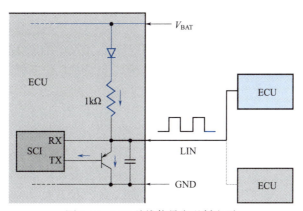

图 3-15 LIN 总线信号发送低电平

LIN 总线信号发送高电平（隐性）时，SCI 不控制三极管时，三极管处于截止状态，此时 LIN 总线为高电平（隐性），接近供电电压，如图 3-16 所示。

LIN 总线信号接收时，RX 线可以接收高低变化的电压信号，并判断其含义，如图 3-17 所示。

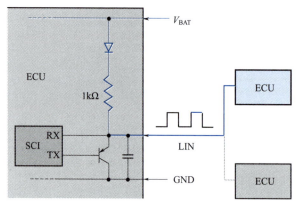

图 3-16　LIN 总线信号发送高电平

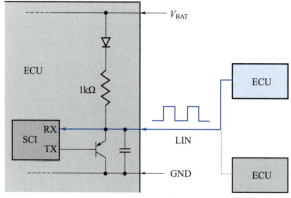

图 3-17　LIN 总线信号接收

7. 应答

LIN 总线协议中对于收到消息之后的响应并没有特殊的协议来定义，在 LIN 总线协议中并没有详细说明各个节点在接收到消息之后的响应过程该是如何进行的。主节点将自身初始化后的数据与从从节点接收到的数据进行比较，并核查这两个数据是否相同。如果主节点检测到两次报文出现不一致的结果，则主机任务需要根据协议中的进度表进行更改处理。如果由从节点检测到两次报文出现不一致的结果，则从节点会利用诊断帧的方式向主节点发出请求处理的消息，并将不一致的结果保存记录下来发送给主节点。

8. 命令帧和扩展帧

在 LIN 总线网络中有四个为特定目的而保留的消息帧，其中每个帧都拥有 8 个字节的响应标识符，包括命令帧和扩展帧各两个。因为命令帧能够将数据路由到 LIN 总线网络上，而且能够下载数据，所以开发者可以利用其来对节点进行升级和配置，而且还可以对 LIN 总线进行诊断分析。用户可以采用扩展帧来自行定义报文帧，在未来定义的 LIN 消息帧被合并到 LIN 总线协议中时就需要采用扩展帧来定义。

9. 睡眠模式以及唤醒

为了降低 LIN 总线网络的待机功耗，LIN 总线网络上的各个节点都可以支持无任何活动的睡眠模式。在 LIN 总线网络上，主节点在满足睡眠条件后发送一个睡眠指令给其他从节点，随后 LIN 总线网络就会进入睡眠模式，且直到节点被再次唤醒之前任何节点都不会往总线上发送任何消息。当 LIN 总线上有任意节点发送消息时，所有节点将会结束其睡眠状态。当从节点被内部唤醒时，主节点会被从节点发送的唤醒信号唤醒，主节点开始依据进度表进行初始化内部活动，从节点不会再往 LIN 总线上发送任何消息直至主节点发出其同步信号。

第三节　LIN 总线协议

LIN 总线协议包括 LIN 总线物理层协议、LIN 总线数据链路层协议、LIN 总线传输层协议和 LIN 总线应用层协议。

一、LIN 总线物理层协议

物理层以主节点的位时间为参考进行位定时，LIN 总线网络的主机节点必须要设置较高精度的时钟，而从机节点则不需要设置高精度的时钟；也就是说，LIN 总线网络以主节点作为基准时钟，这样就可以大大提高位速率的精度。LIN 总线协议规定了一个 LIN 总线网络里有且仅有一个主机节点，这样就可以确定唯一的位速率，而不会出现由于基准的不同所导致的位速率不同。LIN 总线协议规定由主节点来发起所有通信任务，并在主节点的帧头中加入同步字段，从而保证从节点的同步。只有当从节点的位速率与主节点的位速率相同时，才可以进行通信任务。它的优点是降低了成本，同时不需要总线仲裁，复杂度也降低；缺点是数据的传输效率变低。而且，LIN 总线协议还可以将电磁干扰维持在一个可控制的范围内，这都得益于物理层的协议控制器和总线收发器，前者可以控制位速率，后者可以调节压摆率（转换速率）。此外，为了平衡数据位速率与电磁干扰，使物理层性能达到最优，LIN 总线协议将 LIN 总线的最高位速率定义为 20kbit/s，但其实物理层还可以允许更高。

二、LIN 总线数据链路层协议

1. 报文帧的结构

每一个 LIN 总线的报文帧都由帧头和应答两部分组成，其中帧头主要包括同步间隔段、同步段和受保护 ID 段；应答主要包括数据段、校验和段，如图 3-18 所示。图中帧间隔为帧之间的间隔；应答间隔为帧头和应答之间的间隔；字节间隔包括同步段和受保护 ID 段之间的间隔、数据段各字节之间的间隔以及数据段最后一个字节和校验和段之间的间隔。应答间隔和字节间隔的最小取值为 0。

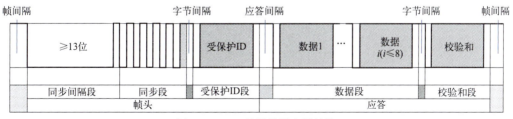

图 3-18　LIN 总线的报文帧结构

（1）帧头　在 LIN 总线协议中一个完整的帧包含主机任务发送的帧头和从机任务反馈的应答。

① 同步间隔段如图 3-19 所示，由两部分组成，分为同步间隔以及同步间隔段间隔符。同步间隔全部都是显性电平，并且至少持续 13 位（基于主机的时钟速率），同步间隔是帧头的起

始,也是一个完整帧的起始。而同步间隔段间隔符至少是持续 1 位的隐性电平。

图 3-19　同步间隔段

② 同步段是采用字节域的格式传输至 LIN 总线上的,LIN 总线通信的同步是以同步段的第一个下降沿为起始标志,形式是 0x55（也表示为 01010101b）,同步段如图 3-20 所示。图中 LSB 代表最低有效位,即一个二进制数字中的第 0 位;MSB 代表最高有效位,即一个 n 位二进制数字中的 $n-1$ 位。

图 3-20　同步段

从节点可以不使用高精度时钟来调整其传输速率,而是使用精度比较低的时钟来实现时钟同步。这就必然会导致从节点和主节点之间有一定量的时钟偏差,这种时钟偏差需要通过同步段来进行调整,需要将从节点时钟速率调整至与主节点的时钟速率一致,从节点可以通过帧头的同步段来计算出主节点的时钟速率,并且按照计算的结果来实时调整自己的时钟。

③ 受保护 ID 段如图 3-21 所示,由 8 个数据组成,前 6 位为帧 ID,后 2 位为奇偶校验位,由此不难计算出帧 ID 共有 64 个,取值范围分布在 0x00～0x3F 之间。帧 ID 可以在开发时定义好该帧 ID 的类别和目的地,同时也定义了从节点对于该帧头作出的响应。

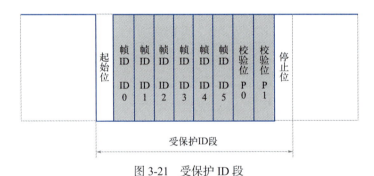

图 3-21　受保护 ID 段

受保护 ID 段中帧的 ID4 和 ID5 决定了从节点发送的应答的长度,见表 3-1。在 LIN 总线协议中规定所有标识符分别组成 4 个小组,每组包含 16 个标识符,定义的应答报文数据场的长度分别为 2、2、4 和 8 个字节的长度。

表 3-1　从节点发送的应答的长度

ID5，ID4	数据场长度
0，0	2
0，1	2
1，0	4
1，1	8

如果受保护 ID 段在 LIN 总线上的传输出现问题，则报文将无法到达正确的从节点，因此需要引入奇偶校验位来验证受保护 ID 段。

（2）应答　从节点接收来自主节点的帧头，分析帧头中所包含的信息，然后再决定是发送响应、接收响应还是忽略该响应。从机任务发送的应答包含数据段以及校验和段。

① 数据段长度最小为 1 个字节，最长可达到 8 个字节。首先发送第 1 字节，之后发送数据编码依次增加，如图 3-22 所示。

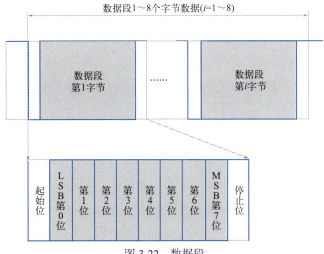

图 3-22　数据段

数据段帧的类型有信号携带帧、诊断帧和保留帧，见表 3-2。信号通过信号携带帧来传输，每个帧 ID 对应的数据段会包含一个或多个信号。在信号更新时，要保证信号的完整性，而不仅仅是更新部分信号。

表 3-2　数据段帧的类型

帧的类型		帧 ID
信号携带帧	无条件帧	0x00 ～ 0x3B
	事件触发帧	
	偶发帧	
诊断帧	主机请求帧	0x3C
	从机应答帧	0x3D
保留帧		0x3E，0x3F

② 校验和段用于验证帧的传输内容正确与否，共有 8 位，如图 3-23 所示。校验和又分为

标准校验和和增强校验和两种，两者的不同见表 3-3。

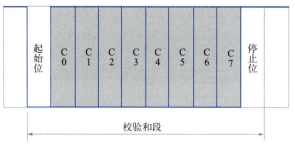

图 3-23　校验和段

表 3-3　校验和类型

校验和类型	校验对象	适用场合
标准校验和	数据段各字节	诊断帧，与 LIN1.x 从机节点通信
增强校验和	数据段各节点以及受保护 ID	与 LIN2.x 从机节点通信（诊断帧除外）

主节点用来管理报文要使用哪种校验和，在前期开发时开发者将该信息绑定在帧 ID 上，通过帧 ID 来识别是使用标准校验和还是增强校验和。

对帧的每个字节进行二进制相加运算（当结果大于或等于 256 时要减去 255），并将计算的结果逐位取反，即为校验和。对接收端收到的应答采用同样的运算法则，将计算出的结果与接收到的校验和相加，如果相加后的结果是 0xFF，那么就说明校验和是正确无误的。LIN 总线协议正是通过这种方式来保证传输数据的正确性。

2. 报文帧的传输类型

LIN 总线网络中报文帧的传输类型主要有无条件帧、事件触发帧、偶发帧、诊断帧和保留帧。

（1）无条件帧　无条件帧是单一发布节点，这就意味着不管该节点的信号有没有发生变化，从节点都是要无条件应答的。无条件帧会在主节点给它分配的固定帧时隙中进行传输。一旦有一个帧头被发送到总线上，就必须有一个从节点来应答（即无条件发送应答），如图 3-24 所示。

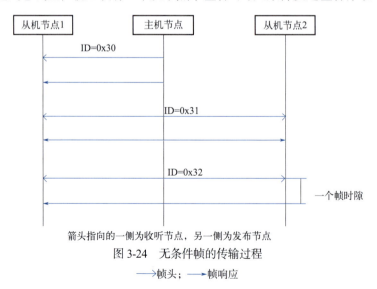

箭头指向的一侧为收听节点，另一侧为发布节点
图 3-24　无条件帧的传输过程
──→帧头；──→帧响应

(2) 事件触发帧 如果主节点需要一直轮询所有从节点的信号,并且从节点信号变化的频率较低,主节点采用无条件帧会占用大部分的网络带宽。为了减小这种情况对网络带宽的影响,LIN 总线协议开发了一个特殊的帧——事件触发帧。事件触发帧是主节点用来查询所有从节点的信号在一个帧的时间内是否发生变化时采用的帧。当存在多个从节点响应时,主节点会使用开发时定义的进度表来解决冲突。事件触发帧的传输过程如图 3-26 所示。

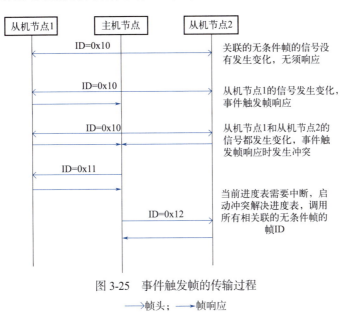

图 3-25　事件触发帧的传输过程
──→帧头;　──→帧响应

(3) 偶发帧 偶发帧是指当主节点自身信号在同一帧时隙发生变化时,主节点向 LIN 总线发送该帧。当存在多个相关的响应信号变化时,通过预先设置的优先级进行仲裁。偶发帧的传输过程如图 3-26 所示。

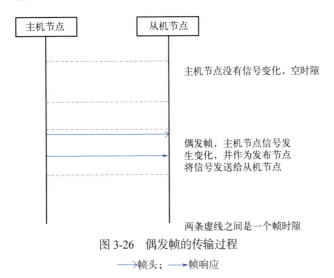

图 3-26　偶发帧的传输过程
──→帧头;　──→帧响应

(4) 诊断帧 诊断帧由主机请求帧以及从机响应帧组成,主要用于配置、识别和诊断,诊断帧的数据段被指定为 8 字节,并且使用标准校验和来检查。

(5) 保留帧 保留帧 ID 为 0x3E 以及 0x3F,用于后续扩容。

3. 报文帧进度表

进度表是帧的调度表，规定 LIN 总线上帧的传输次序以及各帧在总线上的传输时间。进度表位于主机节点，主机任务根据应用层需要进行调度。进度表可以有多个，一般情况下，轮到某个进度表执行的时候，从该进度表规定的入口处开始顺序执行，到进度表的最后一个帧时，如果没有新的进度表启动，则返回到当前的进度表的第一个帧循环执行；也有可能在执行某个进度表当中发生中断，执行另一个进度表后再返回，如事件触发帧的冲突解决过程就是一个典型的例子，如图 3-27 所示。

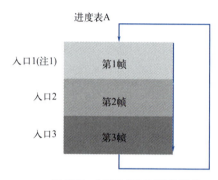

(a) 只有一个进度表时采用循环执行

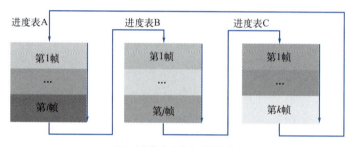

(b) 三个进度表存在时顺序执行

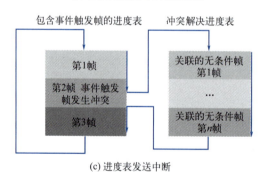

(c) 进度表发送中断

图 3-27　进度表

进度表除规定了帧 ID 的传输次序外，还规定了帧时隙的大小。帧时隙是进度表规定的一个帧的帧头起始到下一个帧的帧头起始的时间。每个帧的帧时隙都可以不同，一个帧时隙对应了进度表的一个入口，如图 3-28 所示。抖动为帧的同步间隔段的下降沿与帧时隙起始时刻相差的时间。时基为 LIN 总线子网的最小计时单位，通常设定为 5ms 或 10ms。帧时隙必须为时基的整数倍，并且起始于时基的开始时刻（称为时基的节拍），切换到另外一个进度表时一定要等到当前帧时隙的结束。

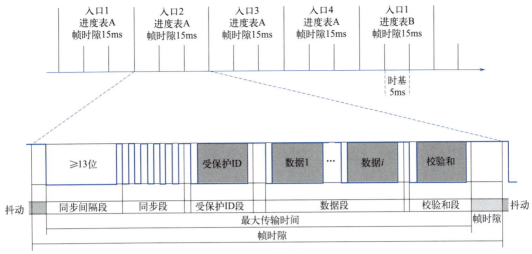

图 3-28 帧时隙

4. LIN 总线状态机

LIN 总线状态机分为主机和从机。当进度表启动时，主机任务就会依次发送报文帧头中的各个字节场。主机任务的状态机如图 3-29 所示。

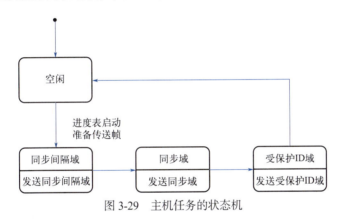

图 3-29 主机任务的状态机

从机任务包含同步间隔域和同步域检查器以及帧处理器这两个状态机，它主要负责发送或接收报文帧的响应。从机任务状态机见表 3-4，其中帧处理器的状态机模型如图 3-30 所示。

表 3-4 从机任务状态机

从机任务状态机	状态		说明
同步间隔域和同步域检测器	检测状态		要求节点处于任何状态下都能够检测出同步间隔域 / 同步域序列
帧处理器	休眠状态		分析接收的受保护的标识符域，并决定是否作出响应；当接收的是同步间隔域 / 同步域序列时，需要重新设置错误标志位，并回到"接收并分析受保护 ID"子状态，同时正常通信
	激活状态	接收并分析受保护 ID	
		接收数据	
		接受校验和	
		发送数据	
		发送校验和	

第三章 LIN 总线技术 165

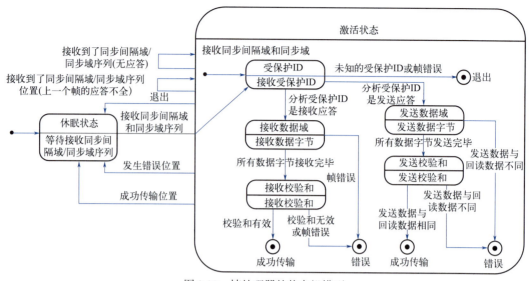

图 3-30　帧处理器的状态机模型

5. LIN 总线网络管理

LIN 总线网络管理主要包含网络的休眠和唤醒管理，如图 3-31 所示。

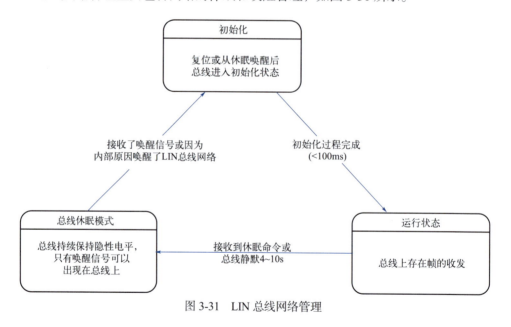

图 3-31　LIN 总线网络管理

无论是主节点还是从节点都可以向处于休眠状态的总线发送唤醒命令，该命令信号的持续时间为 250μs～5ms。其余节点用大于 150μs 的时间作为临界值来判断是否为唤醒信号，唤醒总线后，在显性脉冲后的 100ms 内，从节点要准备接收来自主机的帧头；主节点在被唤醒后的 100ms 内发送命令并开始通信，主节点的同步间隔域也可以作为唤醒信号。如果节点在发送唤醒信号后，在 150～250ms 内都没有接收到总线上的任何命令，则要重新发送一次唤醒信号。如果在发送三次唤醒信号后都没有接收到总线上的任何响应，则必须等待至少 1.5s 之后才可以再次发送唤醒信号，如图 3-32 所示。

LIN 总线可以在以下两种情况进入休眠状态。

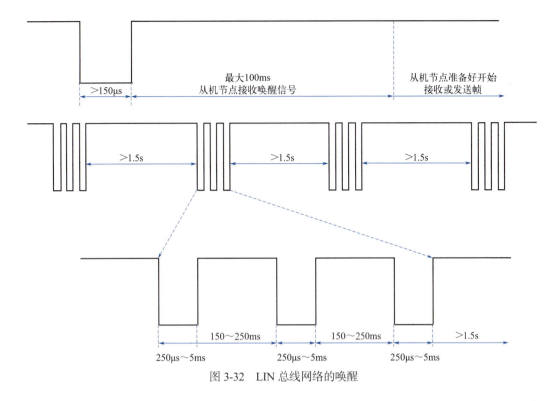

图 3-32　LIN 总线网络的唤醒

① 当休眠信号是诊断帧中的主机请求帧 0x3C，且数据域的第一个字节为 0x00，其余字节为 0xFF 时，主机节点发出休眠命令，而从机节点只校验数据场的第一个字节，其余字节全部忽略。从机节点在接收到休眠信号后，不是必须要处于低功耗模式，而是根据应用层的需要进行设置。

② 当 LIN 总线静默 4 ～ 10s 后，LIN 总线自动进入休眠状态。

三、LIN 总线传输层协议

LIN 总线传输层主要对报文帧起到中间转换的功能，即它把应用层发来的信息拆分成协议数据单元（PDU）后再发送到数据链路层，逆过程是将数据链路层的 PDU 重组成信息发送给应用层。报文帧结构的数据场中的字节就是 PDU 格式，并通过诊断帧发送或接收。LIN 总线 PDU 的格式如图 3-33 所示。

从发送格式上看，PDU 格式包含单帧（SF）、首帧（FF）和续帧（CF）三种。从数据源节点上看，主节点发送 PDU 格式的请求数据，从节点发送 PDU 格式的响应数据。一个 PDU 数据单元包括节点地址（NAD）、协议控制信息（PCI）、长度（LEN）、服务 ID（SID）、应答服务 ID（RSID）和消息字节段（D1 ～ D6）。

节点地址用于表示诊断请求中 LIN 总线从节点的地址，位于 PDU 的第一个字节。节点地址的值在 1 ～ 127 的范围内，其中 0 和 128 到 255 保留用于其他目的。协议控制信息包含了 PDU 单元类型信息和消息字节长度信息，位于 PDU 的第二个字节。服务 ID 表示从节点的服务功能标识符。节点配置服务的服务 ID 范围是 0xB0 到 0xB7 之间。诊断服务的服务 ID 范围是 0x00 到 0xAF 和 0xB8 到 0XFE 之间。应答服务 ID 表示从机节点应答的内容，它的值是服务 ID 的值再加上 0x40。消息字节段的内容取决于服务的种类。在单帧中，消息字节段最多 6 个字节。在首帧和续帧中，所有 PDU 的消息字节段经过重组成为一个完整的消息。

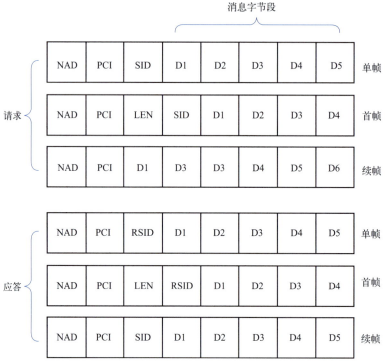

图 3-33　LIN 总线 PDU 的格式

如果信息的长度不超过 PDU 中的单帧容量，则信息会从应用层出发，经过传输层到达数据链路层，这一过程叫作信息拆分，而反过来的过程称为信息重组。如果发送的信息大小大于 PDU 中单帧的容量，这时传输层将会把信息拆分，变成首帧和续帧的形式，并按照次序将其发送到数据链路层。相反，传输层收到数据链路层发来的首帧和续帧后，按照规定的顺序将首帧和续帧重新组合成信息，再发送给应用层处理。

四、LIN 总线应用层协议

LIN 总线应用层的主要功能有信号处理功能、配置功能、识别功能和诊断功能。配置、识别和诊断又分成了许多小的功能，统称这些小的功能为服务，其作用目标是逻辑节点。所谓逻辑节点就是那些可以对某些请求作出应答的实体，这些被响应的请求包括主机节点或诊断设备所发出的请求。为了区分不同的逻辑节点，LIN 总线协议定义了节点地址，而把那些完成报文帧收发的软硬件实体称作物理节点。物理节点可以由具体的从机和接口唯一确定，一个物理节点可以由一个或多个逻辑节点组成。

1. 信号处理功能

信号处理功能就是获取或更改 LIN 总线网络中的信号，而不用传输层作为信号的中转，应用层与数据链路层直接进行信号的收发。这些信号由节点性能文件定义。信号处理功能的工作模型如图 3-34 所示，LIN 总线网络中的每个节点都可以发送和接收信号，它们之间传输的是信号触发帧。

2. 配置功能

LIN 总线协议规定了每个逻辑节点都必须有节点地址，而且每个逻辑节点的节点地址必须不同，如果相同就会发生冲突。配置功能就是在保证网络正常工作的前提下，使主机节点能够

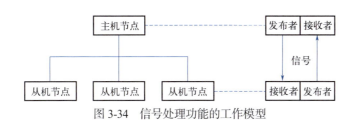

图 3-34　信号处理功能的工作模型

自动配置所有逻辑节点，并消除由于在节点地址和进程 ID 中进行分配而产生的冲突。配置功能是保证各节点运行的内部功能，由传输层来完成。配置功能的工作模型与计算机网络中的"客户端 - 服务器"模型类似，如图 3-35 所示，其中主节点类似于计算机网络中的客户机，逻辑节点类似于计算机网络中的服务器。其工作过程是主节点（或客户机）发送请求服务信息到逻辑节点（或服务器），逻辑节点通过判断接收到的请求服务的内容来决定是否响应主节点。

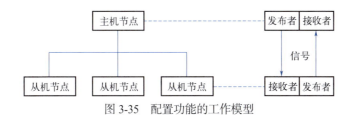

图 3-35　配置功能的工作模型

3. 识别功能和诊断功能

识别功能就是指主机节点通过获取逻辑节点的信息从而达到识别逻辑节点的目的。除此之外，它还可以自定义一些其他的功能。识别功能的工作模型与配置功能的相同。如果在 LIN 总线网络外的诊断设备想与网络的主机节点进行通信，则可以使用应用层的诊断功能将其直接或间接地连接到该网络的主机节点上。当连接建立后，根据对应的诊断协议可以与 LIN 总线网络中的逻辑节点进行通信。诊断功能是 LIN 总线网络的一个对外接口，用来连接网络以外的诊断设备。诊断功能的工作模型如图 3-36 所示，该工作模型是配置功能工作模型的补充延伸，在该功能中主节点起到了中心节点的作用，在诊断设备和 LIN 总线网络之间传输请求和响应信息。

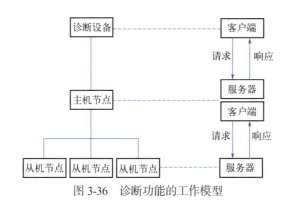

图 3-36　诊断功能的工作模型

一般情况下，LIN 总线网络中的节点所起到的作用越大、职责越多，相应的实现成本就越高。但是诊断功能可以根据具体的节点来减小实现成本，因为诊断功能有多种实现方式，并且可以支持的种类多样。

第四节　LIN 总线应用

LIN 总线不能单独使用，一般要与 CAN 总线配合使用。LIN 总线在汽车上得到广泛应用，如汽车的转向盘相关部件、汽车座椅控制、车门控制系统和车载传感器等。

一、LIN 总线在整车网络中的应用

如图 3-37 所示为广汽传祺的基本网络构成，其他车型的车载网络都是由此基本网络演变而成，主要使用 CAN 总线和 LIN 总线。网络节点是汽车各电子控制单元。

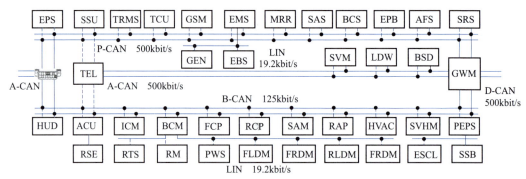

图 3-37　广汽传祺的基本网络构成

广汽传祺基本网络构成中的英文意思见表 3-5。

表 3-5　广汽传祺基本网络构成中的英文意思

英文	意思	英文	意思
ACU	显示屏	MRR	中程毫米波雷达
AFS	自适应前大灯系统	PEPS	无钥匙进入系统
BCM	车身控制模块	PWS	驻车摄像
BCS	制动控制模块	RCP	后排控制面板
BSD	盲区监测系统	RLDM	左后门车窗防夹控制模块
EBS	蓄电池传感器	RM	倒挡开关
EMS	发动机管理系统	RPA	倒车雷达
EPB	电子驻车制动系统	RRDM	右后门车窗防夹控制模块
EPS	电动助力转向	RSE	倒车辅助系统
ESCL	转向管柱锁	RTS	后温度控制
FCP	前排控制面板	SAM	出风口电机
FLDM	左前门车窗防夹控制模块	SAS	转向角传感器
FRDM	右前门车窗防夹控制模块	SRS	安全气囊系统
GEN	发电机	SSB	启动开关
GSM	换挡杆模块	SSU	启停控制器
GWM	独立网关系统	SVHM	全景泊车模块
HUD	抬头显示系统	SVM	360º 全景影像
HVAC	空调控制系统	TCU	变速器控制模块
ICM	仪表盘模块	TEL	车载电话
LDW	车道偏离预警系统	TPMS	轮胎压力监测系统

二、LIN 总线在防盗报警系统中的应用

汽车防盗报警系统一般带有电子防盗锁，可提供良好的汽车防盗功能。声音和视觉报警信号会吸引路人的注意并吓走盗贼。如图 3-38 所示为奥迪 A8 防盗报警系统的拓扑结构，图中的英文意思见表 3-6。

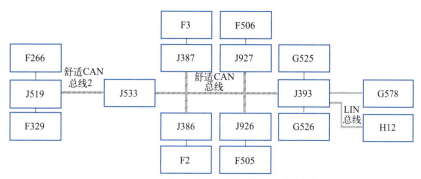

图 3-38　奥迪 A8 防盗报警系统的拓扑结构

表 3-6　奥迪 A8 防盗报警系统拓扑结构中的英文意思

英文	意思	英文	意思
F2	驾驶员车门接触开关	H12	警报喇叭
F3	副驾驶员车门接触开关	J386	驾驶员车门控制单元
F266	发动机舱盖接触开关	J387	副驾驶员车门控制单元
F329	发动机舱盖接触开关 2	J393	舒适系统中央控制单元
F505	左后车门接触开关	J519	供电控制单元
F506	右后车门接触开关	J533	数据总线诊断接口（网关）
G525	后备厢盖已关闭传感器 1	J926	左后车门控制单元
G526	后备厢盖已关闭传感器 2	J927	右后车门控制单元
G578	防盗警报装置传感器		

三、LIN 总线在自动空调系统中的应用

如图 3-39 所示为奥迪 Q5 自动空调系统的拓扑结构。各种传感器的数据分别由供电控制单元 J519 或者舒适系统中央控制单元 J393 读入，然后经舒适 CAN 总线传给自动空调控制单元 J255。图中①表示仅用于三区舒适自动空调；②表示选装；③表示舒适自动空调和三区舒适自动空调上伺服电机的数目和布置是不同的；＊表示根据车辆装备的不同而不同。

四、LIN 总线在雨刮和清洗装置中的应用

雨刮和清洗装置的拓扑结构如图 3-40 所示。雨刮开关 E 的信号由转向柱电子控制单元 J527 通过 FlexRay 总线发送给数据总线诊断接口 J533，J533 随后再把该信息经舒适 CAN 总线传至供电控制单元 J519。供电控制单元经 LIN 总线激活雨刮电机控制单元 J400 后开始工作。前风挡玻璃清洗泵 V5 由供电控制单元单独激活。

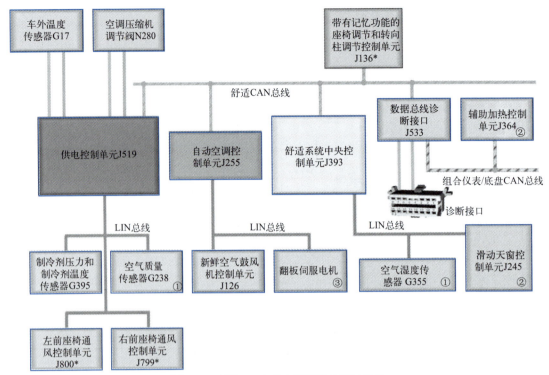

图 3-39 奥迪 Q5 自动空调系统的拓扑结构

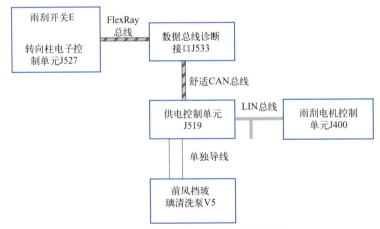

图 3-40 雨刮和清洗装置的拓扑结构

五、LIN 总线在大灯清洗装置中的应用

奥迪可以装备大灯清洗装置，每个大灯配备有 2 个清洗喷嘴。清洗喷嘴隐藏在保险杠的盖板下，只有操纵时才会伸出。大灯清洗装置的拓扑结构如图 3-41 所示。供电控制单元 J519 通过 LIN 总线从灯开关 E1 接收近光灯已接通的信息，或者雨水/光强度识别传感器 G397 的信息表明现在是处于黑暗中。如果这时操纵了雨刮开关 E，其信号会被转向柱电子控制单元 J527 经 FlexRay 总线送至数据总线诊断接口 J533。J533 会经舒适 CAN 总线把这个信息传给供电控制单元。供电控制单元随后会激活大灯清洗泵 V11 开始工作。

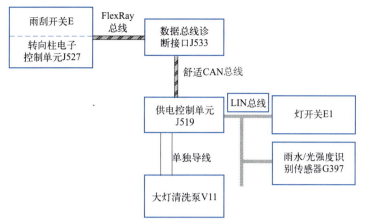

图 3-41 大灯清洗装置的拓扑结构

智能网联汽车车载网络技术解析

第四章
FlexRay 总线技术

FlexRay 总线是一种用于汽车的高速的、可确定性的、具备故障容错能力的总线技术，它将事件触发和时间触发两种方式相结合，具有高效的网络利用率和系统灵活性的特点，可以作为新一代汽车内部网络的主干网络。FlexRay 总线可以应用在无源总线和星型网络拓扑结构中，也可以应用在两者的组合拓扑结构中。这两种拓扑结构均支持双通道 ECU，这种 ECU 集成多个系统级功能，以节约生产成本并降低复杂性。双通道架构提供冗余功能，并使可用带宽翻了一番，每个通道的最大数据传输速率达到 10Mbit/s。目前 FlexRay 总线主要应用于事关安全的线控系统和动力系统，在宝马等高端汽车上有应用。

第一节 FlexRay 总线概述

汽车电子领域使用最多的是 CAN 总线，它可用于大多数汽车控制器、传感器和执行器，随着新的 x-by-wire（线控系统）的出现，对汽车系统的数据传输速率、时间确定性等方面的要求也越来越高。FlexRay 总线是一种集高数据传输速率、高确定性、拓扑结构多样、较好的容错性等各种优点于一身的通信协议，已经成为用于开发具有更高可靠性、安全性和娱乐性的下一代汽车电子产品的理想协议。

FlexRay 总线是专门瞄准下一代汽车应用及线控应用的新型网络通信系统，旨在应用于需要高通信带宽和决定性容错数据传输能力的底盘控制、车身控制和动力总成控制等场合。FlexRay 总线不仅能简化汽车电子系统和通信系统结构，同时还可帮助汽车电子控制单元变得更加稳定和可靠。

一、FlexRay 总线特点

FlexRay 总线具有数据传输速率高、可靠性好、确定性强、灵活性好、同步时基精度高和高容错性等特点。

1. 数据传输速率高

FlexRay 总线最大传输速率可达到 10Mbit/s，双通道总数据传输速率可达到 20Mbit/s，因此，应用在车载网络上，FlexRay 总线网络带宽可以是 CAN 总线网络的 20 倍。

2. 可靠性好

FlexRay 总线具有很多 CAN 总线网络所不具有的可靠性特点，尤其是 FlexRay 总线具备的冗余通信能力。具有冗余数据传输能力的总线系统使用两个相互独立的信道，每个信道都由一组双绞线组成。一个信道失灵时，该信道应传输的信息可在另一条没有发生故障的信道上传输。此外，总线监控器的存在进一步提高了通信的可靠性。

3. 确定性强

FlexRay 总线是一种时间触发式总线系统，它也可以通过事件触发方式进行部分数据传输。在时间控制区域内，将时隙分配给确定的信息。一个时隙是指一个规定的时间段，该时间段对特定信息开放。对时间要求不高的其他信息则在事件控制区域内传输。确定性数据传输用于确保时间触发区域内的每条信息都能实现实时传输，即每条信息都能在规定时间内进行传输。

4. 灵活性好

灵活性是 FlexRay 总线的突出特点，反映在以下方面：支持多种方式的网络拓扑结构，点对点连接、串级连接、星型连接、混合型连接等；信息长度可配置，可根据实际控制应用需求，为其设定相应的数据载荷长度；双通道拓扑既可用于增加带宽，也可用于传输冗余的信息；周期内静态和动态信息传输部分的时间都可随具体应用而改变。

5. 同步时基精度高

FlexRay 总线中使用的访问方法是基于同步时基的，该时基通过协议自动建立和同步，并提供给应用；时基的精确度介于 $0.5\mu s$ 和 $10\mu s$ 之间（通常为 $1\sim 2\mu s$）。

6. 高容错性

FlexRay 总线使用循环冗余检验（CRC）来检验通信中的差错；FlexRay 总线通过双通道通信提供冗余功能，并且使用星型拓扑可完全解决容错问题。

二、FlexRay 总线标准

FlexRay 总线主要有以下国际标准。

1. ISO 17458-1：2013

《道路车辆 FlexRay 通信系统 第 1 部分：使用情况定义和通用信息》概述了 ISO 17458 的结构和划分，并显示了不同部分之间的关系。

2. ISO 17458-2：2013

《道路车辆 FlexRay 通信系统 第 2 部分：数据链路层规范》规定了用于汽车网络的 FlexRay 通信协议。FlexRay 协议的一些基本特征包括同步和异步帧传输、同步传输期间的保证帧延迟和抖动、异步传输期间的帧优先级、跨多个网络的单个或多个主时钟同步时间同步、错误检测和信令以及可伸缩的容错。

3. ISO 17458-3：2013

《道路车辆 FlexRay 通信系统 第 3 部分：数据链路层一致性测试规范》规定了 FlexRay 协议的一致性测试，该测试用于验证 FlexRay 通信控制器是否符合 ISO 17458-2 的要求，给出了一些可测试性要求，适用于 FlexRay 通信控制器的一致性测试。

4. ISO 17458-4：2013

《道路车辆 FlexRay 通信系统 第 4 部分：电气物理层规范》规定了 FlexRay 通信系统

的电气物理层，FlexRay 的电气物理层设计用于数据速率高达 10Mbit/s 的时间触发网络，用于连接汽车电子控制单元，使用的媒介是双线；总线上的信号发送是通过导线之间的差分电压来完成的；拓扑变化范围从线性无源总线和无源星型的点对点连接到有源星型拓扑。

5. ISO 17458-5：2013

《道路车辆 FlexRay 通信系统 第 5 部分：电气物理层一致性试验规范》规定了 FlexRay 通信系统电气物理层的一致性测试；定义了考虑 ISO 9646 和 ISO 17458-4 的测试，它提供了一种标准化的方法来验证 FlexRay 总线驱动程序和收发器产品是否符合 ISO 17458-4 的要求，主要目的是确保 FlexRay 总线驱动程序和系统环境中不同来源的收发器具有一定程度的互操作性；提供了所有必要的技术信息，以确保即使在不同的测试系统上测试结果也相同。

三、FlexRay 总线分层结构

FlexRay 总线分层结构由物理层、传输层、表示层及应用层组成，如图 4-1 所示。物理层定义了信号的实际传输方式，包括在时域上检测通信控制器故障的功能；传输层是 FlexRay 总线协议的核心，负责定时、同步、信息包装、错误检测与错误信令以及故障界定，从表示层获得节点要发送的信息并将网络接收的信息传送给表示层；表示层完成信息过滤、信息状态处理以及通道控制器与主机的对接；应用层由应用系统定义。

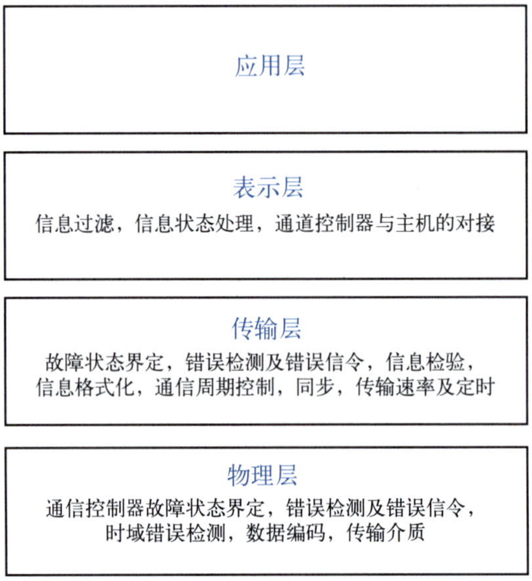

应用层
表示层 信息过滤，信息状态处理，通道控制器与主机的对接
传输层 故障状态界定，错误检测及错误信令，信息检验， 信息格式化，通信周期控制，同步，传输速率及定时
物理层 通信控制器故障状态界定，错误检测及错误信令， 时域错误检测，数据编码，传输介质

图 4-1 FlexRay 总线分层结构

第二节 FlexRay 总线基本组成与工作原理

一、FlexRay 总线的基本组成

FlexRay 总线通信硬件节点架构如图 4-2 所示，主要由主控制器、通信控制器、总线监控器、总线驱动器和电源供给系统组成。FlexRay 总线通信硬件节点是 FlexRay 总线网络中独立完成相应功能的控制单元，其中主控制器的主要功能是提供和产生数据，通过通信控制器传

输出去；总线监控器负责观察总线是否存在异常状态，若出现异常，总线监控器会断开总线和节点之间的通信，以免对其他节点的通信产生干扰，因此在设计总线监控器时，必须将其逻辑与其他通信控制器分开，使其逻辑功能不受干扰。通信过程中，主处理器首先将通信控制器设置的时间槽配置方案发送到总线监控器上，总线监控器按照时间槽配置方案安排通信控制器在其获得的时间槽内传输数据。

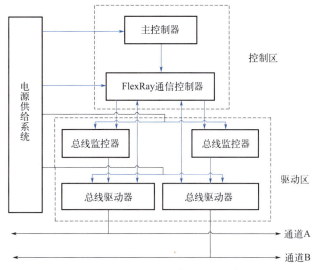

图 4-2　FlexRay 总线通信硬件节点架构

二、FlexRay 总线的工作原理

通信节点间的数据发送和接收过程如下。

（1）**发送过程**　主控制器首先将数据发送给通信控制器，并将该节点的时间槽告知通信控制器，然后通过对数据进行编码等操作后将最终产生的数据位流通过总线驱动器发送到总线通道上。

（2）**接收过程**　在某一设定的时刻，总线驱动器从总线上接收数据帧，接收完成后将帧传输到通信控制器处，进行解码操作，最后由通信控制器将解码数据传输到主控制器上进行相应的处理。

第三节　FlexRay 总线协议

FlexRay 总线协议涉及通信模式、信号状态、帧位流的编码和解码、数据帧格式、时钟同步和启动过程等。

一、通信模式

FlexRay 总线通过通信周期循环的方式进行信息的传输，FlexRay 总线网络的周期长度一般是 1～5ms 的固定值，一个通信周期是 FlexRay 总线协议所规定的媒介访问的基本单位。FlexRay 总线的时间分层包括通信周期层、仲裁层、宏时钟层和微时钟层四个时间层级，其结构如图 4-3 所示。

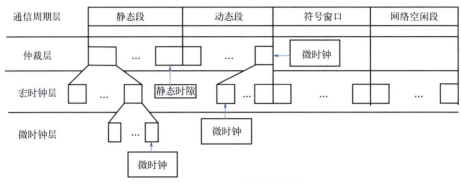

图 4-3 FlexRay 总线通信周期

一个通信周期包含了由固定时隙组成的静态段、由可变时隙组成的动态段、符号窗口和网络空闲段四个部分。其中，静态段和动态段中的时隙都是由 FlexRay 帧构成。

1. 静态段的通信

静态段是由 62 个时隙构成，一个时隙只能发送到一个特定的总线用户中，但是，所有总线用户可以接收所有静态时隙；静态时隙的长度都是 42 字节；时隙的顺序固定不变；各个静态段传输不同内容的信息，允许不承载信息。静态段的通信具有以下特点。

① 同步帧只能在已经连接好的通道上进行数据的发送。

② 异步帧可以选择在一个通道上发送数据，也可以选择在两个通道上发送数据。

③ 静态段采用的是基于时分多址的通信方式，能为网络中的每个节点分配固定大小的时隙。

④ 每个时隙都是通过响应节点的方式来进行数据通信的。

⑤ 每个时隙一次只能分配给一个节点，但能同时分配给该节点内的多个报文。

⑥ 在网络通信开始后不能对已经分配好的时隙进行任何修改，因此在网络通信开始之前就应合理分配需要在通信周期静态部分传输的信息，并在一定程度上限制要传输的最大数据量，不能超过其固定长度。这也是为什么即使受到外部环境的干扰，FlexRay 总线也能有效地减少因外部干扰所带来的抖动和延迟。

2. 动态段的通信

动态段被分成若干个最小时隙，所有总线用户都会接收动态段的信息。动态段是通信周期中为了能够传输事件触发的数据而预留的位置。与静态段有所不同，动态段可以根据需要通过改变时隙长度来动态分配它的带宽长度，有效地提高了带宽利用率和消息传输中的灵活性。动态段的通信具有以下特点。

① 动态段采用的是基于时分多路的通信技术，可用于时间不确定的消息帧传输，因为时分多路相对于时分多址拥有更好的灵活度。

② 动态段采用的是基于事件触发的消息传输机制，可以在总线任务量非常大的情况下依然保证高优先级任务的信息传输。

③ 在动态段中应该把紧急和重要的消息放在较低序列号的时隙中，使得这类消息在每个周期都有机会被传输，这样能够有效降低消息传输时的风险。

④ 当节点的时隙号对应于发送的帧 ID 时，该节点待发送的消息就会被自动发送，当节点没有消息需要发送时，时隙计数器自动加 1，所有节点等待下一个时隙。

⑤ 动态段不仅能减少因静态段时隙固定而浪费的网络资源，还能保证总线上消息传输的

确定性。

3. 符号窗口

FlexRay 总线的一个通信周期有一个符号窗口，通过配置设定一定数量宏时钟的时间宽度，如果配置值为零，则不用符号窗口。符号窗口的内容及功能由高层协议规定。

4. 网络空闲段

对 FlexRay 总线网络进行调整，根据节点的实际需要，动态配置动态段和网络空闲段各部分的带宽。在网络空闲段，FlexRay 总线网络中的节点不进行任何通信。所有总线用户利用网络空闲段使内部时钟与时基同步。

二、信号状态

FlexRay 总线的两条导线分别是总线正和总线负，电压在 1.5V 和 3.5V 之间变换，如图 4-4 所示。

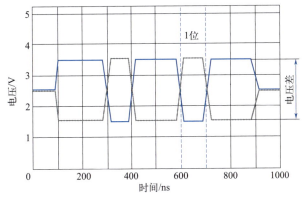

图 4-4 FlexRay 总线的电压

FlexRay 总线的信号状态有三种：空闲、数据 0 和数据 1。空闲表示两条导线的电平都为 2.5V；数据 0 表示总线正上为低电平，总线负上为高电平；数据 1 表示总线正上为高电平，总线负上为低电平。

三、帧位流的编码和解码

一个信息帧在物理层传输要进行编码，将帧要传输的信息加上位置标识和同步等需要的信息编码成一个二进制位流，每帧以一组位流在物理层由发送节点发出；接收端接收到这些位流要进行解码，分解出一帧的信息，提供给传输层。

1. 编码

编码就是对网络中待发送的数据进行打包的过程，与之对应的解码就是对已接收的数据包进行解包的过程。在 FlexRay 总线网络的通信过程中，任何时候都是同时对所有信道节点上的数据进行编码和解码的。如图 4-5 所示，FlexRay 总线的编码和解码过程就是在通信控制器与总线驱动器之间同时进行，其中 RXD、TXD、TXEN 分别为通信控制器的接收信号、发送信号和对总线驱动器的请求信号。FlexRay 总线协议采用的编码形式是不归零编码，能够在相同的带宽情况下比其他编码形式传输更多的消息。

FlexRay 总线的帧编码方式分为静态帧编码

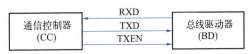

图 4-5 FlexRay 总线的编码和解码

和动态帧编码两种，其编码方式分别如图 4-6 和图 4-7 所示。

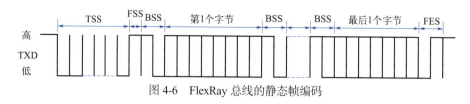

图 4-6　FlexRay 总线的静态帧编码

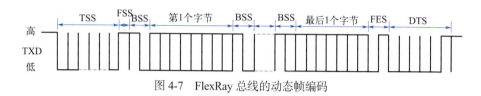

图 4-7　FlexRay 总线的动态帧编码

① 传输起始序列（TSS）的功能是发起网络通信的连接，由一小段持续的低电平组成。

② 帧起始序列（FSS）紧接在 TSS 之后，它的功能是当 TSS 之后的首字节帧起始序列发生量化误差时起到补偿的作用，由一个时间位的高电平组成。

③ 字节起始序列（BSS）的功能是向 FlexRay 总线网络中接收节点设备提供定时信息，由一个时间位的高电平和紧随其后的一个低电平组成。

④ 帧结束序列（FES）的功能是用来标识数据帧最后一个字节序列结束，由一个时间位的低电平和紧随其后的一个高电平组成。

⑤ 动态尾部序列（DTS）的功能是用来指示发送节点的精确时间点，但只有在动态段的数据发送到网络以后才会使用，此时 FES 之后会附加一个 DTS，由一段连续的低电平和紧随其后的一个高电平组成。

将这些序列与有效位（从最高有效位到最低有效位）组装起来就是编码过程，最终形成能够在网络传播的数据位流。

2. 解码

接收端在总线空闲时检测到总线上的 TSS，表示有帧将要启动传输，此时启动帧按照同步机制定时开始接收后续位流，并按编码规则进行解码处理。当接收端节点检测到错误时，终止通信位流的解码过程，并一直等待总线回到空闲状态。

四、数据帧格式

FlexRay 总线数据帧格式如图 4-8 所示，它由头部段、负载段和尾部段组成。

图 4-8　FlexRay 总线数据帧格式

1. 头部段

头部段包括保留位、数据指示符、空帧指示符、同步帧指示符、启动帧指示符、帧 ID、负载段长度、头部校验码和循环计数。

① 保留位（1位）是为以后扩展做准备的。

② 数据指示符（1位）用于指明帧的负载段的向量信息，静态帧指明网络管理矢量，动态帧指明信息 ID。

③ 空帧指示符（1位）用于指明负载段的数据帧是否为零。

④ 同步帧指示符（1位）用于指明同步帧。

⑤ 启动帧指示符（1位）用于指明发送帧的节点是否为起始帧。

⑥ 帧 ID（11位）用于指明系统设计过程中分配到每个节点的 ID（有效范围为 1～2047），其长度说明负载段的数据长度。

⑦ 负载段长度（7位）用于指明有效数据的长度，以字节为单位。

⑧ 头部校验码（11位）用于指明同步帧指示器和起始帧指示器的循环冗余校验（CRC）计算值，以及由主机计算的帧 ID 和帧长度。

⑨ 循环计数（6位）用于指明在帧传输时间内传输帧节点的周期计数。

2. 负载段

负载段包含 0～254 字节的数据、信息 ID 和网络管理向量。数据可用数据 0、数据 1、数据 2……数据 N 表示；信息 ID 使用负载段的前两个字节进行定义，可在接收方作为可过渡数据使用；网络管理向量长度必须为 0～10 位，并与所有节点相同。

3. 尾部段

尾部段主要是 CRC，用于检查前面的数据传输是否正确，包括帧头 CRC 和数据帧 CRC。

FlexRay 总线网络上的通信节点在发送一个报文帧时，先发送头部段，再发送负载段，最后是尾部段。

五、时钟同步

如果使用基于时分多址的通信协议，则通信媒介的访问在时间域中进行控制。因此，每个节点都必须保持时钟同步，这一点非常重要。所有节点的时钟必须同步，并且最大偏差（精度）必须在限定范围内，这是实现时钟同步的前提条件。

时钟偏差可以分为相位偏差和频率偏差。相位偏差是两个时钟在某一特定时间的绝对差别；频率偏差是相位偏差随时间推移的变化，它反映了相位偏差在特定时间的变化。FlexRay 总线使用一种综合方法，同时实施相位修正和频率修正，包含两个主要过程：时间同步校正机制（最大时间节拍生成）和时钟同步计算机制（时钟同步进程）。时钟发生器控制时隙初值，即周期计数器和最大时钟节拍的计数器，并对其进行修正。时钟同步处理模块主要完成一个通信循环开始的初始化，测量并存储偏差值，计算相位和频率的修正值。FlexRay 总线时钟同步机制如图 4-9 所示。

相位修正仅在奇数通信周期的网络空闲段执行，在下一个通信周期起始前结束。相位改变量指明了添加到网络空闲向量段的相位修正段的微节拍数目，它的值由时钟同步算法决定，并有可能为负数。相位改变量的计算发生在每个周期内，但修正仅应用在奇数通信周期的末尾。

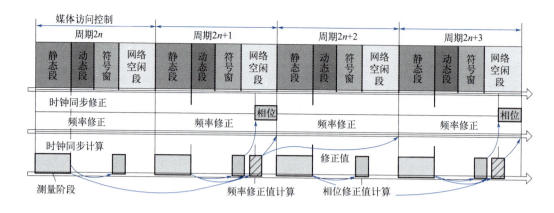

图 4-9 FlexRay 总线时钟同步机制

在频率修正中,需要使用两个通信循环的测量值。这些测量值之间的差值反映了每个通信循环中的时钟偏差变化。它通常用于计算双循环结束时的纠正值,在整个后来的两个通信周期中都使用该纠正值。

六、启动过程

为了节省资源,部分节点处于不工作状态时,进入节电模式。当这些节点需要再次工作时就需要唤醒。主机可以在通信信道上传输唤醒模式,当节点接收到唤醒特征符后,主机处理器和通信控制器才进行上电。

在通信启动执行之前,整个簇需要被唤醒。启动节点工作需要在所有通道上同步执行。初始一个启动过程的行为称为冷启动,能启动一个起始帧的节点是有限的,它们称作冷启动节点。在至少由三个节点组成的簇中,至少要有三个节点被配置为冷启动节点。冷启动节点中,主动启动簇中消息的节点称为主冷启动节点,其余的冷启动节点则称为从冷启动节点。

当节点被唤醒并完成初始化后,它就可以在相应的主机控制命令发出之后进入启动程序。在非冷启动节点接收并识别至少两个相互通信的冷启动节点前,非冷启动节点一直等待。同时,冷启动节点监听两个通信通道,确定是否有其他的节点正在进行传输。当检测到通信信道没有进行传输时,该节点就成为主冷启动节点。

冷启动尝试以冲突避免操作符开始,只有传输冲突避免特征符的冷启动节点能在最开始的四个周期传输帧。主冷启动节点先在两个通道上发送无格式的符号(一定数量的无效位),然后启动集群。在无格式符号发送完毕后,主冷启动节点启动该节点的时钟,进入第一个通信周期。从冷启动节点可以接收主冷启动节点发送的消息,在识别消息后,从冷启动节点便可确认主冷启动节点发送的消息的时槽位置。然后等待下一个通信周期,当接收到第二个消息后,从冷启动节点便开始启动它们的时钟。根据两条消息的时间间隔,测量与计算频率修正值,尽可能地使从冷启动节点接近主冷启动节点的时间基准。为减少错误的出现,冷启动节点在传输前需等待两个通信周期。在这期间,其余的冷启动节点可继续接收来自主冷启动节点的消息及已完成集群冷启动节点的消息。

从第五个周期开始,其余的冷启动节点开始传输起始帧。主冷启动节点接收第五与第六个周期内其余冷启动节点的所有消息,并同时进行时钟修正。在这个过程中没有故障发生,且冷启动节点至少收到一个有效的起始帧报文,主冷启动节点则完成启动,开始进入正常运行状态。

非冷启动节点首先监听通信信道，并接收信道上传输的信息帧。若接收到信道上传输的信息帧，便开始尝试融入启动节点。在接下来的两个周期内，非冷启动节点要确定至少有两个发送启动帧的冷启动节点，并符合它们的进度。若无法满足条件，非冷启动节点将退出启动程序。非冷启动节点接收到至少两个启动节点连续的两组双周期启动帧后，开始进入正常运行状态。非冷启动节点进入正常工作状态，比主冷启动节点晚两个周期。

图 4-10 展示了正确的启动过程，其中 A 是主冷启动节点，B 是从冷启动节点，C 是非冷启动节点。

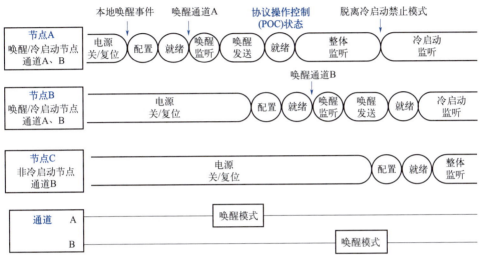

图 4-10　FlexRay 总线启动过程

CAN 总线与 FlexRay 总线的比较见表 4-1。

表 4-1　CAN 总线与 FlexRay 总线的比较

特性	CAN 总线	FlexRay 总线
布线	双绞线	双绞线（总线正，总线负）
信号状态	0 代表显性；1 代表隐性	空闲；数据 0；数据 1
数据传输速率	500kbit/s	10Mbit/s
访问方式	事件触发、时间触发	时间触发
拓扑结构	总线，被动星型	点对点，主动星型
优先设定	先发送优先级别比较高的信息	无优先级，数据在固定时间点发送
确认信号	接收器确认收到有效的数据帧	发送器不会获得数据帧是否正确传输的信息
故障日志	在网络中能用故障日志标记故障和错误	接收器自行检测接收到的数据帧是否正确
帧数据长度	有效数据最长 8 字节	有效数据最长 256 字节
传输	按需要传输	传输数据帧的时间点确定
	可用 CAN 总线的时间点由负载决定	传输持续时间确定
	CAN 总线可能超负荷	即使不需要，也保留时间槽
到达时间	不可知	可知

第四节　FlexRay 总线应用

近年，FlexRay 总线在汽车领域的应用增多，特别是在高性能和安全性要求较高的应用中。例如，汽车的安全气囊系统、制动系统、转向系统、先进驾驶辅助系统等都可以使用 FlexRay 总线进行数据传输。

一、FlexRay 总线在自适应巡航控制系统中的应用

如图 4-11 所示为 FlexRay 总线在凯迪拉克 CT6 汽车自适应巡航控制系统中的应用，采用双星混合型结构，主动安全模块 1 和主动安全模块 2 都是中心节点模块，前视摄像头模块和长距雷达模块同时连接在 A 通道和 B 通道上，即使用双通道通信。

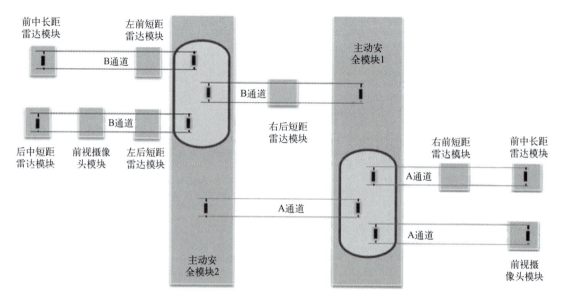

图 4-11　FlexRay 总线在自适应巡航控制系统中的应用

二、FlexRay 总线在交通标志识别系统中的应用

基于摄像头的交通标志识别软件集成在驾驶辅助系统正面摄像头 R242 的控制单元内，借助图像处理软件将摄像头所获取的视频图像分析成某些交通标志。FlexRay 总线在奥迪交通标志识别系统中的应用如图 4-12 所示。驾驶辅助系统正面摄像头 R242 和车距调节控制单元 J428 通过 FlexRay 总线与数据总线诊断接口 J533 相连。除了借助摄像头来识别交通标志外，基于摄像头的交通标志识别功能还可以使用以下两个信息源：即将到来的路段的交通标志信息（这些信息来自信息电子控制单元 1 J794 内的导航地图，通过汽车总线传输），这些信息是预测式道路数据的组成部分；允许的最高车速信息。基于摄像头的交通标志识别功能通过利用这三种信息源，来决定在组合仪表上给驾驶员显示哪些车速限制。

三、FlexRay 总线在安全气囊系统中的应用

如图 4-13 所示为 FlexRay 总线在奥迪 A8 安全气囊系统中的应用。安全气囊控制单元

J234 通过 FlexRay 总线进行通信。但由于传送的数据量较多，所以安全气囊控制单元 J234 通过两条数据线（两个通道）与 FlexRay 总线通信。为了清晰起见，仅展示连接在安全气囊控制单元 J234 上的附加系统部件。

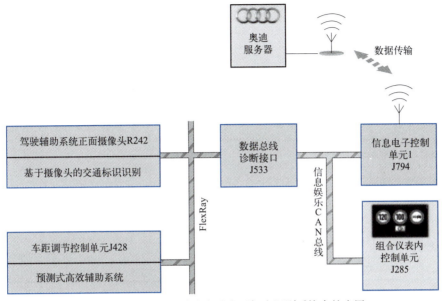

图 4-12　FlexRay 总线在奥迪交通标识识别系统中的应用

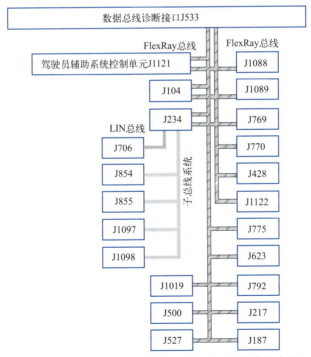

图 4-13　FlexRay 总线在奥迪 A8 安全气囊系统中的应用

奥迪 A8 安全气囊系统中符号的意思见表 4-2。

表 4-2 奥迪 A8 安全气囊系统中符号的意思

符号	意思	符号	意思
J104	ABS 控制单元	J775	底盘控制单元
J187	差速锁控制单元	J792	主动转向控制单元
J217	自动变速器控制单元	J854	左前安全带张紧器控制单元
J234	安全气囊控制单元	J855	右前安全带张紧器控制单元
J428	车距调节控制单元	J1019	后桥转向控制单元
J500	转向助力控制单元	J1088	左前物体识别雷达传感器控制单元
J527	转向柱电子控制单元	J1089	右前物体识别雷达传感器控制单元
J623	发动机控制单元	J1097	左后安全带张紧器控制单元
J706	座椅占用识别控制单元	J1098	右后安全带张紧器控制单元
J769	变道辅助控制单元 1	J1122	激光车距调节控制单元
J770	变道辅助控制单元 2		

四、FlexRay 总线在奥迪 Q5L（最低版本）中的应用

FlexRay 总线在奥迪 Q5L（最低版本）中的应用如图 4-14 所示。通过 4 条 FlexRay 总线分别与 ABS 控制单元 J104、发动机控制单元 J623、助力转向控制单元 J500、转向柱电子控制单元 J527、安全气囊控制单元 J234 连接。

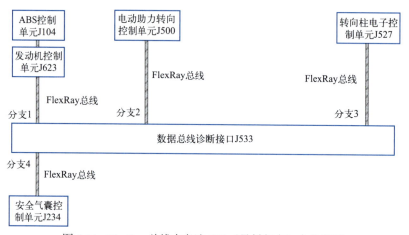

图 4-14　FlexRay 总线在奥迪 Q5L（最低版本）中的应用

五、FlexRay 总线在奥迪 Q5L（最高版本）中的应用

FlexRay 总线在奥迪 Q5L（最高版本）中的应用如图 4-15 所示，扩大了 FlexRay 总线应用范围。

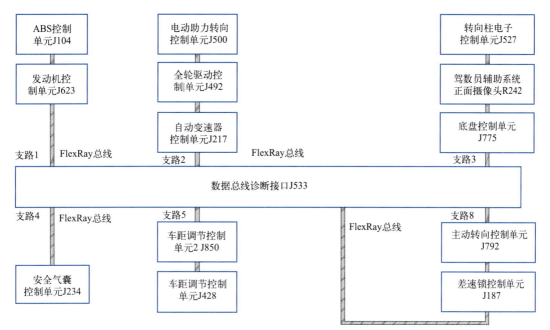

图 4-15　FlexRay 总线在奥迪 Q5L（最高版本）中的应用

第五章 MOST 总线技术

MOST 总线是一种专门针对汽车内使用而开发的、服务于多媒体应用的数据总线技术，是一种用于多媒体数据传送的网络系统，该系统将符合地址的信息传送到某一接收器上，这点与 CAN 总线是不同的。MOST 总线是光纤数据总线。2020 年，国际标准化组织（ISO）颁布了 MOST 总线的标准。

第一节 MOST 总线概述

一、MOST 总线特点

MOST 总线网络具有以下特点。
① 在保证低成本的条件下，MOST 总线最高可以达到 147.5Mbit/s 的数据传输速率。
② 无论是否有主控计算机都可以工作。
③ 支持声音和压缩图像的实时处理。
④ 支持数据的同步和异步传输。
⑤ 发送/接收器嵌有虚拟网络管理系统。
⑥ 支持多种网络连接方式，提供 MOST 总线设备标准，具有方便、简洁的应用系统界面。
⑦ 通过采用 MOST 总线，不仅可以减轻连接各部件的线束质量，降低噪声，而且可以减轻系统开发技术人员的负担，最终在用户处实现各种设备的集中控制。
⑧ 光纤网络不会受到电磁辐射干扰与搭铁环的影响。

MOST 总线传输速率根据使用设备不同而不同，如图 5-1 所示。这种光纤数据传输对于实现娱乐系统的所有功能具有重要意义，因为以前所使用的 CAN 总线系统的传输速率无法满足相应的数据量的传送。视频和音频所要求的数据传输速率达数兆比特每秒，仅仅是带有立体声的数字式视频信号就需要约 6Mbit/s 的传输速率。MOST 总线的传输速率可以达到 21.2Mbit/s。

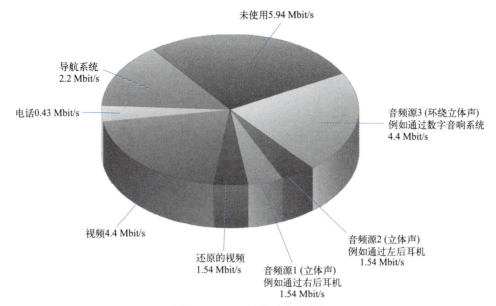

图 5-1　MOST 总线的传输速率

在 MOST 总线中，相关部件之间的数据交换以数字方式进行。通过光波进行数据传输，有导线少且质量轻的优点，另外传输速率也快。与无线电波相比，光波的波长更短，因此它不会产生电磁干扰，同时对电磁干扰也不敏感。这些特点就决定了 MOST 总线的传输速率高且抗干扰性也很强。

二、MOST 总线标准

MOST 总线主要有以下国际标准。

1. ISO 21806-1：2020

《道路车辆　媒体导向系统运输（MOST）　第 1 部分：一般信息和定义》规定了面向媒体的系统传输的一般信息和定义，MOST 是一种同步时分复用网络；描述了 ISO 21806 系列引用的大多数规范的使用。

2. ISO 21806-2：2020

《道路车辆　媒体导向系统传输（MOST）　第 2 部分：应用层》指定了应用程序、应用层和表示层。应用程序涵盖设备型号、注册管理、流式数据的连接管理、诊断以及错误处理；应用层覆盖大多数消息的结构，包括致辞、功能块标识符、实例标识符、函数标识符、操作类型以及定时定义；表示层包括数据的定义、基本数据类型和函数类。

3. ISO 21806-3：2020

《道路车辆　媒体导向系统传输（MOST）　第 3 部分：应用层一致性测试计划》规定了 ISO21806-2 中规定的同步时分复用网络 MOST 应用层的一致性测试计划；规定了设备型号、数据和基本数据类型、登记管理、连接管理、错误管理和诊断的一致性测试用例。

4. ISO 21806-4：2020

《道路车辆　媒体导向系统传输（MOST）　第 4 部分：传输层和网络层》规定了与 MOST 传输层和网络层功能相关的技术要求：应用层的服务接口、网络层服务、数据传输机制、节点的动态行为和网络错误管理。

5. ISO 21806-5：2020

《道路车辆 媒体导向系统传输（MOST） 第 5 部分：传输层和网络层一致性测试计划》规定了 ISO 21806-4 中规定的同步时分复用网络 MOST 传输层和网络层的一致性测试计划；规定了网络层服务、数据传输机制和节点的动态行为的一致性测试用例。

6. ISO 21806-6：2020

《道路车辆 媒体导向系统传输（MOST） 第 6 部分：数据链路层》规定了与 MOST 数据链路层功能相关的技术要求，MOST 总线网络由两个或多个通过物理层连接的节点组成；数据链路层功能由每个节点提供；在每个网络上，所有节点都是同步的，一个节点提供系统时钟；节点的定时配置（定时主节点或定时从节点）决定了需要在数据链路层上执行的任务；数据链路层指定的主题包括与网络层的服务接口，网络框架、区域和指标，不同的网络渠道，不同的流量控制机制，负载自适应仲裁和循环仲裁，不同的寻址选项，不同的循环冗余校验（CRC）、它们的用法和 CRC 确认，框架指示器。

7. ISO 21806-7：2020

《道路车辆 媒体导向系统传输（MOST） 第 7 部分：数据链路层一致性试验计划》规定了 ISO 21806-6 中规定的同步时分复用网络 MOST 数据链路层的一致性测试计划；规定了网络帧、分配渠道、受保护的系统通道、时间戳信道、流量控制、循环冗余校验、仲裁、默认数据包通道的一致性测试用例。

8. ISO 21806-8：2020

《道路车辆 媒体导向系统传输（MOST） 第 8 部分：150Mbit/s 光物理层》规定了同步时分复用网络 MOST（MOST150 PHY）的 150Mbit/s 光物理层；规定了适用的约束条件，并定义了适用于基于 MOST150 PHY 的产品开发的接口和参数，此类产品包括光纤链路和连接器、光纤接收器、光纤发射器、光电转换器和电光转换器；还确定了 MOST150 PHY 的基本测量技术和实际参数值。

9. ISO 21806-9：2020

《道路车辆 媒体导向系统传输（MOST） 第 9 部分：150Mbit/s 光物理层一致性试验计划》规定了同步时分复用网络 MOST（MOST150 PHY）的 150Mbit/s 光物理层的一致性测试计划；规定了与验证网络、节点和大多数组件与 ISO 21806-8 规定要求的兼容性相关的基本一致性测试测量方法。

10. ISO 21806-10：2021

《道路车辆 媒体定向系统传输（MOST） 第 10 部分：150Mbit/s 同轴物理层》规定了同步时分复用网络 MOST（MOST150 PHY）的 150Mbit/s 同轴物理层；规定了适用的约束条件，并定义了适用于基于 MOST150 PHY 的产品开发的接口和参数，此类产品包括同轴链路、同轴接收器、同轴发射器、电 - 同轴转换器和同轴 - 电转换器；还确定了 MOST150 PHY 的基本测量技术和实际参数值。

11. ISO 21806-11：2021

《道路车辆 媒体定向系统传输（MOST） 第 11 部分：150Mbit/s 同轴物理层一致性试验计划》规定了同步时分复用网络 MOST（MOST150 PHY）的 150Mbit/s 同轴物理层的一致性测试计划和一致性测试测量方法。

12. ISO 21806-12：2021

《道路车辆 媒体定向系统传输（MOST） 第 12 部分：50Mbit/s 平衡媒体物理层》规

定了同步时分复用网络 MOST（MOST50 PHY）的 50Mbit/s 平衡媒体物理层；规定了适用的约束条件，并定义了适用于基于 MOST50 PHY 的产品开发的接口和参数，此类产品包括电气互连、集成接收器、发射器、电 - 平衡媒介转换器和平衡媒介 - 电转换器；还确定了 MOST50 PHY 的基本测量技术和实际参数值。

13. ISO 21806-13：2021

《道路车辆　媒体导向系统传输（MOST）　第 13 部分：50Mbit/s 平衡媒体物理层一致性试验计划》规定了同步时分复用网络 MOST（MOST50 PHY）的 50Mbit/s 平衡媒体物理层的一致性测试计划和一致性测试测量方法。

14. ISO 21806-14：2021

《道路车辆　媒体导向系统传输（MOST）　第 14 部分：精益应用层》规定了同步时分多路复用网络 MOST 精益应用层的技术要求；精益应用层包括可用于控制网络管理的配置和行为的服务规范；精益应用层包括节点类型、节点寻址、数据传输、网络配置、精益网络服务接口、网络管理、诊断以及定时的定义。

15. ISO 21806-15：2021

《道路车辆　媒体导向系统传输（MOST）　第 15 部分：精益应用层一致性试验计划》规定了 ISO 21806-14 中规定的同步时分复用网络 MOST 精益应用层的一致性测试计划；规定了根节点和远程节点在网络启动、网络关闭、网络活动、节点发现和连接管理的一致性测试用例。

三、MOST 总线分层结构

MOST 总线包含了 ISO 规定的 OSI 模型的所有 7 层结构。OSI 分层、MOST 总线分层和硬件分层的对应关系如图 5-2 所示。

物理层对应的是光学/电气物理层；数据链路层对应的是网络接口控制器；网络层、传输层、会话层、表示层、应用层对应的是网络服务层和功能块。与之相对应的硬件分别是光纤/电缆、智能网络接口控制器和外部控制器。

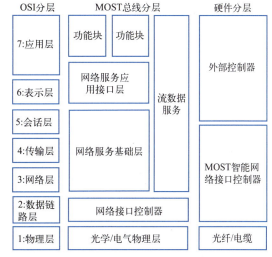

图 5-2　MOST 总线分层结构

1. 物理层

MOST25 采用塑料 - 光纤传输媒介，数据流的传输速率大约为 25Mbit/s，利用曼彻斯特码进行调制光信号的传输。除了采用光信号传输外，为了扩大 MOST 总线网络的应用范围，MOST50 中可以采用双绞线作为传输媒介。

2. 数据链路层

数据链路层定义了 MOST 总线传输的基本机制，包括帧的结构和时间主节点与从节点。MOST 数据帧由传输流媒体数据的同步数据区、传输数据包的异步数据区和专门传输控制数据的控制信道组成，如图 5-3 所示。MOST25 的数据帧长度为 512 位，MOST50 的数据帧长度为 1024 位。MOST25 中，每一帧有 2 字节长度用于控制消息的传输，16 帧才能构成一个控制信息块。

图 5-3　MOST 数据帧的基本结构

所有的从节点都从传输的数据流中提取出时钟信号，所有节点在正常状态下是同步工作的。产生该时钟信号的节点称为时间主节点，通常情况下是由人机接口充当这个角色的。其他节点都称为时间从节点，通过锁相环（PLL）与该时钟脉冲同步，如图 5-4 所示。

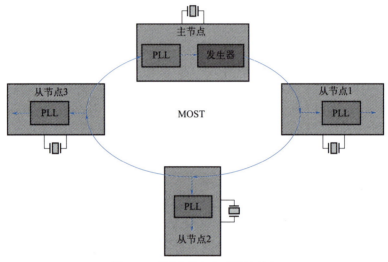

图 5-4　时间主节点和时间从节点

3. 网络层

网络层可分为网络服务基础层和网络服务应用接口层两部分。网络服务基础层主要提供管理网络状态、信息接收/发送驱动和流信道分配等底层服务；网络服务应用接口层提供与功能块的接口，包括命令解释等。

4. 应用层

MOST 总线网络应用层主要是功能块以及相应的动态特性。功能块定义了由属性和方法构成的应用层协议接口。属性用于描述功能块的相关属性，方法用于执行相应的操作，利用属性和方法可以对整个 MOST 总线网络进行控制。

第二节　MOST 总线基本组成与工作原理

一、MOST 总线基本组成

MOST 总线的核心部件是 MOST 总线控制单元。MOST 总线控制单元主要由光导纤维、光导插头、电气插头、内部供电装置、收发单元-光导发射器、MOST-收发机、标准微控制器和专用部件等组成，如图 5-5 所示。

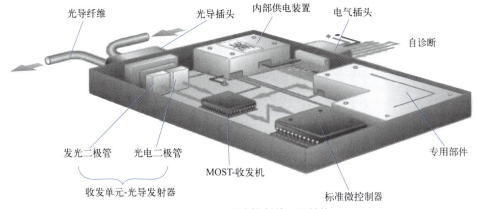

图 5-5　MOST 总线控制单元的结构

(1) **光导纤维 - 光导插头**　光信号通过光导纤维 - 光导插头进入控制单元，或产生的光信号通过光导纤维 - 光导插头传往下一个总线用户。

(2) **电气插头**　电气插头用于供电、环断裂自诊断以及输入/输出信号。

(3) **内部供电装置**　由电气插头送入的电再由内部供电装置分送到各个部件，这样就可单独关闭控制单元内某一部件，从而降低静态电流。

(4) **收发单元 - 光导发射器**　收发单元 - 光导发射器由一个光电二极管和一个发光二极管构成。到达的光信号由光电二极管转换成电压信号后传至 MOST- 收发机。发光二极管的作用是把 MOST- 收发机的电压信号再转换成光信号，产生出的光波波长为 650nm，是可见红光。数据经光波调制后传送，调制后的光经由光导纤维传到下一个控制单元。

(5) **MOST- 收发机**　MOST - 收发机由发射机和接收机两个部件组成。发射机将转换为电压信号的要发送的信息传至光导发射器。接收机接收来自光导发射器的电压信号并将所需的数据传至控制单元内的标准微控制器。其他控制单元不需要的信息由收发机来传送，不是将数据传到标准微控制器上，而是将这些信息原封不动地发至下一个控制单元。

(6) **标准微控制器**　标准微控制器是控制单元的核心元件，它的内部有一个微处理器，用于操纵控制单元的所有基本功能。

(7) **专用部件**　专用部件用于控制某些专用功能，例如 CD 播放机和收音机调谐器。

二、光导纤维与光导纤维插头

1. 光导纤维

光导纤维的任务是将在某一控制单元发射器内产生的光波传送到另一控制单元的接收器，如图 5-6 所示。

(1) **开发光导纤维的注意事项**　在开发光导纤维时需考虑以下事项。

① 光波是直线传播的，且不可弯曲，但光波在光导纤维内必须以弯曲的形式传播。

② 发射器与接收器之间的距离可以达到数米远。

③ 机械应力作用如振动、安装等不应损坏光导纤维。

④ 在车内温度剧烈变化时应能保证光导纤维的功能。

(2) **光导纤维的特点**　为了传送光信号，光导纤维应具有以下特点。

① 光波在光导纤维中传送时的衰减应小。

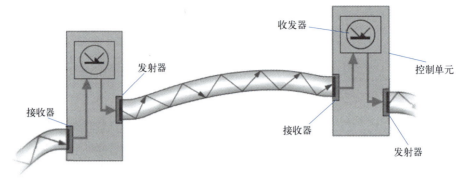

图 5-6　光导纤维

② 光波应能通过弯曲的光导纤维来传送。

③ 光导纤维应是柔性的。

④ 在 -40 ～ 85℃的温度范围内，光导纤维应能保证其功能正常。

（3）光导纤维的组成　光导纤维由纤芯、黑色包层、彩色包层和反射涂层组成，如图 5-7 所示。

① 纤芯是光导纤维的核心部分，它是用有机玻璃制成的，是光导线。纤芯内的光根据全反射原理几乎是无损失传导。

② 黑色包层是由尼龙制成，它用来防止外部光照射。

③ 彩色包层起到识别、保护及隔温作用。

④ 反射涂层是由氟聚合物制成，它包在纤芯周围，对全反射起关键作用。

（4）光导纤维的工作原理　光导纤维将一部分光波沿直线传送，绝大部分光波是按全反射原理在纤芯表面以之字形曲线传送。光波通过全反射在纤芯的涂层界面上反射，从而可以弯曲传送。

当一束光以小角度照射到折射率高的材料与折射率低的材料之间的界面时，光束就会被完全反射，这就叫作全反射。光导纤维中的纤芯是折射率高的材料，涂层是折射率低的材料，所以全反射发生在纤芯的内部。这个效应取决于从内部照射到界面的光波角度，如果该角度过陡，那么光波就会离开纤芯，从而造成较大损失。当光导纤维弯曲或弯折过度时就会出现这种情况。

如图 5-8 所示为光导纤维全反射传送示意。

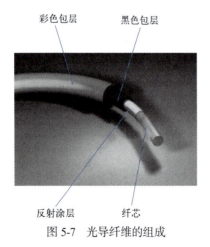

图 5-7　光导纤维的组成　　　　图 5-8　光导纤维全反射传送示意

弯的光导纤维对光波传送的影响如图 5-9 所示。光导纤维的曲率半径不可小于 25mm。

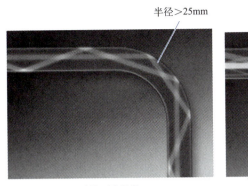
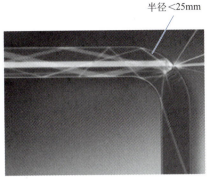

(a) 光波正常传送　　　　　　　　　　(b) 光波非正常传送

图 5-9　弯的光导纤维对光波传送的影响

2. 光导插头

为了能将光导纤维连接到控制单元上，使用了一种专用插头，如图 5-10 所示。插塞连接上有一个信号方向箭头，它表示输入方向（通向接收器）。插头壳体就是与控制单元的连接处。

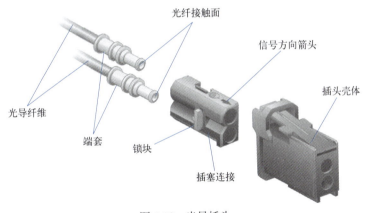

图 5-10　光导插头

三、MOST 总线工作原理

MOST 总线系统的一个重要特征就是环型结构，如图 5-11 所示。控制单元通过光导纤维沿环形方向将数据发送到下一个控制单元。这个过程一直在持续进行，直至首先发出数据的控制单元又接收到这些数据为止。这就形成了一个封闭环。通过数据总线自诊断接口和诊断 CAN 来对 MOST 总线进行诊断。

MOST 总线系统状态主要有休眠模式、备用模式和通电模式。

1. 休眠模式

休眠模式下的 MOST 总线内没有数据交换，所有装置处于待命状态，只能由系统管理器发出的光启动脉冲来激活，静态电流被降至最小值。进入休眠模式需要以下前提条件。

① MOST 总线上的所有控制单元显示为准备进入休眠模式。

② 其他总线系统不经过网关向 MOST 总线提出要求。

③ 自诊断未被激活。

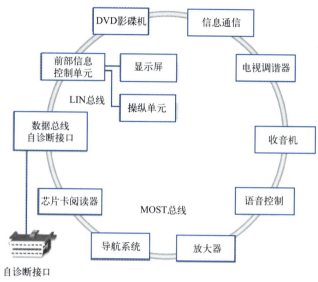

图 5-11　MOST 总线的环型结构

2. 备用模式

备用模式下无法为用户提供任何服务，MOST 总线系统在后台运行，但所有的输出媒介（如显示屏、收音机放大器等）都不工作或不发声。需要通过以下方式进入备用模式。

① 由其他数据总线通过网关激活，如驾驶员座位旁车门开锁 / 开门时、点火开关接通时。

② 由 MOST 总线上的一个电控单元激活，如接听电话时。

3. 通电模式

通电模式中，电控单元完全接通，MOST 总线上有数据交换，用户可使用所有功能。进入通电模式需要以下前提条件。

① MOST 总线处于备用模式。

② 其他数据总线通过网关激活，如 S 触点、显示屏工作。

③ 通过使用者的功能选择来激活，如通过多媒体操纵单元实现。

第三节　MOST 总线协议

以 MOST25 帧为例，通过介绍控制数据、同步数据和异步数据的传输，了解 MOST 总线协议。

一、MOST 数据帧

MOST25 数据帧的结构如图 5-12 所示。对于相同的 MOST 总线标准，数据帧的长度是固定的；对于不同的 MOST 总线标准，数据帧的长度不一样。MOST25 数据帧的长度为 512 位（64 字节），MOST50 的数据帧长度为 1024 位（128 字节）。MOST25 中，每一帧有 2 字节长度用于控制消息的传输，16 帧才能构成一个控制信息块。

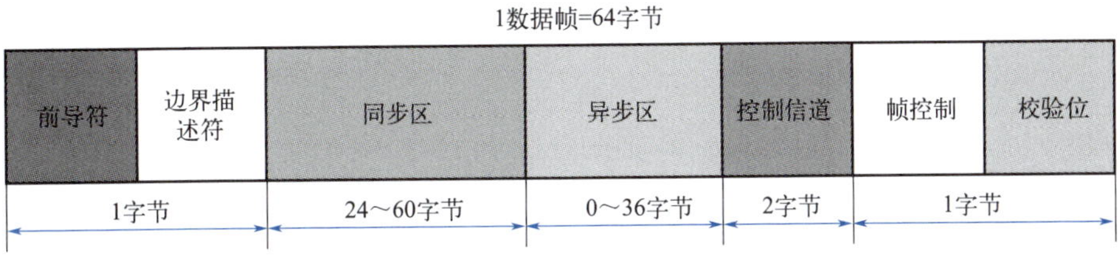

图 5-12 MOST25 数据帧的结构

前导符占 4 位，每个节点是利用前导符与网络同步的；边界描述符占 4 位，边界描述符由时间主节点确定，取值范围为 6～15，表明后面数据段同步区与异步区各自所占的带宽；同步数据区占 24～60 字节，异步数据区占 0～36 字节，两个区共占用 60 字节，它们的分界靠边界描述符限定，以每 4 字节为单位进行调节；控制信道占 2 字节，控制命令可以用控制信道进行传输；帧控制和校验位占 1 字节。

二、控制命令的传输

控制命令在控制信道中传送。控制命令在各层的映射如图 5-13 所示。发送控制命令，控

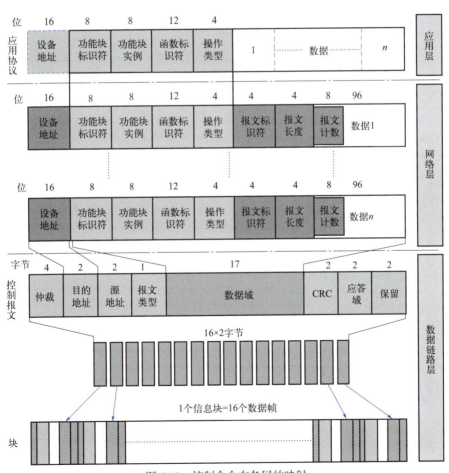

图 5-13 控制命令在各层的映射

制命令以应用协议的形式存在于应用层；控制命令传到网络层，将添加设备地址，如果控制命令的数据长度大于 12 字节，那么控制命令将被分段；控制命令传到数据链路层，将打包成控制报文的形式，控制报文将被分配到 16 个 MOST 数据帧中去，以数据块的形式发送出去。每个数据块的第一个帧的前导符具有特殊的格式。

控制报文固定的长度为 32 字节，各部分的意义如下。

（1）**仲裁（4 字节）** 由起始的两个帧来实现，仲裁数据是根据载波监听多路访问机制由 MOST 总线网络接口控制器自动产生的，保证总线的公平分配。

（2）**地址（4 字节）** 第 4、第 5 字节为目的地址，第 6、第 7 字节为源地址。

（3）**报文类型（1 字节）** 0x00 为常规报文，其他为系统消息，由 MOST 总线网络接口控制器自己解决，应用程序不可见。

（4）**数据域（17 字节）** 这一部分实际上就是应用协议的数据格式。其中 12 字节用于传输参数，当参数少于 12 字节时，报文标识符为 0，一个报文就能发送完一条完整的控制消息；如果数据格式参数多余 12 字节，则报文要分段发送，第一个报文的报文标识符为 1，中间报文的报文标识符都为 2，最后一个报文的报文标识符为 3。12 字节的参数数据中，如果是多段消息，第一个字节还要用于报文计数，传输参数的只有 11 字节。

（5）**循环冗余校验（2 字节）** 循环冗余校验（CRC）用 2 字节实现，使接收者确定接收的信息是否有误。

（6）**应答域（2 字节）** 接收消息方通过应答域将接收成功、缓冲区阻塞或 CRC 错误的其中一种接收状态告诉发送方。

（7）**保留（2 字节）** 保留 2 个字节，用于扩展使用。

三、异步数据的传输

异步数据（图片、用于计算的信息及文字）在异步区传送。异步数据在各层协议中的数据格式及其映射如图 5-14 所示。MOST 总线网络高层协议（MHP）用来传输异步数据。一个数据包中包含若干个数据块，一个数据块包含 256 个帧。

在数据链路层中，异步数据的传输过程为：数据区的可选长度有 1014 字节和 48 字节两种；准备好发送数据的节点必须等待指令牌；传输完一个数据帧后必须将指令牌放回网络；由 MOST 总线网络接口控制器自动产生 CRC 来校验，如果有错误，则需要更高层协议来实现重新发送。

四、同步数据的传输

同步数据（音频信号和视频信号）在同步区传送，与异步数据共享 60 字节的数据域，它们之间的带宽由边界描述符确定。数据传输前，必须利用连接管理功能块通过控制信道建立连接。在智能网络接口控制器中，以 4 字节为单位，建立起数据传送专用的信道，配置完后，就可在建立的信道中分别写入和读取数据。在信道中采用时分多址的方式进行连接。同步数据中既没有发送端地址也没有接收端地址，数据之间的通信完全由控制命令完成。

五、数据链路层编址

MOST 总线网络支持在数据链路层上的 4 种编址，见表 5-1。地址的长度均为 16 位。

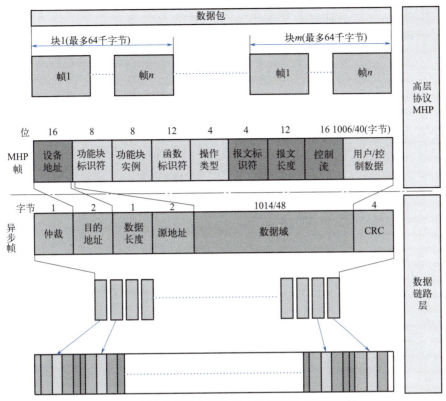

图 5-14 异步数据在各层协议中的数据格式及其映射

表 5-1 数据链路层上的编址

地址	范围
物理地址	0x0400 ~ 0x043F
逻辑地址	0x0100 ~ 0x013F（动态） 0x0140 ~ 0x02FF（静态） 0x0500 ~ 0x0FEF（静态）
群组地址	0x0300 ~ 0x03C7 0x03C9 ~ 0x03FF
广播地址	0x03C8

第四节　MOST 总线应用

MOST 总线在奔驰、宝马、奥迪、保时捷、路虎等高端车上应用相当广泛，它主要应用于多媒体数据传输的网络系统。MOST 总线在汽车上的应用示意如图 5-15 所示。

一、MOST 总线在宝马整车网络中的应用

宝马汽车车载网络拓扑结构如图 5-16 所示。宝马汽车使用 FlexRay 作为实现行驶动态控制系统与发动机管理系统之间联网的系统总线。在集成于前部电子模块（FEM）的中央网关模块（ZGM）内，装有四个总线驱动器的星型连接器。总线驱动器将控制单元数据通过通

信控制器传输给 ZGM。FlexRay 控制单元连接在这些总线驱动器上。车身 CAN2 以较高的数据传输速率（500kbit/s）实现控制单元之间的通信。通过 ZGM，车身 CAN2 也与其他总线系统相连。动力驱动 CAN2 是动力驱动 CAN 在发动机和变速器控制范围内的冗余装置。FEM/ZGM 负责在汽车内部将电码发送到总线上，并通过车身 CAN2 传输给主控单元，随后主控单元将其发送到 MOST 上。

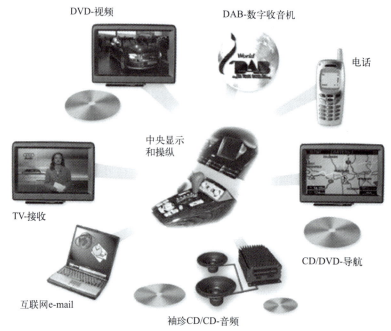

图 5-15　MOST 总线在汽车上的应用示意

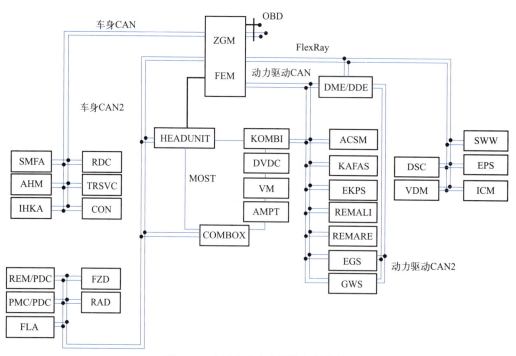

图 5-16　宝马汽车车载网络拓扑结构

宝马汽车车载网络拓扑结构中的英文意思见表 5-2。

表 5-2 宝马汽车车载网络拓扑结构中的英文意思（部分）

英文	意思	英文	意思
ACSM	高级碰撞和安全模块	IHKA	自动恒温空调
AHM	挂车模块	KAFAS	基于摄像头的驾驶员辅助系统
AMPT	高保音响放大器	KOMBI	组合仪表
COMBOX	紧急呼叫，多媒体	OBD	车载诊断（诊断插座）
CON	控制器	PDC	驻车距离监控系统
DDE	数字式柴油机电子系统	PMA	驻车操作辅助系统
DME	数字式发动机电子系统	RAD	收音机
DSC	动态稳定性控制系统	RDC	胎压控制单元
DVDC	DVD 换碟机	REM	后部电子模块
EGS	变速器电子控制系统	REMALI	左侧可逆电动势自动卷盘
EKPS	电子燃油泵控制系统	REMARE	右侧可逆电动势自动卷盘
EPS	电子助力转向系统	SWW	变道警告装置
FEM	前部电子模块	SMFA	驾驶员座椅模块
FLA	远光灯辅助系统	TRSVC	全景摄像头控制单元
FZD	车顶功能中心	VDM	垂直动态管理系统
GWS	选挡开关	VM	视频模块
HEADUNIT	主控单元	ZGM	中央网关模块
ICM	仪表盘模块		

二、MOST 总线在抬头显示系统中的应用

抬头显示系统会将警告提示和选择的信息投射到前风挡玻璃上，显示内容会出现驾驶员前面的较宽视野中。抬头显示的内容可以通过显示屏功能上相应的按键来接通和关闭，也可以通过这个功能按键来调出并更改设置。MOST 总线在奥迪 A8 抬头显示系统中的应用如图 5-17 所示。抬头显示既是组合仪表 CAN 总线用户，也是 MOST 总线用户。信息电子控制单元 1 J794 可通过 MOST 总线来把所谓的十字路口详图准备好以供使用。在复杂的行驶情形时，抬头显示中不但要显示地图或者箭头，在显示的地图中，方位箭头还要移动。这将由信息电子控制单元 1 J784 把视频流信号传给抬头显示。抬头显示软件升级数据仍是通过组合仪表 CAN 总线来导入。

三、MOST 总线在信息娱乐系统中的应用

如图 5-18 所示为 MOST 总线在奥迪 A6L 信息娱乐中的应用。MOST 总线环上连接 6 个控制单元，分别为信息电子控制单元 1 J794、DVD 影碟机 R161、组合仪表内控制单元 J285、电视调谐器 R78、收音机和数字音响控制单元 J525。

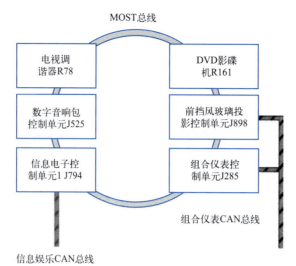

图 5-17 MOST 总线在奥迪 A8 抬头显示系统中的应用

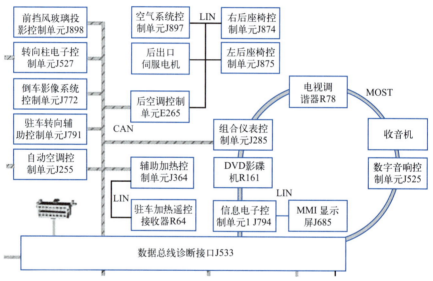

图 5-18 MOST 总线在奥迪 A6L 信息娱乐中的应用

第六章 车载以太网技术

车载以太网是一种连接车内电子单元的新型局域网技术,在单对非屏蔽双绞线上可实现 100Mbit/s 甚至 1Gbit/s 的数据传输速率,同时满足汽车高可靠性、低电磁辐射、低功耗、带宽分配、低延迟以及同步实时性等方面的要求。

第一节 车载以太网概述

一、车载以太网发展历程

随着汽车电子化和智能化的发展,特别是无人驾驶汽车的出现,汽车的电子电气架构和功能变得越来越复杂。为了满足这种复杂度的需求,车辆数据传输带宽需要提高,通信方式也需要改变,以更好地支持面向服务的架构。这种需求已经超出了 CAN、CAN FD 等传统网络的承载能力,因此,车载以太网将逐渐成为汽车总线的主干网。

以太网在 IT 领域有着悠久而极其成功的历史,但常规以太网不能直接应用于车载环境,主要有以下原因。

① 常规百兆和千兆以太网的辐射噪声很难控制,并且存在承受噪声干扰能力较差的问题,不能直接运用在车载环境下。

② 常规以太网不能提供亚微秒级别的传输延迟,然而对于车载应用(例如先进驾驶辅助系统),当危急情况发生时若传感器和控制系统没有及时做出响应,后果将不堪设想。

③ 常规以太网没有提供网络带宽分配的方法,因此在不同的数据流同时传输时,无法保证每个数据流所需要的带宽。

④ 常规以太网不支持时钟同步,假如各个车载设备的时刻存在同步误差,则可能会造成数据传输的不确定性。

在 2016 年,国际电气和电子工程师协会(IEEE)发布了第一个车载以太网标准 IEEE 802.3bw,也称为 100BASE-T1。虽然 100Mbit/s 的带宽可与 1995 年推出的 100BASE-TX 相提并论,但在车载以太网标准中存在一些关键差异。常规以太网使用两对线,车载以太网使用一对线,如图 6-1 所示。常规以太网使用两对或多对非屏蔽双绞线电缆,而车载以太网可以在一对非屏蔽双绞线上实现 100M bit/s、甚至 10Gbit/s 的传输速率。

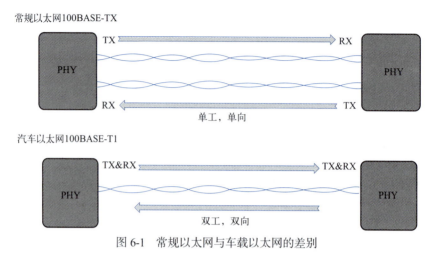

图 6-1 常规以太网与车载以太网的差别

因此,车载以太网是从常规以太网发展过来的,是在物理层进行了优化以适应汽车电子要求。车载以太网是一种用以太网连接车内电子控制单元的新型局域网技术,使得车载网络不仅有了更高的带宽,也具有了以太网的全双工和包交换技术。车载以太网的应用可以分成三个阶段。

1. 局部网络阶段

局部网络阶段是指单独在某个子系统使用以太网技术,目前有一些车型以这种方式搭载以太网,比如使用全景摄像的驾驶辅助系统,如图 6-2 所示。随着汽车智能化的发展,智能网联汽车中摄像头数量迅速增加,传统摄像头网络系统使用的线缆十分厚重,甚至还在线缆的外层使用屏蔽层来避免信号干扰。基于以太网的技术不仅能提高视频传输质量,同时还能降低设备重量。

2. 子网络阶段

子网络阶段是指通过将几个使用了以太网技术的子系统功能整合,连接到同一网关形成一个功能齐全的系统。如图 6-3 所示的车载网络是将先进驾驶辅助子系统、多媒体及娱乐子系统、显示系统结合在一起,这些系统间的多种数据借助网关进行交换。先进驾驶辅助系统的摄像头借助以太网的高带宽和低延时能够传输更高分辨率的视频信息。网关对消息的处理是由电子控制单元中的软件实现的,网络拓扑改变时电子控制单元的软件也要重新编写。

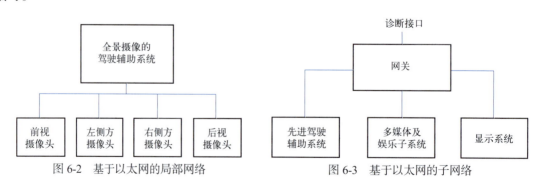

图 6-2 基于以太网的局部网络　　图 6-3 基于以太网的子网络

3. 域级网络阶段

域级网络阶段开始使用以太网作为车载网络骨干，将先进驾驶辅助系统、车身控制、动力总成、底盘控制以及娱乐系统等集成起来，形成一个域级别的网络架构，如图 6-4 所示。由于交换机的引入，使得车载网络更容易进行规模上的调整。

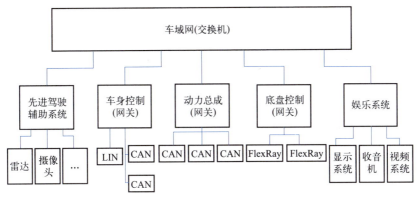

图 6-4　基于以太网的域级网络

二、车载以太网特点

车载以太网具有以下特点。

1. 数据传输速率高

现在以太网的最大传输速率能达到 100Gbit/s，并且还在提高，比任何一种现场总线都快。

2. 应用广泛

基于 TCP/IP 协议的以太网是一种标准的开放式网络，不同厂商的设备很容易互联。这种特性非常适合解决不同厂商设备的兼容和互操作的问题。以太网是目前应用最广泛的局域网技术，遵循国际标准规范 IEEE 802.3，受到广泛的技术支持。几乎所有的编程语言都支持以太网的应用开发，如 Java、C++、VB 等。

3. 容易与信息网络集成

由于具有相同的通信协议，以太网能实现与互联网的无缝连接，方便汽车网络与地面网络的通信。汽车网络与互联网的接入极大地解除了为获取汽车信息而带来的地理位置上的束缚，这一特点是目前其他任何一种现场总线都无法比拟的。

4. 支持多种物理媒介和拓扑结构

以太网支持多种传输媒介，包括同轴电缆、双绞线、光缆、无线等，使用户可根据带宽、距离、价格等因素做多种选择。以太网支持总线型和星型等拓扑结构，可扩展性强，同时可采用多种冗余连接方式，提高网络的性能。

5. 软硬件资源丰富

由于以太网已应用多年，人们对以太网的设计、应用等方面有很多的经验，对其技术也十分熟悉。大量的软件资源和设计经验可以显著降低系统的开发成本，从而可以显著降低系统的整体成本，并大大加快系统的开发和推广速度。

6. 可持续发展潜力大

由于以太网的广泛应用，使它的发展一直受到广泛的重视和大量的技术投入。车载网络采用以太网，可以避免其发展游离于计算机网络技术的发展主流之外，从而使车载网络与信息网络技术互相促进，共同发展。特别是无人驾驶汽车的发展，以太网有望成为高度自动化汽车的主流车载网络。

三、车载以太网标准

车载以太网标准（协议）非常多，下面介绍 IEEE 颁布的几个标准。

1. IEEE 802.3bw-2015

《单平衡双绞线（100BASE-T1）100Mbit/s 操作的物理层规范和管理参数》定义了以太网的局域网、接入网和城域网。以指定的速率选择以太网，并使用通用媒介访问控制规范和管理信息库。具有冲突检测的载波侦听多路访问 MAC 协议规定了共享媒介（半双工）操作以及全双工操作。速率特定的媒介独立接口为选定的物理层实体提供架构和可选的实现接口。物理层对帧进行传输，并对接收到的帧进行编码，并以操作速率、传输媒介和支持的链路长度为指定的调制进行解码。

2. IEEE 1722-2016

《桥接局域网内时间敏感应用传输协议》规定了协议、数据封装和表示时间的程序，用于确保基于音频和视频的终端站之间的互操作性，这些终端站使用所有 IEEE 802 网络提供的标准网络服务，通过利用 IEC 61883 的概念，满足时间敏感应用的服务质量要求。

3. IEEE 802.1ac-2016

《局域网和城域网　媒介访问控制（MAC）服务定义》规定了所有 IEEE 802（R）MAC 提供的媒介访问控制（MAC）服务，以及 MAC 网桥内提供的内部子层服务。

4. IEEE 802.1cm-2018

《局域网和城域网　前端时间敏感网络》定义了局域网的功能、选项、配置、默认值、协议和程序的配置文件，这些功能、选项、默认值、协议和程序对于构建能够传输前端运输流的网络是必要的，这些网络对时间敏感。

5. IEEE 802.1as-2020

《局域网和城域网　桥接局域网络中时间敏感应用的定时和同步》规定了协议、程序和管理对象，用于确保跨多个应用程序满足时间敏感应用程序（如音频、视频和时间敏感控制）的同步要求网络，包括在正常运行期间以及在添加、移除或故障网络组件和网络重新配置之后保持同步时间。

6. IEEE 802.1cs-2020

《局域网和城域网　链路本地注册协议》规定了链路本地注册的协议、过程和托管对象，将注册数据库从点到点链路的一端复制到另一端，并将更改复制到该数据库的部分。

7. IEEE 802.1ax-2020

《局域网和城域网　链路聚合》规定了链路聚合提供的协议、过程和托管对象，允许以下各项：将一个或多个点到点链路的并行实例聚合在一起形成链路聚合组，以便链路聚合客户端可以将滞后视为一个单独的实例链接；会话敏感收集和分发，指定一种方法来识别分发算法，该算法用于将帧分配给滞后中的各个链路，并将该信息传输给滞后另一端的系统；分布式弹性网络接口，使延迟能够在一对协作系统上终止，以提供系统级别和链路级别的弹性。

8. IEEE 802.1x-2020

《局域网和城域网　基于端口的网络访问控制》提供了基于端口的网络访问控制的一般

方法；指定为 IEEE 802.1ae（tm） MAC 安全性建立安全关联的协议；便于使用行业标准的身份验证和授权协议。

9. IEEE 802.1q-2022

《局域网和城域网 桥接和桥接网络》规定了使用不同或相同的媒介访问控制方法互连单个局域网（每个局域网支持 IEEE 802 MAC 服务）的网桥，以提供桥接网络和虚拟局域网。

IEEE 802.3 工作组关于以太网的标准见表 6-1。

表 6-1 IEEE 802.3 工作组关于以太网的标准

标准编号	标准名称
IEEE 802.3.1-2013	以太网的管理信息库（MIB）定义
IEEE 802.3cc-2017	以太网修订 11：单模光纤上串行 25Gbit/s 以太网操作的物理层和管理参数
IEEE 802.3cb-2018	以太网修正案 1：通过背板运行的 2.5Gbit/s 和 5Gbit/s 的物理层规格和管理参数
IEEE 802.3bt-2018	以太网修正案 2：4 线对以太网供电的物理层和管理参数
IEEE 802.3cd-2018	以太网修正案 3：50Gbit/s 的媒体访问控制参数和 50Gbit/s、100Gbit/s 和 200Gbit/s 操作的物理层和管理参数
IEEE 802.3.2-2019	以太网 YANG 数据模型定义
IEEE 802.3cn-2019	以太网修正案 4：单模光纤上 50Gbit/s、200Gbit/s 和 400Gbit/s 操作的物理层和管理参数
IEEE 802.3cg-2019	以太网修正案 5：用于 10Mbit/s 操作的物理层规范和管理参数以及通过单对平衡导体进行的相关功率传输
IEEE 802.3cq-2020	以太网修正案 6：维护 #13，通过 2 对以太网供电
IEEE 802.3cm-2020	以太网修正案 7：多模光纤 400Gbit/s 的物理层和管理参数
IEEE 802.3ch-2020	以太网修正案 8：2.5Gbit/s、5Gbit/s 和 10Gbit/s 汽车电子的以太网物理层规格和管理参数
IEEE 802.3ca-2020	以太网修正案 9：25Gbit/s 和 50Gbit/s 无源光网络的物理层规格和管理参数
IEEE 802.3cr-2021	以太网修正案 10：维护 #14，隔离
IEEE 802.3cu-2021	以太网标准修正案 11：在单模光纤上以每波长 100Gbit/s 的速率运行 100Gbit/s 和 400Gbit/s 的物理层和管理参数
IEEE 802.3cv-2021	以太网修正案 12：维护 #15，以太网供电

四、车载以太网分层结构

1. IEEE 802 模型

IEEE 802 模型以 OSI 参考模型为基础，重点围绕与局域网技术关联最紧密的 OSI 第一层和第二层，但这两层不足以满足目标架构的需求，如果将所有这些功能都集中到同一层，那么各项局域网技术势必要一遍遍地实现相同的功能，从而造成大量的精力浪费。另一个需要的方面是互操作性，以便不同的组网技术能够相互合作。为解决这些问题，IEEE 802 模型的数据链路层拆分为两个子层，即逻辑链路控制（LLC）子层和媒介访问控制（MAC）子层，如图 6-5 所示。

（1）逻辑链路控制（LLC）子层 逻辑链路控制子层是两个子层中较高的一个，负责为同一个网络中的本地设备建立和控制逻辑链路并向高层提供统一的接口。

（2）媒介访问控制（MAC）子层 媒介访问控制子层是两个子层中较低的一个，它为设备控制和网络接入管理定义具体机制。媒介访问控制子层与网络协议的物理层关系紧密。

除了拆分数据链路层以外，IEEE 802 还略微调整了第二层与底层之间的分界线，一些被 OSI 模型划入物理层的功能被上移至媒介访问控制子层，由此反映出媒介访问控制与物理网络之间的紧密联系。

2. IEEE 802.3 模型

以太网基本遵循 IEEE 802 模型整体架构，但相对于 IEEE 802 模型架构，IEEE 802.3 模型架构有两个重要变化。首先是逻辑链路控制子层基本上被以太网所忽视。以太网忽视了逻辑链路控制子层的连接和确认服务，以太网帧中往往没有 IEEE 802.2 模型所定义的额外字段。其次是在物理层中定义了一个重要的子架构，它包含几个子层和自定义接口。这两大变化的最终结果是促成了由下至上的一般架构，如图 6-6 所示。

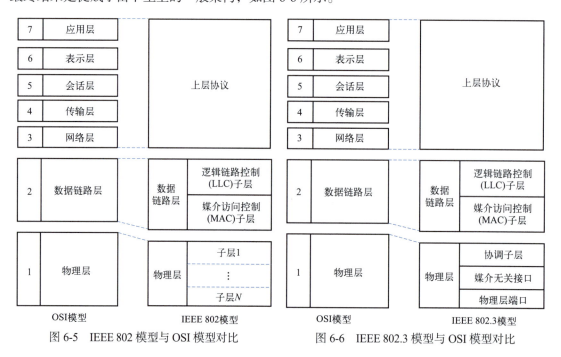

图 6-5　IEEE 802 模型与 OSI 模型对比　　图 6-6　IEEE 802.3 模型与 OSI 模型对比

（1）**物理层**　物理层包括物理层端口、媒介无关接口和协调子层。物理层端口为一组子层，专门用于针对特定的以太网定义信令和编码并与下方的物理媒介相连接；媒介无关接口是依赖物理媒介的功能与不依赖物理媒介的功能之间的分界接口；协调子层负责处理媒介无关接口信令与媒介访问子层之间的映射或翻译需求的一个特殊子层。

（2）**数据链路层**　数据链路层包括媒介访问控制（MAC）子层和逻辑链路控制（LLC）子层。媒介访问控制子层是以太网的逻辑部分，负责实现带有冲突检测的载波侦听多路存取（CSMA/CD）（若使用），处理成帧和字段计算以及特殊功能；对于逻辑链路控制子层（可选），以太网有选择地使用 IEEE 802.2 模型的逻辑链路控制标准中定义的功能。

（3）**上层（网络层及以上）**　与分层原则一致，不在 IEEE 802.3 模型所涉范围内。任何能够与以太网媒介访问控制子层交互的三层技术都可以在以太网上运行。

3. 车载以太网架构

车载以太网架构如图 6-7 所示。动态主机配置协议（DHCP）用于动态分配 IP 地址，不过在车载以太网中，常常使用固定的 IP 地址；基于 IP 的可扩展面向服务的中间件（SOME/IP）是一种用于传输服务信息的基于 IP 的可伸缩中间件，能够适应基于不同操作系统的不同大小的设备,小到摄像头,大到车机或自动驾驶模块;诊断通信通过 IP 协议(DoIP)为基于以太网的诊断传输协议,能够将 UDS 进行封装并基于 IP 网络进行传输,应用于车辆检查和维修、车辆或 ECU 软件的重编程、车辆或 ECU 的下线检查和维修等;通用测量和校准协议(XCP)能够基于以太网进行车载控制器的标定,主要用于标定、测量、少量的编程和刷新(大部分刷新会利用诊断协议)、ECU 旁路功能等;UDP 网络管理协议(UDPNM)是 AUTOSAR 组织制定的基于汽车以太网的网络管理协议,能够有效地实现车载以太网节点的协同睡眠和唤醒;TCP/UDP 为传输控制协议/用户数据报协议;IPv4/IPv6 为互联网通信协议(第 4 版和第 6 版);ARP 为地址解析协议;ICMP 为互联网控制信息协议;AVBTP 为音视频传输协议,该协议定义了实时传输音视频数据流的二层数据包格式,同时给出了开启、关闭和控制传输音视频数据流的相关机制,而且能够在物理层分隔的音视频解码器之间建立一条虚拟链路以提供低延时的数据传输服务;gPTP 为广义精确时间同步协议,主要用于一个局域网内的各个节点的时钟同步。

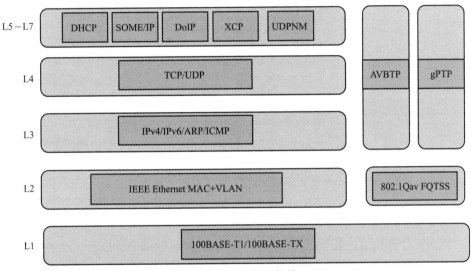

图 6-7 车载以太网架构

L1 为物理层,主要负责将数字信号转换成差分模拟信号发送出去,将接收的差分模拟信号转换成数字信号,同时提供点对点的链接。

L2 为数据链路层,在广播式多路访问链路(局域网)中,由于可能存在媒介争用,它还可以细分成媒介访问控制(MAC)子层和逻辑链路控制(LLC)子层,媒介访问控制(MAC)子层专职处理媒介访问的争用与冲突问题。以发送数据流的方式来看,物理层将数据转换成差分模拟信号传送出去,而进入物理层的则是数字信号,这个数字信号则由数据链路层提供,物理层管上面的数据格式,对它而言,只管将数据转换发送即可,数据链路层则会将来自更上层的数据进行相应的格式转换,比如添加源地址、目标地址等。

L3 为网络层,包括互联网通信协议(IPv4/IPv6)、地址解析协议(ARP)和互联网控制信息协议(ICMP)。

L4 为传输层,主要任务是促进互联网络终端的通信,为多台主机上的应用程序提供端到端的通信,涉及的协议有用户数据报协议(UDP)和传输控制协议(TCP)。

L5 ~ L7 为应用层,是用户与网络的交互界面,负责处理网络特定细节,覆盖 OSI 的参考模型的第五层到第七层，应用层可为用户提供多种应用协议，如 DHCP 协议、DoIP 协议、XCP 协议、UDPNM 协议等。

车载以太网使用单对非屏蔽电缆以及更小型紧凑的连接器，使用非屏蔽双绞线时可支持 15m 的传输距离（对于屏蔽双绞线可支持 40m），这种优化处理使车载以太网可满足车载电磁兼容性（EMC）要求。100Mbit/s 车载以太网的 PHY 采用了 1Gbit/s 以太网的技术，可通过使用回声抵消在单线对上实现双向通信。车载以太网（100BASE-T1）的物理层与标准的 100BASE-TX 的物理层主要有以下区别。

① 与 100BASE-TX 所使用的扰频器相比，车载以太网数字信号处理器（DSP）采用了高度优化的扰频器，可以更好地分离信号，比 100BASE-TX 系统的频谱效率更高。

② 车载以太网的信号带宽为 66.7MHz，只有 100BASE-TX 系统的一半。较低的信号带宽可以改善回波损耗，减少串扰，并确保车载以太网可满足汽车电磁辐射标准要求；车载以太网的 MAC 层采用 IEEE 802.3 的接口标准，无须做任何适配即可无缝支持广泛使用的高层网络协议（如 TCP/IP）。

第二节　车载以太网基本组成与基本原理

一、车载以太网基本组成

车载以太网是用于连接汽车内不同电气设备的一种网络，从而满足车载环境中一些特殊需求，它与常规以太网不尽相同，车载以太网主要由媒介访问控制（MAC）、物理层接口（PHY）组成。车载以太网为全双工通信方式，通过单对非屏蔽或屏蔽电缆连接，与之对应的 MDI 为 100BASE-T1，以此满足 EMC 要求。车载以太网主要工作在 OSI 的物理层和数据链路层，物理层定义了数据传送与接收所需要的电与光信号、线路状态、时钟基准、数据编码和电路等，并向数据链路层设备提供标准接口，物理层接口包括物理层芯片；数据链路层提供寻址机构、数据帧的构建、数据差错检查、传送控制、向网络层提供标准的数据接口等功能，数据链路层的芯片称之为 MAC 控制器。

以太网的电路接口一般由 CPU/MAC、MAC 控制器和 PHY 组成，如图 6-8 所示。PHY 通过媒体独立接口（MII）与 MAC 互联。以太网发包的时候会把数据放在 DMA 中，MAC 会从 DMA 中获取数据并通过 PHY 发送出去。MII 接口主要包括从 MAC 层到 PHY 层的发送数据接口、从 PHY 层到 MAC 层的接收数据接口、从 MAC 层和 PHY 层之间寄存器控制和信息获取的管理数据输入输出（MDIO）接口。

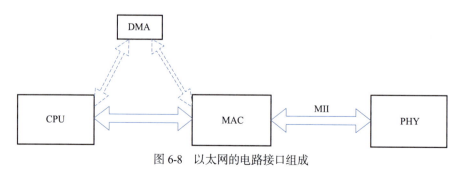

图 6-8　以太网的电路接口组成

实际上，一般 MAC 集成在 CPU 内部，PHY 独立。这是因为 PHY 整合了大量模拟硬件，而 MAC 则是典型的全数字器件，由于芯片面积和模拟/数字混合架构原因，通常 PHY 是独立的，这种结构如图 6-9 所示。图中 Core 为 CPU 的核，Core 一般由控制单元、算术逻辑单元和内存组成：控制单元使 Core 与计算机系统的其他组件进行通信；算术逻辑单元由执行算术和逻辑运算的电子电路组成，执行加、减、乘、除四种算术运算以及等于、小于和大于三个逻辑操作；内存由寄存器和缓存组成，寄存器用于保存地址、指令和核心处理计算结果，缓存是高速随机访问存储器，它保存了 Core 可能会（重新）使用的数据。

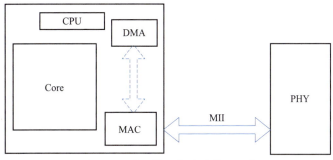

图 6-9 以太网的一般电路接口组成

1. MAC 控制器

MAC 控制器可以是一个硬件控制器以及 MAC 通信协议，该协议位于 OSI 七层协议中数据链路层的下半部分，主要是负责控制和连接物理层的物理媒介。MAC 控制器如图 6-10 所示。

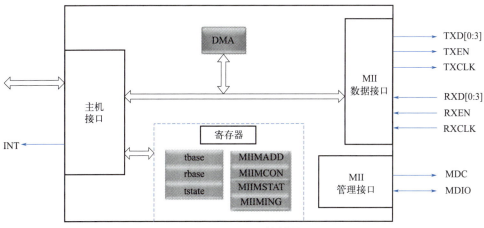

图 6-10 MAC 控制器

MAC 与 PHY 之间通过两个接口连接，分别为 MII 数据接口和 MII 管理接口。MAC 控制器通过 MII 数据接口发出数据帧，经过 PHY 后传输到其他网络节点上，同时其他网络节点的数据先经过 PHY 后再由 MAC 接收。MAC 控制器通过 MII 管理接口可以访问 PHY 的寄存器，通过对这些寄存器操作可对 PHY 进行控制和管理。

MII 是 IEEE 802.3 定义的 MAC 与 PHY 之间的接口。MII 包含 16 个数据接口信号和 2 个管理接口信号，如图 6-11 所示。MII 描述见表 6-2。

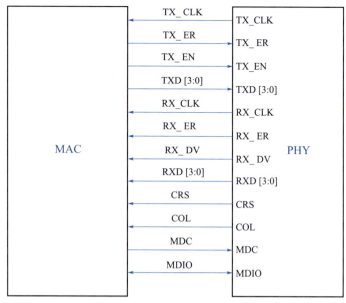

图 6-11　MII

表 6-2　MII 描述

信号名称	数量	方向	描述
TX_CLK	1	PHY → MAC	发送时钟
TX_ER	1	MAC → PHY	发送数据错误
TX_EN	1	MAC → PHY	发送使能
TXD[0∶3]	4	MAC → PHY	发送数据位
RX_CLK	1	PHY → MAC	接收时钟
RX_ER	1	PHY → MAC	接收数据错误
RX_DV	1	PHY → MAC	接收数据有效
RXD[3∶0]	4	PHY → MAC	接收数据位
CRS	1	PHY → MAC	载波监测
COL	1	PHY → MAC	冲突碰撞监测
MDC	1	MAC → PHY	管理数据时钟
MDIO	1	MAC ↔ PHY	双向管理数据

MAC 发送数据时，MAC 协议会判断当前是否适合发送数据，若适合，它会在将要发送的数据上附加一些控制信息，最终使数据以规定的格式到达物理层；MAC 在接收数据时，它会判断数据是否有错误，如果没有错误，它会去掉附加的控制信息发送至 LCC（逻辑链路控制）子层。

MAC 从总线收到 IP 数据包（或者其他网络层协议的数据包）后，将其拆分并重新打包成最大 1518 位、最小 64 位的帧。这个帧里面包括了目标 MAC 地址、自己的源 MAC 地址和数据包里面的协议类型（比如 IP 数据包的类型用 80 表示），最后还有一个 DWORD（4 位）的 CRC 码。

2. PHY

PHY 是 IEEE 802.3 中定义的一个标准模块。一个 PHY 的基本结构如图 6-12 所示。图中 BMCR 为基本模式控制寄存器；BMSR 为基本模式状态寄存器；PHYID1 为 PHY 寄存器 1，最高位为 16 位；PHYID2 为 PHY 寄存器 2，最低位为 16 位；ANAR 为自动协商广告寄存器。

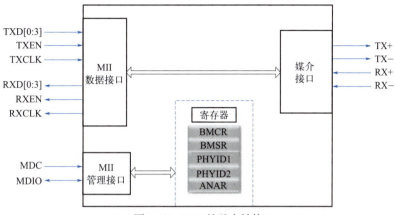

图 6-12　PHY 的基本结构

IEEE 802.3 标准定义了以太网 PHY 包括 MII/GMII（媒介独立接口）子层、PCS（物理编码）子层、PMA（物理媒介附加）子层、PMD（物理媒介相关）子层、MDI 子层。

PHY 在发送数据时，收到 MAC 传来的数据，然后把并行数据转化为串行流数据，再按照物理层的编码规则把数据编码，最后变为模拟信号把数据发送出去，接收数据时的流程反之。

PHY 还有个重要的功能就是实现 CSMA/CD 的部分功能，它可以检测到网络上是否有数据在传送，如果有数据在传送中就等待，一旦检测到网络空闲，在等待一个随机时间后将送数据出去。如果两个碰巧同时送出了数据，那样必将造成冲突，这时候冲突检测机构可以检测到冲突，然后各等待一个随机的时间后再重新发送数据。

PHY 寄存器的地址空间为 5 位，从 0 到 31 最多可以定义 32 个寄存器（随着芯片功能不断增加，很多 PHY 芯片采用分页技术来扩展地址空间以定义更多的寄存器）。

二、车载以太网工作原理

1. 以太网与 CAN 总线的区别

（1）网络拓扑不同　CAN 总线上所有节点都连接到同一个传输媒介中，例如一条 CAN 总线上可以挂多个终端节点（ECU），同时该 CAN 总线上的电信号还会影响到挂在此总线上的所有终端节点，一般会把 CAN 称为 CAN 总线或 CAN 网络。车载以太网是交换机式通信方式，交换机式通信指的是所有的终端节点都要通过交换机才能连接到一起，所有传递的信息都需要通过交换机进行转发，交换机式通信中的一条网线上只能在端口相连，没有分叉，一般不说以太网总线，而是说以太网网络。CAN 总线与车载以太网的拓扑结构如图 6-13 所示。

如图 6-14 所示为以太网交换机，带有 8 个 100/1000BASE-T1 端口，2 个 1Gbit/sSFP+ 端口，可以用作多通道 100/1000BASE-T1 测试及自动驾驶传感器数据时钟同步传输、网关测试等。

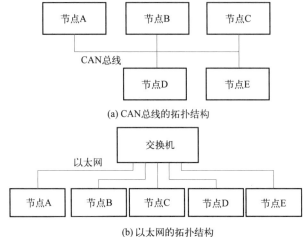

图 6-13 CAN 总线与以太网的拓扑结构

图 6-14 以太网交换机

(2) 信息收发方式不同 CAN 总线为广播式通信，一个节点发送信息会占据整个 CAN 总线，发送节点只管自己发送，不关心谁去接收，总线上所有通信节点都会收到信息，接收节点则根据自身的情况来决定是否接收到应用层。以太网为交换机式通信，即点对点通信，以太网通信的双方需要明确互相的 IP、MAC 等信息，从而建立通信连接，A 节点与 B 节点通信的同时，C 节点也能与 D 节点通信。CAN 总线与以太网的信息收发方式如图 6-15 所示。

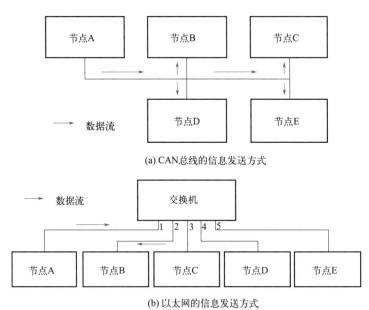

图 6-15 CAN 总线与以太网的信息收发方式

2. 车载以太网与常规以太网的区别

车载以太网与常规以太网最大的不同就是 PHY 的不同，车载以太网采用专用的汽车 PHY，实现了在一对非屏蔽双绞线上能够进行双向传输（常规以太网的 PHY 需要 2 对双绞线），能提供 100Mbit/s 及更高的带宽性能，并进行了优化处理以满足车载 EMC 要求。如图 6-16 所示为车载以太网和常规以太网的区别。

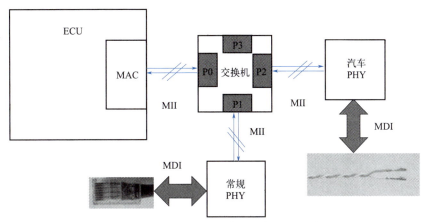

图 6-16　车载以太网和常规以太网的区别

3. 车载以太网 PHY 工作原理

和常规以太网相比，车载以太网对物理层进行了修改，引入了新的 100BASE-T1 和 1000BASE-T1，两者都是明确为汽车应用设计的，并且它们之间有很多重叠。

100BASE-T1 和 1000BASE-T1 最显著的特点就是使用单对差分线实现数据传输，从成本上来说降低了线束的成本和重量。1000BASE-T 采用的是脉冲幅度调制（PAM）5 编码，100BASE-T1 采用的是 PAM3 编码。PAM5 是将传输线上分为 5 个电压等级，-1V、-0.5V、0V、+0.5V、+1V，间隔只有 0.5V，因此对噪声很敏感，会增加一些算法来进行纠错。PAM3 是将传输线上分为 3 个电压等级，间隔 1V，如图 6-17 所示。

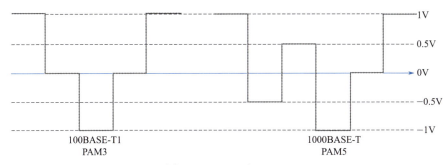

图 6-17　PAM3 和 PAM5

100BASE-T1 在汽车上通过一对非屏蔽双绞线可实现 100Mbit/s 的全双工数据传输，其物理层（PHY）的主要工作原理是将 MAC 层传递的数据通过内部时钟转换（4B/3B），将数据编码（3B/2T）以及三电平脉冲幅度调制（PAM3）转换成双绞线上传递的差分信号，以进行各种控制信号和数据的通信发送；接收过程反之。

MAC 协议可以事先判断是否可以发送数据，如果可以发送，则将数据加上一些控制信息，然后将数据以及控制信息以规定的格式发送到物理层。以发送数据为例，PHY 的数据编码过程如下。

① 假设使用的是 MII，通信速率是 100Mbit/s，数据宽度是 4bit，频率是 25MHz。为了匹配 25MHz×4bit=100Mbit/s 的速率，PHY 从 MII 收到数据后，会首先进行一个 4B/3B 的转换，并将时钟频率提高到 33.33333MHz，以保持 100Mbit/s 的位速率。如图 6-18 所示，将第一组 4bit "0000" 转换为 3bit 的 "000"。第一组 4bit 最后一个 0 和第二组的 4bit 的 "0101" 前 2 位 "01" 组成第二个 3bit 的 "001"，以此类推。

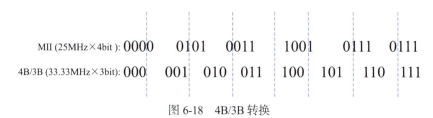

图 6-18 4B/3B 转换

② 再进行 3B/2T 编码，每 3bit 数据（3B）编码成一对三进制符号（2T），标称值分别为 -1、0 和 $+1$。由于 3bit 二进制数据可以对应 8 个值，而 2 个三进制符号有 9 个可能值，这样就可以通过一对三进制实现 3bit 二进制编码值的覆盖，且有一个符号对没有使用。此时的数据速率仍然是 100Mbit/s，每个电平实际上包含了 1.5bit 信息。3B/2T 编码如图 6-19 所示。

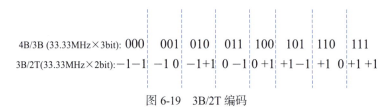

图 6-19 3B/2T 编码

3B/2T 的转换关系见表 6-3。

表 6-3 3B/2T 的转换关系

3bit 数据值	T_A	T_B
000	-1	-1
001	-1	0
010	-1	$+1$
011	0	-1
100	0	$+1$
101	$+1$	-1
110	$+1$	-1
111	$+1$	$+1$

③ 完成了 3B/2T 编码的一对三进制符号（2T）后，为了能在双绞线上传输，需要将三进制符号中的 -1、0、$+1$ 对应成低电平 0 或高电平 1，这种三电平脉冲幅度调制方式即 PAM3，如图 6-20 所示。最终在总线上信号的振荡频率是 66.666MHz，但是它实现了 100Mbit/s 的通信

速率。从这个过程可以看出,将汽车以太网的信号带宽限制在 33.33MHz,大约为 100BASE-TX 带宽的一半。较低的信号带宽可改善回波损耗,降低串扰,可以满足严格的汽车电磁辐射要求。

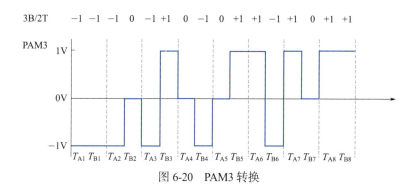

图 6-20 PAM3 转换

数据从 MII 到双绞线电平的转换过程如图 6-21 所示。

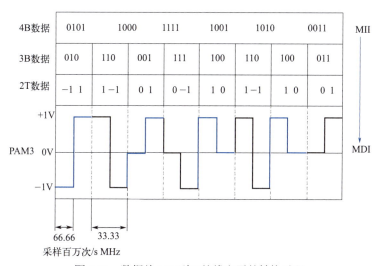

图 6-21 数据从 MII 到双绞线电平的转换过程

一对双绞线同时实现发送和接收,主要是采用了回声消除技术。

10BASE-T1 和 100BASE-TX 有两对信号线分别进行接收和发送,但是 100BASE-T1 是物理全双工接口,却允许在同一对上进行发送和接收。这个物理全双工通过叠加原理完成,100BASE-T1 PHY 具有集成的混合功能,并使用回声消除功能来消除其自身的发送信号并从链路伙伴中提取接收到的信息。为了做到这一点,一个 PHY 专门用作主机,另一个作为从机。当两个 100BASE-T1 PHY 连接时,它们会经过训练过程,从而使被测设备(DUT)和链路伙伴以相同的频率及相同的相位传输信息。如图 6-22 所示为每个 PHY 内的混合和回声消除的简化框图。

车载以太网是通过回声消除器从自身发送的信号与接收信号的复合信号中减去自身发送的信号,就得到了对面发过来的信号。

100BASE-T1 物理层的工作原理就是通过 4B/3B 转换、3B/2T 编码,再经过 PAM3 调制,最终通过一对双绞线上的差分信号以及回声消除实现 100Mbit/s 的全双工通信。

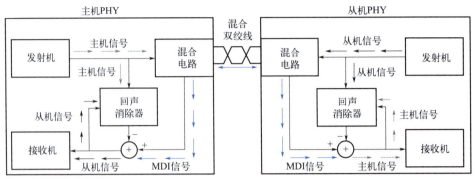

图 6-22　每个 PHY 内的混合和回声消除的简化框图

第三节　车载以太网协议

以太网发送数据时，媒介访问控制子层把逻辑链路控制子层传输来的数据按某种格式加上一定的控制信息，然后再经物理层发送出去。媒介访问控制子层传输给物理层的数据格式称为 MAC 帧格式。车载以太网主要有三种协议，即 MII 通信协议、MDIO 通信协议和 DMA 通信协议。

一、MAC 帧格式

IEEE 802.3 规定的 MAC 帧格式如图 6-23 所示，它包含 6 部分，分别是前导域及帧起始定界符、目的地址域、源地址域、长度/类型域、数据域和帧检验（FCS）域。

前导域	帧起始定界符	目的地址域	源地址域	长度/类型域	数据域	FCS域
8字节		6字节	6字节	2字节	46~1500字节	4字节

图 6-23　IEEE 802.3 规定的 MAC 帧格式

（1）**前导域及帧起始定界符**　前 7 个字节都是 10101010，最后一个字节是 10101011。用于将发送方与接收方的时钟进行同步，主要是由于以太网的类型不同，同时发送接收也不会是完全精确地以帧速率传输，因此需要在传输之前进行时钟同步。

（2）**目的地址域**　目的地址域标识了目的（接收）节点的地址，由 6 字节组成。目的地址可以是单播地址、多播地址或广播地址。

（3）**源地址域**　源地址域标识了最后一个转发此帧的设备的物理地址，也由 6 字节组成，但源地址只能是单播地址。

（4）**长度/类型域**　长度/类型域由 2 字节组成，同时支持长度域和类型域。允许以太网多路复用网络层协议，可以支持除了 IP 协议之外的其他不同网络层协议，或者是承载在以太网帧里的协议（如解析协议）。接收方根据此字段进行多路分解，从而达到解析以太网帧的目的，将数据字段交给对应的上层网络层协议，这样就完成了以太网作为数据链路层协议的工作。

（5）**数据域**　数据域是上层传输来的要求发送的实际数据，该域的长度被限制在

46～1500 字节之间。如果超过 1500 字节，就要启用 IP 协议的分片策略进行传输；如果不够 46 字节必须要填充到 46 字节。

（6）FCS 域 FCS 域是 4 字节的检验域，该域由前面的目的地址域、源地址域、长度 / 类型域及数据域经过 CRC 算法计算得到。接收节点将依次收到的目的地址域、源地址域、长度 / 类型域及数据域进行相同的计算，如计算结果与收到的 FCS 域不一致，则表明发生了传输错误。

二、MII 通信协议

MII 通信协议是用于以太网 MAC 层与物理层收发器 PHY 之间的数据传输协议。

MII 是 IEEE 802.3 定义的以太网行业标准，该标准就是为了解决以太网 MAC 层与 PHY 之间的兼容性，保证即使更换了不同类型的 MAC，PHY 始终能够正常工作。MII 已经衍生出了多种增强型 MII，常用的就有 RMII、GMII 和 RGMII 等。

1. MII

MII 为媒介独立接口，如图 6-24 所示。数据位宽为 4 位，100Mbit/s 速率下，时钟频率为 25MHz；10Mbit/s 速率下，时钟频率为 2.5MHz。ETH_RXC 为接收数据参考时钟，ETH_RXC 由 PHY 侧提供；ETH_RXDV 为接收数据有效信号，高电平时数据有效；ETH_RXER 为接收数据错误信号，高电平时数据有效；ETH_RXD 为四位并行的接收数据线，在 ETH_RXDV 为高电平时、ETH_RXER 为低电平时数据有效；ETH_TXC 为发送参考时钟，ETH_TXC 由 PHY 侧提供；ETH_TXEN 为发送数据有效信号，高电平时数据有效；ETH_TXER 为发送数据错误信号，高电平时数据有效；ETH_TXD 为四位并行的发送数据线，在 ETH_TXEN 为高电平时、ETH_TXER 为低电平时数据有效。

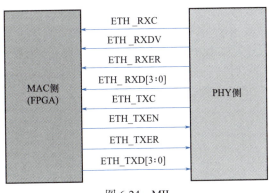

图 6-24 MII

MII 的选择只要软件上 MCAL 配置使用对应的 MII 类型，其余都是硬件行为，硬件上保证接口正常连接即可，如图 6-25 所示为以太网 MAC 与 PHY 之间的 MII 物理连接示意。

MII 具有以下特性。

① 支持 10Mbit/s 和 100Mbit/s 的数据传输速率。

② 100Mbit/s 工作模式下，信号参考时钟是 25MHz；10Mbit/s 工作模式下，信号参考时钟是 2.5MHz。

③ 支持全双工、半双工两种工作模式。

④ 发送和接收数据时采用 4 位方式。

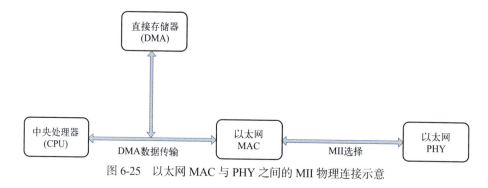

图 6-25 以太网 MAC 与 PHY 之间的 MII 物理连接示意

2. RMII

RMII 为简化媒介独立接口，如图 6-26 所示，它与 MII 的区别是无单独的发送和接收时钟，由外部晶振或外部时钟源提供时钟。数据位宽为 2 位，100Mbit/s 速率下，时钟频率为 50MHz；10Mbit/s 速率下，时钟频率为 5MHz。REF_CLK 为参考时钟；CRS_DV 为 CRS 与 DV 复用接口；ETH_RXER 为接收数据错误信号，高电平时数据有效；ETH_RXD 为二位并行的接收数据线；ETH_TXEN 为发送数据有效信号，高电平时数据有效；ETH_TXD 为二位并行的发送数据线。

3. GMII

GMII 为千兆比特媒介独立接口，如图 6-27 所示。数据位宽为 8 位，1000Mbit/s 速率下，时钟频率为 125MHz；100Mbit/s 速率下，时钟频率为 25MHz；10Mbit/s 速率下，时钟频率为 2.5MHz。ETH_RXC 为接收数据参考时钟，ETH_RXC 由 PHY 侧提供；ETH_RXDV 为接收数据有效信号，高电平时数据有效；ETH_RXER 为接收数据错误信号，高电平时数据有效；ETH_RXD 为八位并行的接收数据线，在 ETH_RXDV 为高电平时、ETH_RXER 为低电平时数据有效（4 位数据有效）；ETH_TXC 为发送参考时钟，ETH_TXC 由 PHY 侧提供；ETH_TXEN 为发送数据有效信号，高电平时数据有效；ETH_TXER 为发送数据错误信号，高电平时数据有效；ETH_TXD 为八位并行的发送数据线，在 ETH_TXEN 为高电平时、ETH_TXER 为低电平时数据有效（4 位数据有效）。

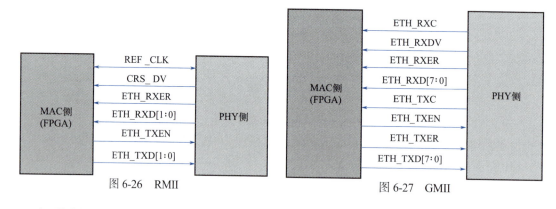

图 6-26 RMII　　　　图 6-27 GMII

4. RGMII

RGMII 为简化千兆比特媒介独立接口，如图 6-28 所示。数据位宽为 4 位，1000Mbit/s 速率下，时钟频率为 125MHz；100Mbit/s 速率下，时钟频率为 25MHz；10Mbit/s 速率下，时钟频率为 2.5MHz。ETH_RXC 为接收数据参考时钟，ETH_RXC 由 PHY 侧提供；ETH_RXCTL

为接收数据控制信号；ETH_RXD 为四位并行的接收数据线；ETH_TXC 为发送参考时钟，ETH_TXC 由 PHY 侧提供；ETH_TXCTL 为发送数据控制信号；ETH_TXD 为四位并行的发送数据线。

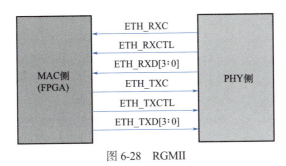

图 6-28　RGMII

三、MDIO 通信协议

MDIO 通信协议是用于以太网 MAC 层控制 PHY 的状态设置与获取协议，是一种专门用于管理 MAC 与 PHY 之间的串口数据接口，其基本功能如下：读取 PHY 相关寄存器的值；获取 PHY 的链接及其他工作状态等；设置对应 PHY 的工作模式等。除此之外，MDIO 协议接口是一种实时、半双工、串行的数据接口，由两根线组成，一根被称为 MDIO 线，另外一根则是 MDC 线。MDIO 线负责数据的传输，MAC 与 PHY 之间可以双向传输，写寄存器由 MAC 驱动，读寄存器由 PHY 驱动，先传高位（MSB）再传低位（LSB），且该引脚需要上拉 1.5～10kΩ 范围内的电阻。MDC 线负责传递时钟同步信号，只能单向传输，通过 MAC 驱动，且只能在 MDC 上升沿对 MDIO 上的数据进行采样，该 MDC 允许最大的时钟频率一般都由 PHY 决定。

一个 MDIO 接口可支持 32 个 PHY 地址，该接口有 32 个寄存器地址，其中前 16 个寄存器已经在标准中定义，其余 16 个则由各个器件厂商自行定义。

根据 IEEE 802.3 协议中将 MDIO 协议分为两种帧格式，分别为 Clause22 与 Clause45，其中 Clause22 主要用于千兆以下的以太网 PHY，而 Clause45 则用于千兆以上的以太网 PHY。

四、DMA 通信协议

DMA 通信协议是用于以太网 MAC 层与 CPU 之间的数据传输通信协议，提高数据传输效率，降低 CPU 负载。

1. DMA 接收数据

数据从 I/O 设备输入到 DMA 接口的过程如下。

① 当设备准备好一个字时，发出选通信号，将该字读到 DMA 的数据缓冲寄存器中，表示数据缓冲寄存器"满"（如果 I/O 设备是面向字符的，则一次读入一个字节，组装成一个字）。

② 设备向 DMA 接口发请求。

③ DMA 接口向 CPU 申请总线控制权。

④ CPU 发回保持确认（HLDA）信号，表示允许将总线控制权交给 DMA 接口。HLDA 为 CPU 向 DMA 控制器发出的允许接管总线的应答信号。

⑤ 将 DMA 主存地址寄存器中的主存地址发送到地址总线，并命令存储器写。

⑥ 通知设备已被授予一个 DMA 周期,并为下一个字做准备。
⑦ 将 DMA 数据缓冲寄存器的内容发送到数据总线。
⑧ 主存将数据总线上的信息写至地址总线指定的存储单元中。
⑨ 修改主存地址和字计数值。
⑩ 判断数据块是否传送结束,若未结束,则继续传送;若已结束(字计数器溢出),则向 CPU 申请程序中断,标志数据块传送结束。

2. DMA 传送数据

数据从 DMA 接口输出到 I/O 设备的过程如下。

① 当 DMA 数据缓冲寄存器已将输出数据送至 I/O 设备后,表示数据缓冲寄存器已"空"。
② 设备向 DMA 接口发请求。
③ DMA 接口向 CPU 申请总线控制权。
④ CPU 发回 HLDA 信号,表示允许将总线控制权交给 DMA 接口使用。
⑤ 将 DMA 主存地址寄存器中的主存地址发送到地址总线,并命令存储器读。
⑥ 通知设备已被授予一个 DMA 周期,并为交换下一个字做准备。
⑦ 主存将相应地址单元的内容通过数据总线读入 DMA 的数据缓冲寄存器中。
⑧ 将 DMA 数据缓冲寄存器的内容发送到输出设备,若为字符设备,则需要将其拆成字符输出。
⑨ 修改主存地址和字计数值。
⑩ 判断数据块是否已传送完毕,若未完毕,则继续传送;若已传送完毕,则向 CPU 申请程序中断。

第四节 车载以太网时间同步技术

在通信网络中,许多业务的正常运行都要求网络时间同步。时间同步包括频率和相位两方面的同步。通过时间同步可以使整个网络各设备之间的频率和相位差保持在合理的误差范围内。

要实现时间同步,首先要有时钟源。在绝大多数自动驾驶系统中都配有高精度全球导航卫星系统(GNSS)接收机,而 GNSS 中的导航卫星内置高精度原子钟,GNSS 接收机通过解算导航卫星信号,可以获得超高精度的时钟信号。所以 GNSS 除了定位功能外,还有重要的授时功能。

原子钟是人类目前最精确的时间测量仪器。GNSS 车载接收机在接收到大于等于 4 颗卫星的地方,通过解算即可获得接收机系统时间与卫星原子钟之间的钟差,并通过钟差来校准自己的系统时间,这一步就是 GNSS 的授时功能。基于 GNSS 的授时功能实现整个自动驾驶系统的时间同步,具有理论可行性,但并不具有实际可操作性。

同步以太网(SyncE)是一种基于物理层码流携带和恢复频率信息的同步技术,能实现网络设备间高精度的频率同步,满足无线接入业务对频率同步的要求。通常将 SyncE 和精确时间协议(PTP)技术配合使用,同时满足频率和相位的高精度要求,实现纳秒级的时间同步。

SyncE 只能实现频率同步，而 SyncE 和 PTP 配合可实现时间同步。

一、SyncE 同步

频率同步也称为时钟同步。频率同步指两个信号的变化频率相同或保持固定的比例，信号之间保持恒定的相位差。如图 6-29 所示为频率同步示意，两个表的时间不一样，但是保持一个恒定的差（6h）。

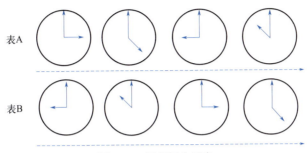

图 6-29　频率同步示意

相位同步是指信号之间的频率和相位都保持一致，即信号之间相位差恒定为零。如图 6-30 所示为相位同步示意，两个表每时每刻的时间都保持一致。相位同步的前提是频率同步，所以，相位同步也称为时间同步。

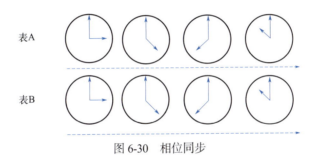

图 6-30　相位同步

数字通信网中传递的是对信息进行编码后得到的脉冲编码调制（PCM）数字脉冲信号，每秒生成的脉冲个数即为脉冲的频率。以太网物理层编码采用 FE（百兆）和 GE（千兆）技术，平均每 4 位就插入一个附加位，这样在其所传输的数据码流中不会出现超过 4 个 1 或者 4 个 0 的连续码流，可有效地包含时钟信息。利用这种信息传输机制，SyncE 在以太网源端接口上使用高精度的时钟发送数据，在接收端恢复、提取这个时钟，并作为接收端发送数据码流的基准。

如图 6-31 所示为 SyncE 时钟同步原理示意，假设外接时钟源 1 比外接时钟源 2 更可靠，当选为最优时钟。设备 1 和设备 2 均同步外接时钟源 1 的频率，同步原理如下。

（1）**发送方向同步机制**　发送端携带并传递同步信息。因为外接时钟源 1 的同步状态信息（SSM）级别最高，设备 1 选择外接时钟源 1 作为最优时钟；设备 1 提取外接时钟源 1 发送的时钟信号，并将时钟信号注入以太网接口卡的物理层芯片（PHY）中；物理层芯片将这个高精度的时钟信息添加在以太网线路的串行码流里发送出去，向下游设备（设备 2）传递时钟信息。

（2）**接收方向同步机制**　接收方向提取并同步时钟信息。设备 2 的以太网接口卡物理层芯片从以太网线路收到的串行码流里提取发送端的时钟信息，分频之后上传到时钟扣板；时钟扣板将接口接收的线路时钟信号、外接时钟源 2 输入的时钟信号、本地晶振产生的时钟信号进行比较，根据自动选源算法选举出线路时钟信号作为最优时钟，并将时钟信号发送给时钟扣板上的时钟锁相模块（PLL）；时钟锁相模块跟踪时钟参考源后，同步本地系统时钟，并将本地系统时钟注入以太网接口卡物理层芯片往下游继续发送，同时将本地系统时钟输出给本设备的业务模块使用。

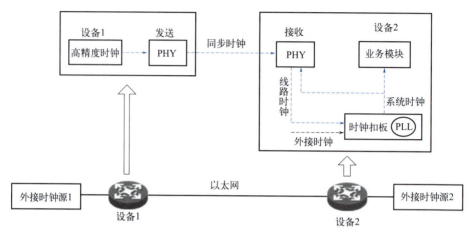

图 6-31　SyncE 时钟同步原理示意

同步以太网设备配置有时钟锁相模块（PLL），PLL 有 3 种工作模式：锁相、保持和自由运行。锁相模式即为 PLL 锁定参考基准，系统时钟精度和参考基准的精度保持一致，参考基准是从上一级传下来，可以是网中的主时钟，也可以是从上一级节点内置数据码流中下发的时钟，也可以是直接来自于本地的全球定位系统（GPS）时钟；保持模式为 PLL 失去参考基准，根据已往的时钟参数在一段时间内保持原有的时钟精度，保持模式一般可持续 24h，部分锁相环可达到 48h，经过保持模式，PLL 即进入自由运行模式；在自由运行模式下，系统时钟精度完全受制于本地振荡器时钟精度。

系统时钟存在三种工作状态，即跟踪状态、保持状态和自由振荡状态，用户通过查看系统时钟的状态信息，可了解设备的时钟同步情况。当设备选择了一个最优时钟，并和最优时钟达到频率同步，系统时钟将处于跟踪状态，时钟芯片内部会不断保存最优时钟的相关数据；当最优时钟失效，不能继续提供时钟信号时，时钟芯片会根据之前存储的相关数据，在一定时间（最长不超过 24h）内保持之前最优时钟的频率特征，提供与原最优时钟相符的时钟信号，此时，系统时钟处于保持状态；若保持状态超时，原最优时钟仍未恢复，系统时钟会进入自由振荡状态，此时，设备使用内部晶振作为最优时钟。

同步以太网技术具有以下特点。

① 要求网络上的每个节点都支持同步以太，才能实现整个网络的时钟同步。

② 实现简单，不受高层协议的影响，也不会受到数据网络拥塞、丢包、时延等影响。

③ 通过以太网物理层芯片从串行数据码流中恢复发送端的时钟，这种方式与同步数字体系（SDH）时钟恢复方式相同，并且可以获得类似 SDH 的时钟精度，实现网络时钟同步。

同步以太网只能支持频率信号的传送，不支持时间信号的传送，所以单纯的同步以太网方案只适用于不需要时间同步要求的场景。

二、PTP 同步技术

PTP 是一种主从式的时间同步系统，采用硬件时间戳，因此可以大幅减少软件处理时间。同时 PTP 可运行在 L2 层（MAC 层）和 L4 层（UDP 层），运行在 L2 层网络时，直接在 MAC 层进行报文解析，不用经过 L4 层的 UDP 协议栈，从而大幅减少了在协议栈的驻留时间，进一步提高了时间同步精度，更适用于自动驾驶系统。

设备中运行 PTP 协议的网络端口称为 PTP 端口，PTP 主端口用来发布时间，PTP 从端口用来接收时间。同时定义了三种时钟节点，分别是边界时钟（BC）节点、普通时钟（OC）节点和透明时钟（TC）节点。

① 边界时钟节点拥有多个 PTP 端口，其中一个端口用来同步上游设备时间，其余端口用来向下游设备发送时间。当边界时钟节点的上游时间同步设备是 GNSS 接收机时，边界时钟节点就是一个主时钟节点（最优时钟）。

② 普通时钟节点只有一个 PTP 端口，用来同步上游时钟节点的时间。

③ 透明时钟节点具有多个 PTP 端口，收到什么时间，转发什么时间，都不进行协议解析，内部不参与时间同步。

PTP 通过在主从设备之间交互同步报文，并记录下报文发送时间，从而计算网络传输延迟和主从设备间时钟的偏差。PTP 定义了四条同步报文：Sync、Follow_Up、Delay_Req、Delay_Resp。

PTP 时间同步的实现包括以下步骤：确定最优时钟以及主从关系；频率同步，实现从时钟与主时钟频率同步，频率同步是相位同步的前提和基础；相位同步，实现从时钟与主时钟相位同步，使得从时钟的时间（从节点的本地时间）和主时钟的时间保持一致。

（1）**确定最优时钟** 最优时钟可以通过手动指定，也可以通过最佳主时钟（BMC）算法动态选举。BMC 是 IEEE 1588v2 协议规定的一种确定网络中各时钟主从层级的算法。通过这种算法，将网络中的时钟划分为主、从时钟，从时钟跟踪主时钟的频率和时间。在网络发生变化或网络中某个时钟源的属性发生改变时，BMC 算法能重新选择最佳主时钟，使全网的频率和相位达到同步。

（2）**确定主从关系** PTP 网络中所有的时钟节点类型（TC 除外）通过主从关系联系在一起。主从关系包括各时钟节点之间的主从关系以及各时钟节点上接口的主从关系，主从关系决定了 PTP 时间同步的方向。各时钟节点之间的主从关系可通过 BMC 算法自动产生，也可手动指定。

（3）**频率同步** 确认了最优时钟以及时钟节点之间的主从关系之后，主时钟和从时钟之间通过交换 Sync 报文来实现频率同步。主时钟周期性地向从时钟发送 Sync 报文，如果不考虑链路延时的变化，且从时钟的频率和主时钟是同步的，那么在相同的时间间隔内，主时钟和从时钟累计的时间偏差应该是相同的，如图 6-32 所示为 PTP 双步模式频率同步原理示意，图中 Sync 是控制多个节点发送与接收之间协调和同步的一种特殊机制，用于过程数据对象（PDO）的同步传输；Follow_Up 报文传输的是 Sync 报文在主时钟节点发送时刻的时间戳；$T_{n+1}-T_n = T'_{n+1}-T'_n$。如果时间偏差不相同：$T_{n+1}-T_n > T'_{n+1}-T'_n$，说明从时钟的时间比主时钟慢，频率比主时钟快，则需要调慢从时钟的频率；$T_{n+1}-T_n < T'_{n+1}-T'_n$，说明从时钟的时间比主时钟快，频率比主时钟慢，则需要调快从时钟的频率。

频率比计算公式为 $(T_{n+1}-T_n)/(T'_{n+1}-T'_n)$，从时钟根据计算出来的频率比调整本机时钟芯片的频率。

（4）相位同步 确认了最优时钟以及时钟节点之间的主从关系之后，主、从时钟之间才会开始相位同步。主、从时钟间周期交互 PTP 报文，从时钟通过时间戳计算出与主时钟的当前时间偏差。从时钟根据时间偏差调整本地时间，使得本地时间和主时钟时间保持一致，也称为时间同步。

从时钟本地准确时间 = 从时钟本地当前时间 − 时间偏差。

如图 6-33 所示为相位同步阶段示意，粗略地计算，时间偏差 $=T_n-T'_n$。但实际上，$(T_n-T'_n)$ 中包含了报文在链路中的传输延时，为了提高时间同步的精度，时间偏差的测量和计算过程应包括链路延时测量阶段和时间偏差测量阶段。

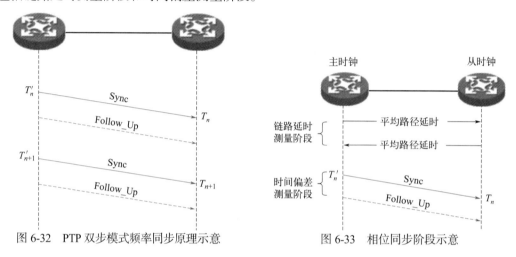

图 6-32　PTP 双步模式频率同步原理示意　　图 6-33　相位同步阶段示意

链路延时测量阶段用于确定主时钟与从时钟之间报文传输的延时。主、从时钟之间交互同步报文并记录报文的收发时间，通过计算报文往返的时间差来计算主、从时钟之间的往返总链路延时。如果两个方向的链路延时相同（也称为网络对称），则往返总链路延时的一半就是单向链路延时。如果网络延时不对称且通过其他方式获知了报文发送方向和接收方向的链路延时之差，可以通过配置非对称延时来校正链路延时，从而更精确地进行时间同步。

时间偏差测量阶段用于测量主时钟与从时钟之间的时间偏差。主时钟按周期向从时钟发送 Sync 报文，并记录它的发送时间 T'_n。从时钟接收到 Sync 报文时立刻把当前时刻 T_n 记下，于是得到主、从时钟的"时间偏差 $=(T_n-T'_n)$ − 单向链路延时"。

PTP 协议定义了两种链路延时测量机制——请求应答机制和端延时机制，且这两种机制都以网络对称为前提。PTP 域中所有时钟节点使用的链路延时测量机制必须相同，对于时钟节点类型全为边界时钟（BC）和普通时钟（OC）的 PTP 网络，使用请求应答机制和端延时机制基本没有差别。这两种机制的差别主要体现在使用透明时钟（TC）的 PTP 域中。用户先根据组网情况，确定是否使用端到端透明时钟（E2ETC）或点到点透明时钟（P2PTC），再根据使用的 TC 类型使用对应的链路延时测量机制。当使用 E2ETC 时，需配套使用请求应答机制；当使用 P2PTC 时，需配套使用端延时机制。

请求应答机制下主时钟和从时钟根据收发的 PTP 协议报文计算主、从时钟之间的平均路径延时。如果主时钟和从时钟中间有 TC，则 TC 不计算平均路径延时，只传递收到的 PTP 协议报文，并将 Sync 报文在本 TC 上的驻留时间传递给从时钟。

如图 6-34 所示为双步模式请求应答机制原理示意，以双步模式为例来说明请求应答机制的实现过程。

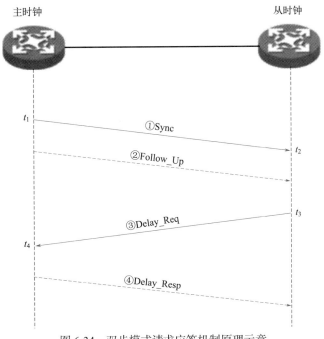

图 6-34　双步模式请求应答机制原理示意

① 主时钟向从时钟发送 Sync 报文，并记录发送时间 t_1；从时钟收到该报文后，记录接收时间 t_2。

② 主时钟发送 Sync 报文之后，紧接着发送一个携带有 t_1 的 Follow_Up 报文。

③ 从时钟向主时钟发送 Delay_Req 报文，用于发起对反向传输的延时的计算，并记录发送时间 t_3；主时钟收到该报文后，记录接收时间 t_4。

④ 主时钟收到 Delay_Req 报文之后，回复一个携带有 t_4 的 Delay_Resp 报文。

此时，从时钟便拥有了 t_1、t_2、t_3、t_4 这四个时间戳，由此可计算出：

- 主、从时钟间的往返总链路延时 = $[(t_2-t_1)+(t_4-t_3)]$；
- 主、从时钟间的单向链路延时 = $[(t_2-t_1)+(t_4-t_3)]/2$；
- 从时钟相对于主时钟的时钟偏差（Offset）= $[(t_2-t_1)-(t_4-t_3)]/2$。

端延时机制用于计算两个时钟节点之间的平均路径延时，而且这两个时钟节点会互相发送 Pdelay 报文，各自计算路径延时。如果主时钟和从时钟中间有 TC，TC 会将主、从时钟之间的同步路径划分为多段链路，TC 会参与计算每段链路的路径延时。每段链路的路径延时累计在同步报文中向下游传递，同时传递的信息还包括 Sync 报文在 TC 上的驻留时间。从节点根据累计的链路延时和 TC 驻留时间，计算主、从节点的平均路径延时。

使用端延时机制的两个时钟节点（可以为 BC、TC 或 OC）会互相发送 Pdelay 报文，并分别计算这两个时钟节点之间链路的单向时延，两个节点上的报文交互流程和计算原理完全相同。如图 6-35 所示为双步模式端延时机制原理示意，图中只画了双步模式下时钟节点 B 作为端延时测量发起方的情况来示意端延时机制实现过程。

双步端延时机制实现过程如下。

① 时钟节点 B 向时钟节点 A 发送 Pdelay_Req 报文，用于发起反向传输延时的计算，并记录发送时间 t_1；时钟节点 B 收到该报文后，记录接收时间 t_2。

② 时钟节点 A 收到 Pdelay_Req 报文之后，回复一个携带有 t_2 的 Pdelay_Resp 报文，并记录发送时间 t_3；时钟节点 B 收到该报文后，记录接收时间 t_4。

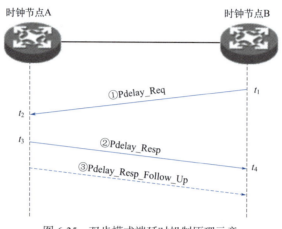

图 6-35　双步模式端延时机制原理示意

③ 时钟节点 A 回复 Pdelay_Resp 报文之后，紧接着发送一个携带有 t_3 的 Pdelay_Resp_Follow_Up 报文。

此时，时钟节点 B 便拥有了 t_1、t_2、t_3、t_4 这四个时间戳，由此可计算出：
- 时钟节点 A 和时钟节点 B 间链路的往返总延时 $=(t_2-t_1)+(t_4-t_3)$；
- 由于网络是对称的，时钟节点 A 和时钟节点 B 间链路的单向延时 $=[(t_2-t_1)+(t_4-t_3)]/2=[(t_3-t_2)+(t_4-t_1)]/2$；
- 从时钟相对于主时钟的时钟偏差 = 从时钟收到 Sync 报文的时间 − 主时钟发送 Sync 报文的时间 − 每段链路单向时延的累计时间 − 链路上所有 TC 驻留时间和。

三、全域架构时间同步系统方案

全域架构时间同步系统方案如图 6-36 所示，PPS（脉冲数/秒）是时间周期为 1s 的同步脉冲信号，脉冲宽度为 5～100ms；GPRMC 是通过标准串口输出标准的时间同步报文，同步脉冲前沿时刻与 GPRMC 报文的发送在同一时刻，误差为纳秒级别，误差可以忽略；GMSL 为千兆多媒体串行链路。全域架构下，因为智驾域控制器直接连接 GNSS 接收机（或内置），而 GNSS 又是绝佳的时钟源，因此智驾域控制器成为主时钟节点，中央网关域控制器通过车载以太网主干网串联起其他域控制器成为边界时钟，这样在时钟源丢失时，边界时钟节点同步主时钟节点的系统时间，仍然可以保持整个全域架构内相对时间一致。

对于其他域内传感器、执行器的时间同步需求，若没有，则此域控制器设计成普通时钟节点即可；若有，则可以设计成边界时钟，以保证无时钟源时的相对时间统一。

对于非车载以太网设备但有非常强烈同步需求的相机，可以将相机设置为外触发模式，通过主控给相机外触发脉冲信号。相机拍照时，曝光时刻也会产生脉冲信号发送给主控，主控记录此时的系统时间，并将时间戳数据放到相机的图像数据里。

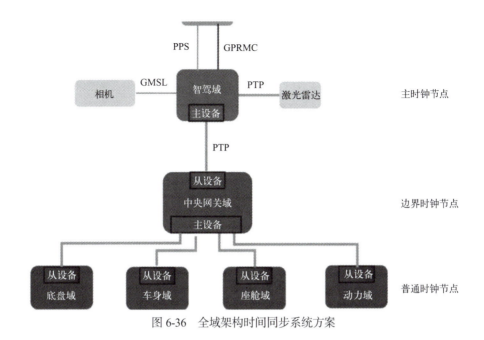

图 6-36 全域架构时间同步系统方案

第五节 车载以太网应用

车载以太网可以应用到以下场景中。

① 时间触发以太网的高带宽和确定性消息通信的特性，可以提升 ADAS 的性能。

② 车辆电子线控系统 x-by-wire。该电子线控技术是从航空领域的线控系统 fly-by-wire 发展而来，可以通过传感器将驾驶员的操作动作转变为电信号，然后使用线缆直接传输到控制执行终端。如今线控技术主要应用在车辆上的换挡系统、制动系统、悬架系统、增压系统、油门系统及转向系统。线控系统也为自动驾驶提供了良好的平台。

③ 车载多媒体的音频和视频传输，同样可以得益于高速率、高可靠的时间触发以太网络，为乘客提供高质量的视听效果。

④ 自动驾驶是车载以太网未来的应用领域之一，时间触发以太网能满足带宽和软件集成需求，为自动驾驶汽车的安全提供保障。

如图 6-37 所示为基于 CAN 总线的汽车诊断拓扑。可以看出，利用 CAN 总线进行汽车诊断，通过网关到车上控制单元的数据传输速率最高为 1Mbit/s，因此，FlexRay 总线的传输速率（10Mbit/s）在诊断或软件升级时就利用不上了。

如果再加上以太网连接，就可以完全利用 FlexRay 总线的带宽，这在发动机控制单元和变速器控制单元配置参数时尤其有意义。基于 CAN 总线和以太网的汽车诊断拓扑如图 6-38 所示。

汽车整车网络一般包括多种总线，如 CAN 总线、LIN 总线、FlexRay 总线、MOST 总线和以太网等。

奥迪 A4 车载网络拓扑结构如图 6-39 所示。可以看出，奥迪 A4 车载网络使用了 CAN 总线、LIN 总线、FlexRay 总线、MOST 总线、以太网以及 LVDS 导线、FBAS 导线。LVDS 为低压差分信号，用于高速数据传输的接口标准，数据通过相对小的（低压）变化（差分）电平进行传输；FBAS 为彩色图像消隐同步信号，是由色度信号（F）、亮度信号（B）、消隐信号

（A）、同步信号（S）组成，它是一种视频传输形式，所有信号通过一根电缆传输。

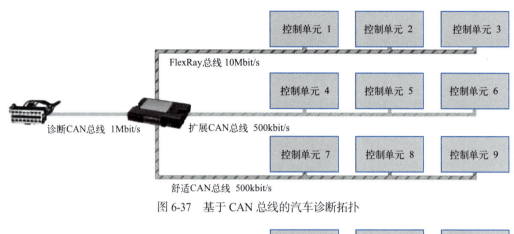

图 6-37 基于 CAN 总线的汽车诊断拓扑

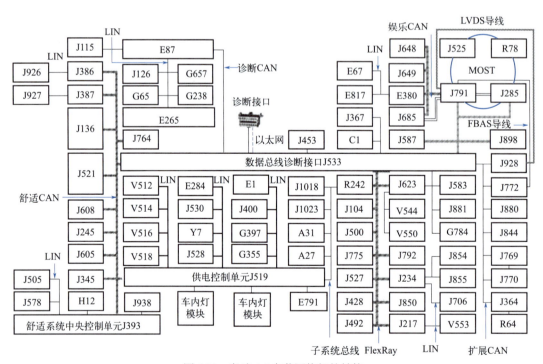

图 6-38 基于 CAN 总线和以太网的汽车诊断拓扑

图 6-39 奥迪 A4 车载网络拓扑结构

奥迪 A4 车载网络拓扑结构中的符号意义见表 6-4。

表 6-4　奥迪 A4 车载网络拓扑结构中的符号意义

符号	意义	符号	意义
A27	右前 LED 大灯功率模块 1	J605	后备厢盖控制单元
A31	左前 LED 大灯功率模块 1	J608	专用车控制单元
E87	前部空调操纵和显示单元	J623	发动机控制单元
E265	后部空调操纵和显示单元	J648	左后信息显示和操纵控制单元
E380	多媒体系统操纵单元	J649	右后信息显示和操纵控制单元
J104	ABS 控制单元	J685	MMI 显示屏
J136	带有记忆功能的驾驶员座椅调节和转向柱调节控制单元	J764	电子转向柱锁控制单元
J217	自动变速器控制单元	J769	变道辅助控制单元
J234	安全气囊控制单元	J770	变道辅助控制单元 2
J235	滑动天窗控制单元	J772	倒车摄像头控制单元
J285	组合仪表控制单元	J775	底盘控制单元
J345	挂车识别控制单元	J792	主动转向控制单元
J364	辅助加热控制单元	J794	信息电子控制单元 1
J386	驾驶员车门控制单元	J844	远光灯辅助控制单元
J387	副驾驶员车门控制单元	J850	车距调节控制单元 2
J393	舒适系统中央控制单元	J880	还原剂计量系统控制单元
J428	车距调节控制单元	J898	抬头显示控制单元
J492	全轮驱动控制单元	J926	左后车门控制单元
J500	转向助力控制单元	J927	右后车门控制单元
J519	供电控制单元	J928	周围环境摄像头控制单元
J521	带有记忆功能的副驾驶员座椅调节控制单元	J1018	左侧车灯控制单元
J525	数字音响包控制单元	J1023	右侧车灯控制单元
J527	转向柱电子控制单元	R78	电视调谐器
J533	数据总线诊断接口	R242	驾驶员辅助系统正面摄像头
J587	选挡杆传感器控制单元		

奥迪 A8 车载网络拓扑结构如图 6-40 所示。可以看出，奥迪 A8 车载网络使用了 CAN 总线、LIN 总线、FlexRay 总线、MOST 总线、以太网以及 LVDS 导线、USB 线。

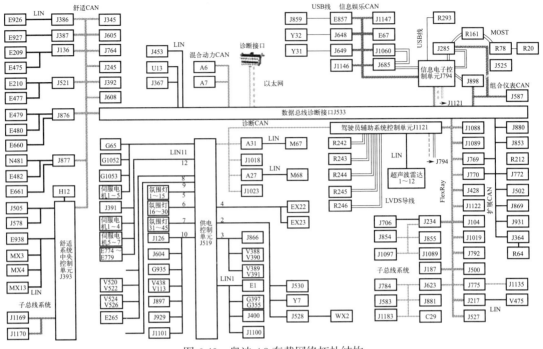

图 6-40 奥迪 A8 车载网络拓扑结构

奥迪 A8 车载网络拓扑结构中的符号意义见表 6-5。

表 6-5 奥迪 A8 车载网络拓扑结构中的符号意义

符号	意义	符号	意义
A6	蓄电池 48V	E884	空调操纵和显示单元 6
A7	变压器 48V/12V	EX22	仪表板中间开关模块
A27	右侧 LED 大灯功率模块 1	EX23	副仪表板开关 1
A31	左侧 LED 大灯功率模块 1	G65	高压传感器
C29	启动发电两用机	G355	空气湿度传感器
E1	灯开关	G395	制冷剂压力和温度传感器
E67	驾驶员侧音量调节器	G397	雨水/光强度识别传感器
E265	后座自动空调操纵和显示单元	G578	防盗警报传感器
E660	左后多轮廓座椅开关	G784	颗粒传感器
E661	右后多轮廓座椅开关	G929	车内二氧化碳含量传感器
E774	空调操纵和显示单元 1	G935	车外空气质量和空气湿度传感器
E775	空调操纵和显示单元 2	G1052	低压侧制冷剂压力和温度传感器
E776	空调操纵和显示单元 3	G1053	高压侧制冷剂压力和温度传感器
E777	空调操纵和显示单元 4	J104	ABS 控制单元
E778	空调操纵和显示单元 5	H12	警报喇叭
E857	辅助显示和操纵单元 1	J126	新鲜空气鼓风机控制单元
E859	无线操纵单元 1	J136	带有记忆功能的驾驶员座椅调节和转向柱调节控制单元

续表

符号	意义	符号	意义
J187	差速锁控制单元	J792	主动转向控制单元
J217	自动变速器控制单元	J853	夜视系统控制单元
J234	安全气囊控制单元	J854	左前安全带张紧器控制单元
J245	滑动天窗控制单元	J855	右前安全带张紧器控制单元
J285	组合仪表控制单元	J866	电动可调转向柱控制单元
J345	挂车识别控制单元	J869	车身传声控制单元
J364	辅助加热控制单元	J876	左后座椅调节控制单元
J367	蓄电池监控控制单元	J877	右后座椅调节控制单元
J386	驾驶员车门控制单元	J880	还原剂计量系统控制单元
J387	副驾驶员车门控制单元	J881	NO_x 传感器控制单元 2
J391	后部新鲜空气鼓风机控制单元	J897	空气改善系统控制单元
J392	后部滑动天窗控制单元	J898	抬头显示控制单元
J400	雨刮电机控制单元	J927	右后车门控制单元
J428	车距调节控制单元	J926	左后车门控制单元
J453	多功能转向盘控制单元	J931	总成悬置控制单元
J500	转向助力控制单元	J938	后备厢盖开启控制单元
J502	轮胎压力监测控制单元	J1018	左侧车灯控制单元
J505	前挡风玻璃加热控制单元	J1019	后桥转向控制单元
J521	带记忆功能的副驾驶员座椅调节控制单元	J1023	右侧车灯控制单元
J525	数字音响包控制单元	J1060	下部触屏
J527	转向柱电子控制单元	J1088	左前物体识别雷达传感器控制单元
J528	车顶电子控制单元	J1089	右前物体识别雷达传感器控制单元
J530	车库门开启控制单元	J1097	左后安全带张紧器控制单元
J583	NO_x 传感器控制单元	J1098	右后安全带张紧器控制单元
J587	选挡杆传感器控制单元	J1100	前风挡清洗泵控制单元
J604	空气辅助加热控制单元	J1101	香氛系统控制单元
J605	后备厢盖控制单元	J1122	激光车距调节控制单元
J608	专用车控制单元	J1135	水平调节压缩机电子装置
J623	发动机控制单元	J1146	移动终端充电器 1
J648	左后信息显示和操纵控制单元	J1147	移动终端充电器 2
J649	右后信息显示和操纵控制单元	J1169	近场通信控制单元
J685	MMI 显示屏	J1170	近场通信控制单元 2
J706	座椅占用识别控制单元	J1183	NO_x 传感器控制单元 3
J764	电子转向柱锁控制单元	M67	左侧辅助远光灯灯泡
J769	变道辅助控制单元	M68	右侧辅助远光灯灯泡
J770	变道辅助控制单元 2	MX3	左侧尾灯
J772	倒车摄像头控制单元	MX4	右侧尾灯
J775	底盘控制单元	MX13	中间尾灯

续表

符号	意义	符号	意义
N209	驾驶员腰部支撑调节阀体	R293	USB 集线器
N210	副驾驶员腰部支撑调节阀体	U13	带插座的逆变器（12～230V）
N475	驾驶员座椅内阀体 1	V66	水平调节压缩机电机
N477	副驾驶员座椅内阀体 1	V113	循环空气翻板伺服电机
N479	左后座椅内阀体 1	V388	驾驶员座椅靠背风扇
N480	左后座椅内阀体 2	V389	副驾驶员座椅靠背风扇
N481	右后座椅内阀体 1	V390	驾驶员座椅坐垫风扇
N482	右后座椅内阀体 2	V391	副驾驶员座椅坐垫风扇
R64	驻车加热无线接收器	V438	新鲜空气翻板伺服电机
R78	电视调谐器	V475	变速器机油辅助液压泵 1
R161	DVD 换碟机	V520	左后座椅靠背风扇 1
R204	电视读卡器	V522	左后座椅坐垫风扇 1
R212	夜视系统摄像头	V524	右后座椅靠背风扇 1
R242	驾驶员辅助系统正面摄像头	V526	右后座椅坐垫风扇 1
R243	前部周围环境摄像头	WX2	后部车内灯
R244	左侧周围环境摄像头	Y7	自动防眩目车内后视镜
R245	右侧周围环境摄像头	Y31	多媒体系统显示单元 3
R246	后部周围环境摄像头	Y32	多媒体系统显示单元 4

奥迪 A8 所使用的总线系统见表 6-6。

表 6-6 奥迪 A8 所使用的总线系统

总线系统	结构形式	数据传输速率	特性
舒适 CAN 总线	双线式总线系统	500kbit/s	单线无法工作
舒适 CAN 总线 2	双线式总线系统	500kbit/s	单线无法工作
扩展 CAN 总线	双线式总线系统	500kbit/s	单线无法工作
信息娱乐 CAN 总线	双线式总线系统	500kbit/s	单线无法工作
诊断 CAN 总线	双线式总线系统	500kbit/s	单线无法工作
组合仪表 CAN 总线	双线式总线系统	500kbit/s	单线无法工作
混合动力 CAN 总线	双线式总线系统	500kbit/s	单线无法工作
FlexRay 总线	双线式总线系统	10Mbit/s	单线无法工作
MOST 总线	光纤总线系统	150Mbit/s	环型结构，如果断路，就会导致整个系统失效
LIN 总线	单线式总线系统	20kbit/s	单线可以工作
子总线系统	双线式总线系统	500kbit/s，1Mbit/s	单线无法工作
LVDS 导线	双线式总线系统	约 200Mbit/s	单线无法工作
以太网	双线式总线系统	100Mbit/s	单线无法工作

智能网联汽车车载网络技术解析

第七章
车联网技术

车联网是由车辆位置、速度和路线等信息构成的巨大交互网络，可以把它看作是物联网、智能交通、车辆信息服务、云计算和汽车电子技术相结合的产物，当今的无人驾驶、人机交互、智能语音识别等都是车联网的体现。

第一节　车联网概述

一、车联网定义

车联网是指利用汽车上的车载单元（OBU）和道路附近的路侧单元（RSU）等数据传输设备，按照特定的通信协议和数据交换标准，进行 V2X 间的无线信息交互与共享，建立集交通实时动态管理、信息化服务及汽车控制于一体的网络，如图 7-1 所示。

图 7-1　车联网

二、车联网体系架构

根据车联网的系统功能划分，车联网体系架构分为感知与控制层、网络与传输层、综合应用层，如图 7-2 所示。

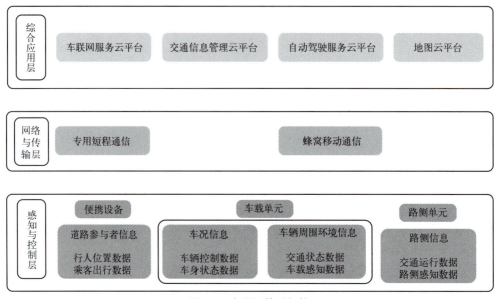

图 7-2 车联网体系架构

1. 感知与控制层

感知与控制层的功能包括完成汽车自身与道路交通信息的全面感知，通过车与车、车与网络、车与基础设施、车与行人的通信，及车载传感器、汽车定位等信息感知技术，实时采集汽车状态、道路环境及汽车位置等信息，为车联网应用提供全面的信息感知服务。

2. 网络与传输层

通过设计异构网络协同通信所需要的专用网络架构和协议模型，对感知层的数据进行预处理；通过对云计算、大数据、虚拟化等技术的综合应用，充分利用专用短程通信和蜂窝移动通信等现有通信网络资源，为综合应用层提供透明的信息传输服务和应用支撑。

3. 综合应用层

各项服务在现有的网络体系和协议基础上，提供兼容未来可能的网络拓展功能，为车联网用户提供汽车信息收集、存储、处理、共享与发布等各类信息服务，具体应用包括但不限于车联网服务云平台、交通信息管理平台、自动驾驶服务云平台和地图云平台等。

如图 7-3 所示为某车联网的网络拓扑结构。图中高速 CAN 网络传输发动机模块、变速器模块以及电机模块等动力模块的控制信息和状态信息，低速 CAN 网络负责车门、座椅及雨刷等车身模块信息的传输。其他车载网络（FlexRay 网络、MOST 网络）通过网关与 CAN 网络进行连接。车联网架构下，车外网络及设备也可通过有线或者无线的方式与车辆进行通信。车载自诊断系统（OBD）可通过 OBD 接口与车载 CAN 网络进行通信。车载导航、广播以及其他 ECU 可以通过其通信模块与外部进行连接。电子不停车收费（ETC）、智能车钥匙以及车载雷达的应用使得车载网络可以和周围设备快速连接。随着车载娱乐设备的不断升级，车载娱乐系统的功能与对外交互也越来越多。

三、车联网特点

车联网与其他的移动网络和通信网络相比，具有以下特点。

1. 无限制的节点能量

与传统的感知网络相比，车联网移动设备的能量问题通常不是一个重要的限制条件，汽车本身能够给计算和通信设备提供持续的能量。

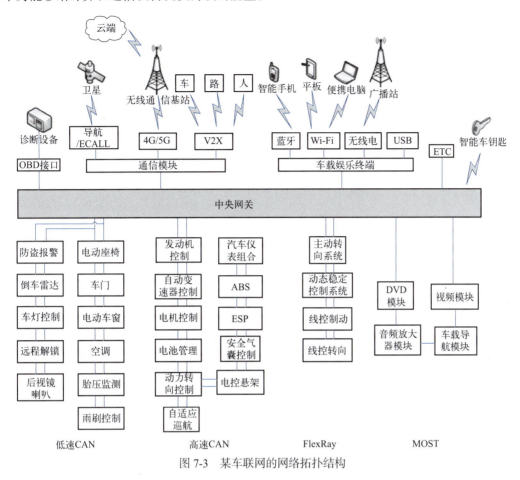

图 7-3 某车联网的网络拓扑结构

2. 更强的计算能力

相对于传感器节点等小型设备,汽车节点可以提供更强的计算、通信和感知能力。

3. 可预测的移动性

不同于传统移动自组织网络,汽车节点的移动受限于道路网络,因此汽车节点的运动具有很好的可预测性。道路网络信息通常是可得的,且汽车的位置信息可以通过 GPS 获得。因此根据汽车的平均速度、当前瞬时速度和历史轨迹可以预测汽车在未来时间出现的位置。

4. 大规模的节点分布

车联网原则上可以扩展到整个道路网络上,并且有众多参与者,包括路面上的汽车、路边停靠的汽车、路边设备等,而之前研究的自组织网络通常假设存在于局部有限的空间范围。

5. 高移动性

车联网中的大部分汽车节点都在高速移动,而且汽车之间的相对速度范围很大。在高速公路上,相对速度可以达到 300km/h,这时节点的密度可能很低;在城市交通中,相对速度可以达到 60km/h,这时节点的密度会很高。

6. 通信网络的不可连通性

车联网通常是瞬时不连通的,交通的动态性导致在稀疏交通场景下汽车之间存在大的间隙，从而形成多个孤立的节点簇。节点连通程度高度依赖于无线链路的通信半径和加入车联网的汽车比例。

7. 网络拓扑的动态性

与传统的自组织网络相比，车联网的汽车节点一直在移动，因此车联网场景具有很强的动态性，具体表现在节点之间的无线链路时断时续，网络拓扑动态变化频繁。

第二节　车载自组织网络技术

随着城市化进程的加快，道路交通状况越来越复杂，车载自组织网络作为智能交通系统的基础应用将是缓解交通拥堵、快速处理交通事故、提高交通安全、优化城市汽车流量及实现无人驾驶的重要方式。

一、车载自组织网络的定义

无线自组织网络是一种不同于传统无线通信网络的技术，它是由一组具有无线通信能力移动终端节点组成的、具有任意和临时性网络拓扑的动态自组织网络系统，其中每个终端节点既可作为主机，也可作为路由器使用。作为主机，终端具有运行各种面向用户的应用程序的能力；作为路由器，终端可以运行相应的路由协议，根据路由策略和路由表完成数据的分组转发和路由维护工作。

车载自组织网络是一种自组织、结构开放的汽车间通信网络，能够提供汽车之间以及汽车与路边基础设施之间的通信，通过结合全球定位系统及无线通信技术，如无线局域网、蜂窝网络等，可为处于高速移动状态的汽车提供高速率的数据接入服务，并支持汽车之间的信息交互，已成为保障汽车行驶安全，提供高速数据通信、智能交通管理及车载娱乐的有效技术，如图 7-4 所示。车载自组织网络是智能交通系统未来发展的通信基础，也是智能网联汽车安全行驶的保障。

图 7-4　车载自组织网络

二、车载自组织网络的类型

车载自组织网络结构主要分为 3 种，即 V2V 通信、V2I 通信、V2P（车辆与行人）通信，如图 7-5 所示。V2V 通信是通过 GPS 定位辅助建立无线多跳连接，从而能够进行暂时的数据通信，提供行车信息、行车安全等服务；V2I 通信能够通过接入互联网获得更丰富的信息与服务；V2P 通信的研究刚刚起步，目前主要通过智能手机中的特种芯片提供行人和交通状况，以后会有更多通信方式。

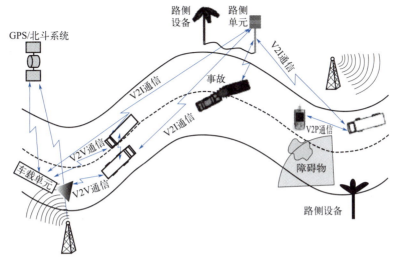

图 7-5　车载自组织网络结构

根据节点间通信是否需要借助路侧单元，可以将车载自组织网络的结构分为车间自组织型、无线局域网 / 蜂窝网络型和混合型。

1. 车间自组织型

汽车之间形成自组织网络，不需借助路侧单元，这种通信模式也称为 V2V 通信模式，也是传统移动自组织网络的通信模式。

2. 无线局域网 / 蜂窝网络型

在这种通信模式下，汽车节点间不能直接通信，必须通过接入路侧单元才能互相通信，这种通信模式也称为 V2I 通信模式，相比车间自组织型，路侧单元建设成本较高。

3. 混合型

混合型是前两种通信模式的混合模式，汽车可以根据实际情况选择不同的通信方式。

三、车载自组织网络的路由协议类型

路由协议是一种指定数据包转送方式的网上协议。车载自组织网络路由协议有很多种，如图 7-6 所示是一种车载自组织网络路由协议。

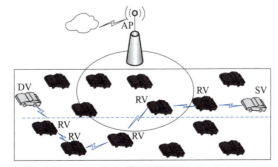

图 7-6　一种车载自组织网络路由协议

AP—接入点；SV—源汽车；RV—中继汽车；DV—目的汽车

车载自组织网络路由协议根据接收数据包的节点数量可分为单播路由、广播路由和多播路由。

(1) 单播路由 单播路由是指数据包源节点向网络中一个节点转发数据。

(2) 广播路由 广播路由是指数据包源节点向网络中的所有其他节点转发数据。

(3) 多播路由 多播路由是指数据包源节点向网络中多个节点转发数据。

车载自组织网络路由协议还可以分为基于拓扑结构的路由、基于地理位置的路由、基于移动预测的路由、基于路侧单元的路由和基于概率的路由。

(1) 基于拓扑结构的路由 初期的移动自组织网络的路由基本上都是基于拓扑结构的路由协议，网络中的节点通过周期性的广播路由信息得到其他节点的位置信息，从而选择下一跳进行数据包转发。

(2) 基于地理位置的路由 基于地理位置的路由协议通过位置服务方式实时准确地获取自身汽车和目的汽车的位置信息，同时通过路由广播的方式获得广播范围内邻居节点的位置信息，根据分组转发策略择优选择下一跳进行数据包转发。

(3) 基于移动预测的路由 由于节点的移动性，通过节点速度、加速度、距离和时间等参数，预测通信链路的生命周期，即可预测该路由路径的有效期。

(4) 基于路侧单元的路由 借助道路的路侧单元，可以解决由于汽车稀少导致的节点链路中断。路侧单元为路边可靠的固定节点，具有高带宽、低误码率和低延迟传输特点，并作为主干链路，当汽车节点出现链路中断时，路侧单元将采用存储转发策略来发送数据包。

(5) 基于概率的路由 用概率描述汽车节点在某一段时间内该链路还未断开或存在的可能性。在该路由协议中，需要建立相关的模型，并且这些模型的建立是基于某些网络特性的前提下，这样才能统计相关的变量的分布信息。

四、车载自组织网络的特征

车载自组织网络的特征主要包括节点速度、运动模式、节点密度、节点异构性和可预测的运动性等。

1. 节点速度

在移动的车载自组织网络中，最重要的特征就是节点的速度。汽车和道路两侧的路侧单元都可能成为节点。节点的可能速度为 0～200km/h。对于静态的路侧单元或汽车处于堵车路段时，其车速为零。汽车的最高速度可能会达到 200km/h 左右。这两种极端情况对于车载自组织网络中的通信系统构成了特殊的挑战。当节点速度非常高时，由于几百米的通信半径相对较小，会造成共同的无线通信窗口非常短暂。例如，如果两辆车以 90km/h 的速度朝相反的方向行驶，假定理论上无线通信范围为 300m，通信只能持续 12s。不过，同方向行驶的汽车，如果相对速度较小或中等，则这些同向汽车间的拓扑变化相对较少。如果同向行驶汽车的相对速度很大，那么接收机和发射机就得考虑诸如多普勒效应等物理现象。链路层难以预测连接的中断，容易导致频繁的链路故障。对于路由或多跳信息传播，汽车间短暂的相遇以及一般的汽车运动导致拓扑高度不稳定，使得基于拓扑的路由在实际中毫无用处。节点速度很大时对应用程序的影响也很大，比如由于速度太快，导致即时环境变化太快，使得对环境感知的应用也变得困难。在另外一种极端情况下，即节点几乎不移动，网络拓扑相对稳定。然而，汽车的缓慢移动意味着汽车密度很大，这会导致高干扰、媒介接入等诸多问题。

2. 运动模式

汽车是在预定义的道路上行驶的，一般情况下有两个行驶方向。只有在十字路口时，汽车的行驶方向才具有不确定性。将道路分为高密度城市道路、高速公路和乡村道路三种类型。

（1）**高密度城市道路** 在城市中，道路密度相对较高，有大街也有小巷，许多十字路口将道路分割成段，道路两边的建筑物也会影响到无线通信，汽车的运动速度较慢。

（2）**高速公路** 高速公路一般是多车道的，路段也很长，并且存在出口和匝道。汽车的运动速度较快，行驶方向能够较长时间保持不变。

（3）**乡村道路** 乡村道路通常很长，十字路口比城市道路要少得多。在这种环境下，由于路面汽车过少，一般很难形成连通的网络。道路的方向变化频率明显高于高速公路。

这些运动场景造成了很多挑战，尤其是路由问题。城市场景下，交通流非常无序，与此相反，高速公路上的车流却形成了另外一个极端，几乎整个运动都处于一维情况。

3. 节点密度

除了速度和运动模式外，节点密度是车载自组织网络节点移动性的第三个关键属性。在共同的无线通信范围内，可能存在零到几十、甚至上百辆汽车。假设在某四车道的高速公路上遇到交通阻塞，并且每20m存在一辆通信装备汽车，通信半径假定为300m，则在理论上其通信范围内有120辆汽车。当节点密度非常小时，几乎不可能完成瞬时消息转发。在这种情况下，需要更复杂的消息传播机制，可以先存储信息，并在汽车相遇时转发信息。这样可能导致一些信息被同一辆汽车重复多次转发。当节点密度很大时，情况则不同。消息只可能被选定的节点重复转发，否则会导致信道重载。

节点密度与时间也相关。在白天，高速公路和城市道路的节点密度较高，足以实现瞬时转发，有足够的时间使路由处理分段网络。但在夜间，无论哪种类型的道路，汽车都很少。

4. 节点异构性

在车载自组织网络中，节点有许多不同种类。汽车和路侧单元就是不同种类的节点。汽车可以进一步分为城市公交、私家车、出租车、救护车、道路建设和维修车辆等，并不是每辆车都要安装所有的应用。例如，救护车需要安装能够在其行驶路线上发出警告的应用。对于路侧单元也类似，基于自身的能力，路侧单元节点可以简单地向网络发送数据，或拥有自组织网络的完整功能。此外，路侧单元节点可以提供对背景网络的访问，如向交通管理中心报告道路状况。路侧单元与汽车节点不同，其性能较强，对于各种应用，它们不像汽车节点拥有相同的传感器，也不处理传输给驾驶员的消息，或对汽车采取措施。路侧单元节点是静态的，与个人或公司无关，不需要太多的信息保护。

5. 可预测的运动性

尽管汽车节点的运行规律比较复杂，但汽车的运动趋势在一定程度上仍然是可以预测的。在高速公路场景，根据汽车所处的车道、实时的道路状况以及汽车自身的速度和方向，就可以推测汽车在随后短时间内的运动趋势。在城市场景中，不同类型的汽车具有不同的运动趋势。公交车的行驶平均速度缓慢且具有间隔性静止状态，因此根据公交节点的速度大小和道路特点就可以推测出短时间内的运动趋势。

第三节　V2X 通信技术

V2X 是新一代无线电通信技术，它可以实现车辆与其环境要素之间的实时通信，如其他车辆、道路基础设施、行人、骑摩托车或自行车的人以及任何其他东西。V2X 的主要目标是拯救生命，这可以通过在紧急情况下控制车辆移动来实现。另一个涉及车辆控制的重要目标是通过改善与周围车辆的协调来提高交通效率。V2X 技术允许车辆在半径近 1000m 的范围内与其周围的车辆和基础设施交换信息。如果将 V2X 的交换信息与当前 ADAS 输入数据相结合，能有效扩大实际可视性并防止事故。

一、V2X 通信的定义

1. V2X 通信技术

V2X 是指车用无线通信技术，它是将汽车与一切事物相连接的新一代信息通信技术，其中 V 代表汽车，X 代表任何与汽车交互信息的对象，当前 X 主要包含汽车、行人、路侧基础设施和网络。

V2X 交互的信息模式包括 V2V、V2I、V2P、V2N 的交互，如图 7-7 所示。

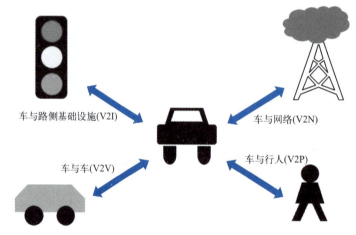

图 7-7　V2X 通信技术

（1）**V2V**　V2V 是指通过车载终端进行汽车间的通信。车载终端可以实时获取周围汽车的车速、位置、行车情况等信息，汽车间也可以构成一个互动的平台，实时交换文字、图片和视频等信息。V2V 通信主要应用于避免或减少交通事故、监控和管理汽车等。

（2）**V2I**　V2I 是指车载设备与路侧基础设施（如交通信号灯、交通摄像头、路侧单元等）进行通信，路侧基础设施也可以获取附近区域汽车的信息并发布各种实时信息。V2I 通信主要应用于实时信息服务、汽车监控管理、不停车收费等。

（3）**V2P**　V2P 是指弱势交通参与者（包括行人、骑行者等）使用用户设备（如手机、穿戴设备等）与车载设备进行通信。V2P 通信主要应用于避免或减少交通事故、提供信息服务等。

（4）**V2N**　V2N 是指车载设备通过接入网/核心网与云平台连接，云平台与汽车之间进行数据交互，并对获取的数据进行存储和处理，提供汽车所需要的各类应用服务。V2N 通信主要应用于汽车导航、汽车远程监控、紧急救援、信息娱乐服务等。

V2X 将人、车、路、云等交通参与要素有机地联系在一起，不仅可以使汽车获得比单车感知更多的信息，促进自动驾驶技术创新和应用；还有利于构建一个智慧的交通体系，促进汽车和交通服务的新模式、新业态发展，对提高交通效率、节省资源、减少污染、降低事故发生率、改善交通管理具有重要意义。

2. V2X 技术分类

V2X 技术分类如图 7-8 所示。

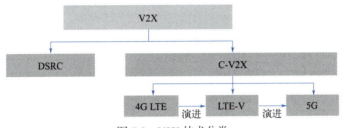

图 7-8　V2X 技术分类

3. C-V2X 通信技术

C-V2X 是基于蜂窝的 V2X 通信技术，它是基于 4G/5G 等蜂窝网通信技术演进形成的车用无线通信技术，包含了两种通信接口：一种是车、人、路之间的短距离直接通信接口（PC5）；另一种是终端和基站之间的蜂窝通信接口（Uu），可实现长距离和更大范围的可靠通信，如图 7-9 所示。

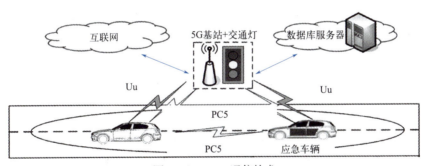

图 7-9　C-V2X 通信技术

C-V2X 是基于第三代合作伙伴计划（3GPP）全球统一标准的通信技术，包含 LTE-V2X（LTE-V）和 5G-V2X，从技术演进角度讲，长期演进的车对外界信息交互（LTE-V）支持向 5G-V2X 平滑演进。

LTE-V 可支持 L1～L3 级别的智能网联业务，包含红绿灯车速引导、交通事故提醒、远程诊断、紧急制动提醒等应用场景。

5G-V2X 相比 LTE-V 将在时延、可靠度、速率、数据包大小等方面有大幅度提高，可支持 L4/L5 级别的自动驾驶业务，包含汽车编队行驶、自动驾驶、远程控制、传感器信息共享等应用场景。

二、DSRC 技术

1. DSRC 技术的定义

专用短程通信（DSRC）技术是一种高效的短程无线通信技术，它可以实现在特定小区域内对高速运动下的移动目标的识别和双向通信，例如 V2V、V2I 双向通信，实时传输图像、语音和数据信息,将汽车和道路有机连接。

DSRC 系统的参考架构如图 7-10 所示。车辆与车辆之间,以及车辆与路侧基础设施之间,通过 DSRC 进行信息交互。

图 7-10　DSRC 系统的参考架构

DSRC 系统包含物理层、媒介访问控制层、网络层和应用层。

(1) **物理层**　物理层是建立、保持和释放专用短程通信网络数据传输通路的物理连接的层,位于协议栈的最底层。

(2) **媒介访问控制层**　媒介访问控制层是提供短程通信网络节点寻址及接入共享通信媒体的控制方式的层,位于物理层之上。

(3) **网络层**　网络层是实现网络拓扑控制、数据路由以及设备的数据传送和应用的通信服务手段的层,位于媒介访问控制层之上。

(4) **应用层**　应用层是向用户提供各类应用及服务手段的层,位于网络层之上。

车载单元的媒介访问控制层和物理层负责处理汽车与汽车之间、汽车与路侧基础设施之间的专用短程无线通信连接的建立、维护和信息传输;应用层和网络层负责把各种服务和应用信息传输到路侧基础设施及车载单元上,并通过车载子系统与用户进行交互;管理和安全功能覆盖专用短程通信整个框架。

2. DSRC 系统的组成

DSRC 系统主要由车载单元(OBU)、路侧单元(RSU)以及 DSRC 协议 3 部分组成,如图 7-11 所示。路侧单元通过有线光纤的方式连入互联网。蓝车代表 V2V/V2I 类安全业务,灰车代表 Telematics(远程信息处理)广域业务。汽车与汽车之间的信息交换通过 RSU 和 OBU 之间的通信实现,Telematics 业务通过 802.11p+RUS 回程的方式实现。可以看到 DSRC 架构中需要部署大量的 RSU 才能较好地满足业务需要,建设成本较高。

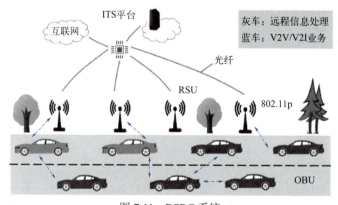

图 7-11　DSRC 系统

DSRC 技术在智能网联汽车上可实现 V2X 通信。DSRC 的有效通信距离为数百米，汽车通过 DSRC 以每秒十次的频率，向路上其他汽车发送位置、车速、方向等信息；当汽车接收到其他汽车所发出的信号，在必要时（例如马路转角有其他汽车驶出，或前方汽车紧急制动、变换车道）车内装置会以闪烁信号、语音提醒或座椅和转向盘震动等方式提醒驾驶员注意，如图 7-12 所示。

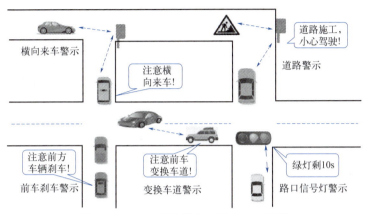

图 7-12 DSRC 通信技术应用于 V2X 通信

三、LTE-V 通信技术

1. LTE-V 通信技术的定义

LTE-V 是基于 LTE 的智能网联汽车协议，由 3GPP 主导制定规范，主要参与厂商包括华为、大唐电信、LG 等。

LTE 是指长期演进；LTE-V 是指基于 LTE 网络的 V2X 通信技术，是 C-V2X 现阶段的主要解决方案。

LTE-V 按照全球统一规定的体系架构及其通信协议和数据交互标准，在 V2V、V2I、V2P 之间组网，构建数据共享交互桥梁，助力实现智能化的动态信息服务、汽车安全驾驶、交通管控等，如图 7-13 所示。

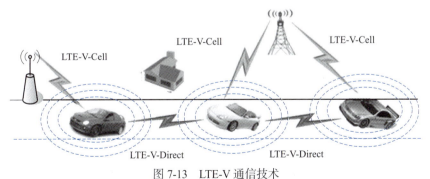

图 7-13 LTE-V 通信技术

2. LTE-V 系统的组成

LTE-V 系统由用户终端、路侧单元（RSU）和基站 3 部分组成，如图 7-14 所示。LTE-V 针对汽车应用定义了两种通信方式，即蜂窝链路式（LTE-V-Cell）和短程直通链路式（LTE-V-

Direct），其中 LTE-V-Cell 通过 Uu 接口承载传统的车联网 Telematics 业务，操作于传统的移动宽带授权频段；LTE-V-Direct 通过 PC5 接口实现 V2V、V2I 直接通信，促进实现汽车安全行驶。在 LTE-V-Direct 通信模式下，汽车之间的信息交互基于广播方式，可采用终端直通模式，也可经由 RSU 来进行交互，大大减少了 RSU 需要的数量。

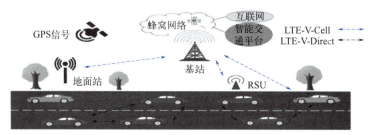

图 7-14　LTE-V 系统的组成

四、5G 通信技术

1. 5G 通信技术的定义

5G 是第 5 代移动通信系统。5G 是 4G 的延伸，是对现有无线接入技术（包括 3G、4G 和 Wi-Fi）的技术演进，以及一些新增的补充性无线接入技术集成后解决方案的总称。

5G 网络将融合多类现有或未来的无线接入传输技术和功能网络，包括传统蜂窝网络、大规模多天线网络、认知无线网络、无线局域网、无线传感器网络、小型基站、可见光通信和设备直连通信等，并通过统一的核心网络进行管控，以提供超高速率和超低时延的用户体验及多场景的一致无缝服务。

2. 5G 通信技术的特点

5G 移动通信技术具有以下特点。

（1）**高速率**　对于 5G 的基站峰值要求不低于 20Gbit/s，用户可以每秒钟下载一部高清电影，也能支持 VR 视频。高速率给未来对速率有很高要求的业务提供了机会和可能。

（2）**泛在网**　泛在网有两个层面的含义：一是广泛覆盖；二是纵深覆盖。

（3）**低功耗**　5G 要支持大规模物联网应用，就必须要有功耗的要求。如果能把功耗降下来，让大部分物联网产品一周充一次电，甚至一个月充一次电，就能大大改善用户体验，促进物联网产品的快速普及。

（4）**低时延**　5G 时延降低到 1ms，5G 的一个新场景是无人驾驶汽车，需要中央控制中心和汽车进行互联，车与车之间也应进行互联。在汽车高速行驶时，需要在最短的时延中把信息送到车上，进行制动与车控反应。

（5）**万物互联**　5G 时代，终端不是按人来定义的，因为每个人、每个家庭都可能拥有数个终端。通信业对 5G 的愿景是每平方千米可以支持 100 万个移动终端。

（6）**重构安全**　在 5G 基础上建立的是智能互联网，智能互联网不仅要实现信息传输，还要建立起一个社会和生活的新机制与新体系。智能互联网的基本精神是安全、管理、高效、方便，这就需要重新构建安全体系。

3. 5G 在智能网联汽车上的应用

5G 网络本身具有超大带宽、超低时延的特性，可以实时搜集传输更多更精确的环境信息，使用云计算能力用于汽车本身自动驾驶的决策。5G 能够加速推进 C-V2X 在智能网联汽车上的应用，可以增强安全性，减少行车时间 / 提高能源效率，加速网络效应。

① 增强安全性，包括实时情境感知、全新类型传感器数据共享以及安全性提升至更高水平。5G 速率更快，可支持汽车与汽车之间传感器数据的共享。

② 减少行车时间，提高能源效率。将 5G 引入协作式驾驶，不仅有 AI 支持的单车智能，还可以通过车联网以及汽车与汽车之间的协作式驾驶提高整体行驶效率。

③ 加速网络效应。5G 相比 4G 在网络容量、网络速率上有很大提升，5G 支持的 C-V2X 技术也在 4G 基础上有很大提升。传感器共享及路侧基础设施部署可在 5G C-V2X 部署初期即带来众多效益。

五、V2X 通信系统安全风险

V2X 通信系统安全风险主要来源于网络通信、业务应用、车载终端、路侧设备等。

1. 网络通信

（1）**蜂窝通信接口** 蜂窝通信接口场景下，V2X 通信系统面临的安全风险主要有假冒终端、伪基站、信令 / 数据窃听、信令 / 数据篡改 / 重放等，危害 V2X 智能网联业务安全。

（2）**直连通信接口** 短距离直连通信场景下，V2X 通信系统面临着虚假信息、假冒终端、信息篡改 / 重放、隐私泄露等安全风险，直接威胁着用户的安全。

2. 业务应用

V2X 业务应用包括基于云平台的业务应用以及基于 PC5/V5 接口的直连通信业务应用。基于云平台的应用以蜂窝通信为基础，在流程、机制等方面与移动互联网通信模式相同，存在假冒用户、假冒业务服务器、非授权访问、数据安全等安全风险；直连通信应用以网络层 PC5 广播通道为基础，在应用层通过 V5 接口实现，该场景下主要面临着假冒用户、消息篡改 / 伪造 / 重放、隐私泄露、消息风暴等安全风险。

3. 车载终端

车载终端除了传统的导航能力，未来更是集成移动办公、汽车控制、辅助驾驶、自动驾驶等功能。功能的高度集成也使车载终端更容易成为黑客攻击的目标，造成信息泄露，汽车失控等重大安全问题。因此车载终端面临着比传统终端更大的安全风险。

4. 路侧设备

路侧设备是 V2X 智能网联系统的核心单元，它的安全关系到汽车、行人和道路交通的整体安全。它面临非法接入、运行环境风险、设备漏洞、远程升级风险和部署维护风险等。

六、V2X 通信的应用场景

借助人、车、路、云平台之间的全方位连接和高效信息交互，V2X 正从信息服务类应用向交通安全类和提高效率类应用发展，并将逐步向支持实现自动驾驶的协同服务类应用演进。

1. 辅助驾驶应用场景及技术需求

（1）**辅助驾驶应用场景** 辅助驾驶应用场景见表 7-1，这些应用场景基于 V2X 信息交互，实现汽车、路侧基础设施、行人等交通参与者之间的实时状态共享，辅助驾驶员进行决策。

表 7-1 辅助驾驶应用场景

序号	类别	应用名称
1	安全	前向碰撞预警
2		交叉路口碰撞预警
3		左转辅助
4		盲区预警/变道辅助
5		逆向超车预警
6		紧急制动预警
7		异常汽车提醒
8		汽车失控预警
9		道路危险状况提示
10		限速预警
11		闯红灯预警
12		弱势交通参与者碰撞预警
13	效率	绿波车速引导
14		车内标牌
15		前方拥堵提醒
16		紧急汽车提醒
17	信息服务	汽车近场支付

如图 7-15 所示为基于 V2V 的交叉路口碰撞预警。交叉路口碰撞预警是指主车驶向交叉路口，与侧向汽车在交叉路口存在碰撞危险时，应对主车驾驶员进行预警，避免或减轻侧向碰撞。其中交叉路口包括十字路口、丁字路口、环岛、高速匝道等。

如图 7-16 所示为基于 V2P 的弱势交通参与者碰撞预警。弱势交通参与者碰撞预警是指汽车在行驶过程中，若发现与弱势交通参与者存在碰撞危险时，则对驾驶员进行预警，避免或减轻碰撞危险。其中 P 可为行人、自行车等，P 具备短程无线通信能力，若 P 不具备通信能力，则路侧单元可通过雷达、视觉传感器检测周边 P，并广播 P 的相关信息。

图 7-15 基于 V2V 的交叉路口碰撞预警

图 7-16 基于 V2P 的弱势交通参与者碰撞预警

(2) 辅助驾驶应用场景技术要求 辅助驾驶应用场景对通信网络、数据处理、定位等提出了具体的要求。

① 在通信方面，时延要求小于 100ms，在特殊情况下小于 20ms，可靠性需满足 90%～99%，典型数据包大小为 50～300B，最大为 1200B。

② 在数据处理方面，据统计单车产生的数据每天约为吉字节级，对大量汽车、道路、交通等数据的汇聚，需要满足海量数据储存的需求，同时对这些数据提出实时共享、分析和开放的需求。

③ 在定位方面，定位精度满足车道级定位，即米级定位，并且汽车需要获取道路拓扑结构。

2. 自动驾驶应用场景及技术需求

（1）**自动驾驶应用场景** 5G 技术的更大数据吞吐量、更低延时、更高安全性和更海量连接等特性，极大地促进了智能驾驶和智慧交通的发展。产业各方开始了面向自动驾驶的增强型应用场景的研究与制定，一方面从基础典型应用场景的实时状态共享过渡到汽车与汽车、汽车与路侧基础设施、汽车与云端的协同控制，增强信息交互复杂程度，可实现协同自动驾驶与智慧交通的应用；另一方面，基于通信与计算技术的提升，交通参与者之间可以实时传输高精度视觉传感器数据，甚至是局部动态高精度地图数据，提高感知精度与数据丰富程度。

自动驾驶应用场景见表 7-2。

表 7-2 自动驾驶应用场景

序号	类别	应用名称
1	安全	协作式变道
2		协作式匝道汇入
3		协作式交叉口通行
4		感知数据共享/车路协同感知
5		道路障碍物提醒
6		慢行交通轨迹识别及行为分析
7	效率	汽车编队
8		协作式车队管理
9		特殊汽车信号优先
10		动态车道管理
11		汽车路径引导
12		场站进出服务
13		基于实时网联数据的交通信号配时动态优化
14		高速公路专用道柔性管理
15		智能停车引导
16	信息服务	浮动车数据采集
17		差分数据服务
18		基于车路协同的主被动电子收费
19		基于车路协同的远程软件升级

（2）**自动驾驶应用场景技术要求** 自动驾驶应用场景对通信网络、信息交互、数据处理、定位等提出新的要求。

① 在通信方面，单车上下行数据速率需求大于10Mbit/s，部分场景需求为50Mbit/s，时延需求为3～50ms，可靠性需大于99.999%。

② 在信息交互方面，需实时交互汽车、道路、行人的全量数据，利用多传感器融合技术获取实时动态交通高精度地图。

③ 在数据处理方面，单车每天将产生上千太字节级的数据，对数据的存储、分析等计算能力提出更高的要求。

④ 在定位方面，需达到亚米级甚至厘米级的定位精度。

第四节　车路协同控制技术

车路协同系统是以路侧系统和车载系统为基础进行构建，通过无线通信设备实现车路信息交互和共享的系统，是推动自动驾驶步入L3及更高等级的必要系统。自动驾驶发展初期，我国就坚持走C-V2X技术发展路线，从5G、新基建、智慧道路、智能网联等方向出发持续布局，全面推进车路协同等技术，为自动驾驶商业化进程提速。

一、车路协同控制的定义

车路协同控制基于无线通信、传感探测等技术进行车路信息获取，通过V2V、V2I信息交互和共享，实现汽车和基础设施之间智能协同与配合，达到优化利用系统资源、提高道路交通安全、缓解交通拥堵的目标，如图7-17所示。

图7-17　车路协同控制

车路协同控制已成为智能交通发展的新方向，而新一代的通信技术则是车路协同控制的关键，它为智能交通提供V2V、V2I之间高速可靠的智能传输通道。

二、车路协同控制的架构

智慧交通车路协同控制的架构如图7-18所示。车路协同通过端、管、云三层架构实现环境感知、数据融合计算、决策控制，从而提供安全、高效、便捷的智慧交通服务。

（1）端　端是指交通服务中实际参与的实体元素，包括通信功能的车载单元（OBU）、路侧单元（RSU）等，感知功能的摄像头、雷达等，以及路侧交通设备包括红绿灯、电子公告牌等。

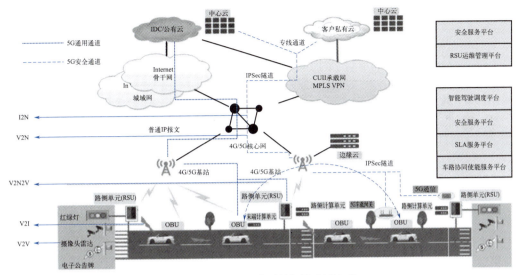

图 7-18　智慧交通车路协同控制的架构

(2) **管**　管是指实现交通各实体元素互联互通的网络,包括 4G/5G、C-V2X,网络支持根据业务需求的灵活配合,同时保障通信的安全可靠。

(3) **云**　云是指实现数据汇集、计算、分析、决策以及基本运维管理功能的平台,根据业务需求可部署在边缘侧或中心云。

在"端 - 管 - 云"新型交通架构下,车端和路端将实现基础设施的全面信息化,形成底层和顶层的数字化映射;5G 与 C-V2X 联合组网构建广覆盖蜂窝通信与直联通信协同的融合网络,保障智慧交通业务连续性;人工智能和大数据实现海量数据分析与实时决策,建立智慧交通的一体化管控平台。

三、车路协同控制应用场景

多接入边缘计算(MEC)是一种网络架构,为网络运营商和服务提供商提供云计算能力以及网络边缘的 IT 服务环境。

MEC 与 C-V2X 融合是将 C-V2X 业务部署在 MEC 平台上,借助 Uu 接口或 PC5 接口支持实现"人 - 车 - 路 - 云"协同交互,可以降低端到端数据传输时延,缓解终端或路侧智能设施的计算与存储压力,减少海量数据回传造成的网络负荷,提供具备本地特色的高质量服务。MEC 与 C-V2X 融合场景如图 7-19 所示。

MEC 与 C-V2X 融合场景可按照路侧协同与车辆协同的程度进行分类。无须路侧协同的 C-V2X 应用可以直接通过 MEC 平台为车辆或行人提供低时延、高性能服务;当路侧部署了能接入 MEC 平台的路侧雷达、摄像头、智能红绿灯、智能化标志标识等智能设施时,相应的 C-V2X 应用可以借助路侧感知或采集的数据为车辆或行人提供更全面的信息服务。在没有车辆协同时,单个车辆可以直接从 MEC 平台上部署的相应 C-V2X 应用获取服务;在多个车辆同时接入 MEC 平台时,相应的 C-V2X 应用可以基于多个车辆的状态信息,提供智能协同的信息服务。

依据是否需要路侧协同以及车辆协同,将 MEC 与 C-V2X 融合场景分为单车与 MEC 交互、单车与 MEC 及路侧智能设施交互、多车与 MEC 协同交互、多车与 MEC 及路侧智能设施协同交互,如图 7-20 所示。

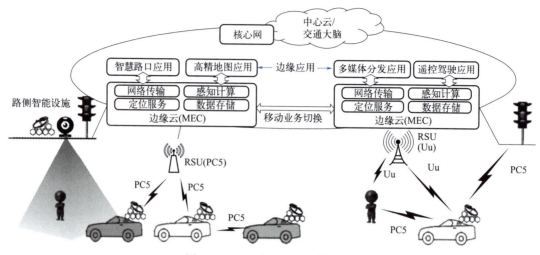

图 7-19 MEC 与 C-V2X 融合场景

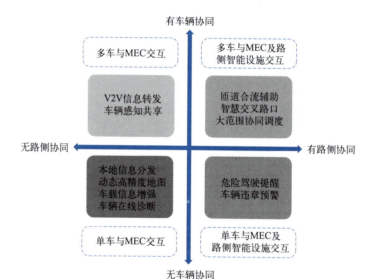

图 7-20 MEC 与 C-V2X 融合场景分类

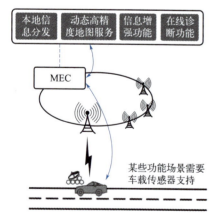

图 7-21 单车与 MEC 交互场景示意

1. 单车与 MEC 交互场景

在 C-V2X 应用中,本地信息分发、动态高精度地图、车载信息增强、车辆在线诊断等功能通过单车与 MEC 进行交互即可实现,其场景如图 7-21 所示。

(1) **本地信息分发** MEC 作为内容分发的边缘节点,实现在线分发和流量卸载的功能;可为车辆提供音视频等多媒体休闲娱乐信息服务、区域性商旅餐饮等信息服务,或提供软件/固件升级等服务。

(2) **动态高精度地图服务** MEC 可以存储动态高精度地图和分发高精度地图信息,减少时延并降低对核心网传输带宽的压力。在应用中,车辆向 MEC 发送自身具体位置以及目标地理区域信息,部署在 MEC 的地图服务提取相应区域的高精度地图信息发送给车辆。当车辆传感器检测到现实路况与高精度地图存在偏差时，可将自身传感信息上传至 MEC 用于对地图进行更新，随后 MEC 的地图服务可选择将更新后的高精度地图回传至中心云平台。

（3）信息增强功能　MEC 提供车载信息增强功能，车辆可将车载传感器感知的视频/雷达信号等上传至 MEC，MEC 通过车载信息增强功能提供的视频分析、感知融合、增强现实（AR）合成等多种应用实现信息增强，并将结果下发至车辆进行直观显示。

（4）在线诊断功能　MEC 可支持自动驾驶在线诊断功能。车辆可将其状态、决策等信息上传至 MEC，利用在线诊断功能对实时数据样本进行监控分析，用于试验、测试、评估或应对紧急情况处理。同时 MEC 可定期将样本及诊断结果汇总压缩后回传至中心云平台。

在单车与 MEC 交互场景中，车辆与部署在 MEC 上的服务进行交互，无须路侧智能设施及其他车辆参与。

2. 单车与 MEC 及路侧智能设施交互场景

在 C-V2X 应用中，危险驾驶提醒、车辆违章提醒等功能可通过单车、路侧智能设施及 MEC 进行交互实现，其场景如图 7-22 所示。

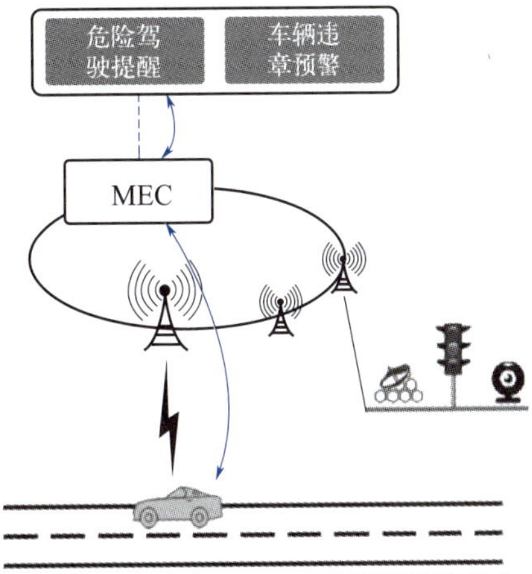

（1）危险驾驶提醒　MEC 部署危险驾驶提醒功能后，可结合路侧智能设施，通过车牌识别等功能分析车辆进入高速的时间，定期为车辆提供疲劳驾驶提醒；或在夜间通过视频分析，提醒车辆正确使用灯光；或在感知到突发车辆事故时，提醒附近车辆谨慎驾驶；或在天气传感器感知到高温"镜面效应"、雨雪大雾等恶劣天气时，提醒车辆安全驾驶。此外，MEC 可阶段性地将危险驾驶信息汇总后上传至中心云平台。

（2）车辆违章预警　MEC 部署车辆违章预警功能后，可结合路侧智能设施，通过视频识别、雷达信号分析等应用实现车牌识别，并对超速、逆行、长期占据应急车道等违章行为进行判定，并将违章预警信息下发至对应车辆，提醒车辆遵守交通规则行驶。此外，MEC 可阶段性将违章信息汇总后上传至中心云平台。

图 7-22　单车与 MEC 及路侧智能设施交互场景示意

在单车与 MEC 及路侧智能设施交互的场景中，车辆、路侧智能设施与部署在 MEC 上的服务进行交互，无须其他车辆参与。

3. 多车与 MEC 协同交互场景

在 C-V2X 应用中，V2V 信息转发、车辆感知共享等功能可通过多车与 MEC 协同交互实现，其场景如图 7-23 所示。

（1）V2V 信息转发　MEC 部署 V2X 信息转发功能后，可作为桥接节点，以 V2N2V 的方式实现车与车之间的通信，实时交流车辆位置、速度、方向及刹车、开启双闪等车辆状态信息，提升道路安全。

（2）车辆感知共享　MEC 部署车辆感知共享功能，可将具备环境感知车辆的感知结果转发至周围其他车辆，用于扩展其他车辆的感知范围。也可以用于"穿透"场景，即当前车遮挡后车视野时，前车对前方路况进行视频监控并将视频实时传输至 MEC，MEC 的车辆感知共享功能对收到的视频进行实时转发至后方车辆，便于后方车辆利用视频扩展视野，有效解决了汽车行驶中的盲区问题，提高了车辆的驾驶安全。

在多车与 MEC 协同交互场景中，多个车辆与部署在 MEC 上的服务进行交互，无须路侧智能设施参与。

4. 多车与 MEC 及路侧智能设施协同交互场景

在 C-V2X 应用中，匝道合流辅助、智慧交叉路口、大范围协同调度等功能可通过多车、路侧智能设施及 MEC 进行协同交互实现，其场景如图 7-24 所示。

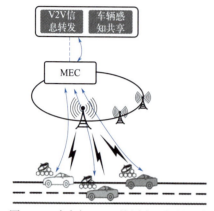

图 7-23 多车与 MEC 协同交互场景示意

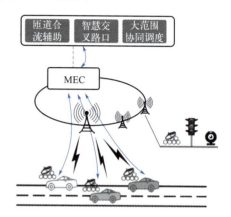

图 7-24 多车与 MEC 及路侧智能设施协同交互场景示意

（1）**匝道合流辅助** MEC 部署匝道合流辅助功能，在匝道合流汇入点部署监测装置（如摄像头）对主路车辆和匝道车辆同时进行监测，并将监测信息实时传输到 MEC，同时相关车辆也可以将车辆状态信息发送至 MEC，MEC 的匝道合流辅助功能利用视频分析、信息综合、路况预测等应用功能对车、人、障碍物等的位置、速度、方向角等进行分析和预测，并将合流点动态环境分析结果实时发送至相关车辆，提升车辆对周边环境的感知能力，减少交通事故，提升交通效率。

（2）**智慧交叉路口** MEC 部署智慧交叉路口功能，交叉路口处的路侧智能传感器（如摄像头、雷达等）将路口处探测的信息发送至 MEC，同时相关车辆也可以将车辆状态信息发送至 MEC。MEC 的智慧交叉路口功能通过信号处理、视频识别、信息综合等应用功能对交叉路口周边的车辆、行人等位置、速度和方向角等进行分析和预测，并将分析结果实时发送至相关车辆，综合提升车辆通过交叉路口的安全性和舒适性；同时 MEC 可以通过收集和分析相关信息，对交通信号灯各相位配时参数进行优化，提高交叉路口的通行效率。

（3）**大范围协同调度** MEC 部署大范围协同调度功能，可在重点路段、大型收费口处借助视频传感信息，通过 MEC 进行路况分析和统一调度，实现一定范围内大规模车辆协同、车辆编队行驶等功能。或在城市级导航场景中，MEC 根据区域车辆密度、道路拥堵严重程度、拥堵节点位置以及车辆目标位置等信息，利用路径优化的算法对车辆开展导航调度，避免拥堵进一步恶化。

在多车与 MEC 及路侧智能设施交互场景中，多个车辆、路侧智能设施与部署在 MEC 上的服务进行交互。

第五节　车联网的未来发展

一、车联网的发展趋势

车联网技术具有以下发展趋势。

① 能够应用于安全驾驶、协同驾驶以及汽车活动安全等领域。

② 涉及交通智能化方面的发展具体表现在：对已经得到确切定位的货物进行位置信息的跟踪，并为货物在供应链与物流链当中提供服务；同时，可以实现对汽车信息的实时传输，通过汽车传感器收集信息，并在云中心实施计算与分类处理，将不同类型的数据分类发放，使不同部门都能够掌握信息数据，通过得到的反馈数据实施交通智能调度。

③ 导航精确化。在灵敏导航系统的运行下，汽车将能够即时获得系统指示，并会依据驾驶员的既往经验对导航路径实施精准计算，以此为驾驶员提供精准的导航。

④ 整车硬件的联网化。汽车电子电气系统正逐渐向集中式架构体系发展，未来的每一辆汽车都将像一部智能手机，对应的也是应用软件、操作系统、芯片层、硬件层。应用软件可以基于唯一的操作系统和计算芯片开发，通过统一集中的电子控制单元，控制多个硬件。汽车软件控制将更高效，并能像手机一样，实现 OTA 升级，从而实现对控制软件的持续优化，不断改善硬件性能体验。通过这种集中式的电气架构，整车硬件的运转情况就可以通过软件实现远程调校修改。

⑤ 用车服务的线上化。整车数字化时代的车联网，将极大地提高汽车用车服务的质量。线下付费的用车场景都将实现线上化，汽车的实时车况可以通过云端传输给服务商，车况的透明化将助力服务商为用户提供一系列主动式的服务，如代驾、停车场、加油站、违章查询代缴、充电桩收费、上门保养、上门洗车、车险等。这时候汽车成为流量出口，服务商有动力推销服务，线上高效快捷的服务体验也将吸引用户，从而大大促进用车服务的效率。

⑥ 车联网功能服务方式的多样化。整车数字化时代，每辆车的所有车况信息都可以在云端对应一个 ID。通过 ID 的统一管理和适配开发，车联网功能将不局限于车机这一个交互渠道，可拓展到手机 App、微信小程序、智能穿戴设备、智能家居设备等多个交互设备，将极大地便利用户的用车体验，延长人车交互的频率和时间，改善交互体验，改善用车体验。另外通过分拆车联网功能，把有些对网速或运算能力要求高的功能分拆至车外，如手机 App、智能穿戴设备等（但车机上应有的功能如导航等必须要保留），这样就对车载车联网硬件的要求降低，从而覆盖更多的低端车型。通过大数据积累自学习，实现千人千面的交互服务方式。

⑦ 助力无人驾驶技术发展。随着整车联网能力的增强，智慧城市基础设施的进一步发展，自动驾驶感知和决策功能将从车上转移至道路基础设施，有助于单车成本下降，并且能通过区域内集中控制实现所有汽车的自动驾驶，提升交通效率与安全性。自动驾驶功能的商业模式也将有极大的创新应用，因为整车硬件的功能都可以通过云端开启和关闭，同一个车型可以拥有一样的硬件，但通过软件限制区分不同的配置，允许用户在购车之后，再通过付费开启车上的硬件功能，使得"免费试用"的模式成为可能。这样既可以实现对消费者的推销，又能反向促进车企提供能足够吸引用户的自动驾驶软件体验。

二、下一代车联网的重点业务场景

下一代车联网的重点业务场景分为辅助驾驶类、自动驾驶及智能交通类。

(1) 辅助驾驶类 汽车可在行驶过程中,通过 V2X 通信收集获取道路交通信息。驾驶者在辅助驾驶信息的提示下,可提高驾驶行为的准确性与安全性,同时降低汽车能源消耗,提升整体的交通效率。辅助驾驶阶段可分为安全类、效率类、信息服务类等几类应用场景。

① 安全类应用。在驾驶过程中,对驾驶者进行危险信息告警,紧急情况预警可以有效降低交通事故的发生率,提高交通的安全性。汽车利用 V2X 通信,可收集周边汽车的状态信息,交通基础设施信息及慢速行人等状态信息,提前获取安全类预警提示信息。典型的安全类应用场景包括前车碰撞预警、弯道限速预警、行人横穿预警等。

② 效率类应用。汽车通过 V2X 通信,可在十字路口、施工路段等易造成拥塞的地区提前获知交通信息,结合辅助驾驶的策略建议,进行合理避让通行。汽车间还可利用 V2X 通信交互驾驶信息,协作驾驶行为,提高复杂路段的汽车通过率,有效提高交通效率。典型的效率类应用场景包括协同式自适应巡航、道路施工预警、十字路口交通优化等。

③ 信息服务类应用。服务商可通过 V2X 通信向车内用户提供导航定位、软件更新等服务类应用,满足用户的信息服务需求,提升驾驶者的出行感受。该类应用与安全类和效率类应用相比,对通信要求较低。典型的信息服务类应用场景包括停车场入口控制、远程汽车诊断等。

(2) 自动驾驶及智能交通类 随着通信技术的演进及汽车技术的更新换代,汽车与周边的事物的信息交互不再只是辅助驾驶员完成汽车操控,越来越精准的信息可保证汽车能够在无人驾驶的情况下实现自主操控,这就需要信息传输的超高可靠性和超低时延,同时也要满足视频、图片等大容量信息的输出。自动驾驶阶段的场景可主要分为远程驾驶、汽车编队及传感器信息共享等。

① 远程驾驶。远程驾驶是指汽车由驾驶员或云计算程序实现汽车的远程操控,即实现人车分离。自动驾驶需要大量的传感器和复杂的算法,但是远程驾驶由于有人类操作员,所以规避了这些复杂的传感器和算法。如果车载摄像头将现场的视频传给远程驾驶员,在不需要任何复杂计算的帮助下,远程驾驶员可以很容易地感知汽车的潜在危险。基于该视频远程驾驶员可向汽车发送驾驶命令。

② 汽车编队。编队行驶是指一组汽车以非常靠近的方式行驶。为保持车队内汽车间距,汽车间需要分享状态信息,例如速度、行驶方向、刹车加速度等信息。利用编队行驶,车辆间的距离可以稳定地保持在一个相对较低的状态,总体上油耗降低,驾驶员的数量也会大大减少。

③ 传感器信息共享。传感器信息共享是指汽车同周围汽车、路侧基础设施或云端实现实时信息交互(包括图片、视频等大容量信息),该类信息的获取可以辅助汽车更好地避免安全事故,同时也可以帮助汽车构建整体态势感知,即动态地图,从而提升汽车对周围环境的感知能力。

附录
中英文对照表

英文简称	英文全称	中文
ABS	antilock brake system	防抱死制动系统
ACK	acknowledge character	确认字符
ADAS	advanced driving assistance system	先进驾驶辅助系统
ANAR	auto-negotiation advertisement register	自动协商广告寄存器
AR	augmented reality	增强现实
ARP	address resolution protocol	地址解析协议
ASR	acceleration slip regulation	驱动防滑控制系统
AUI	attachment Unit Interface	连接单元端口
AUTOSAR	automotive open system architecture	汽车开放系统架构
AVBTP	audio/video bridging transport protocol	音视频传输协议
BC	boundary clock	边界时钟
B-CAN	body CAN	车身 CAN
BGP	border gateway protocol	边界网关协议
BMC	best master clock	最佳主时钟
BMCR	basic mode control register	基本模式控制寄存器
BMSR	basic mode status register	基本模式状态寄存器
BRS	bit rate switch	位速率转换
BSS	byte start sequence	字节起始序列
CAN	controller area network	控制器局域网络
CAN FD	CAN with flexible data rate	具有灵活数据速率的 CAN
CBFF	classical base frame format	标准帧格式
C-CAN	chassis CAN	底盘 CAN
CCM	central control module	中央控制模块
CEFF	classical extended frame format	扩展帧格式
CPU	central processing unit	中央处理器

续表

英文简称	英文全称	中文
CRC	cyclic redundancy check	循环冗余校核
CSMA/CD	carrier sense multiple access/collision detection	带有冲突检测的载波侦听多路存取
D-CAN	diagnose CAN	诊断 CAN
DCU	domain controller unit	域控制器
DDL	digital data link	数据链路层
DF	data frame	数据帧
DHCP	dynamic host configuration protocol	动态主机配置协议
DLC	data length code	数据长度码
DMA	direct memory access	直接存储器存取
DNS	domain name system	域名系统
DoIP	diagnostic communication over Internet protocol	诊断通信通过 IP 协议
DP	data Page	数据页
DSRC	dedicated short range communication	专用短程通信
DTS	dynamic trailing sequence	动态尾部序列
DUT	device under test	被测设备
E2ETC	end-to-end transparent clock	端到端透明时钟
ECU	electronic control unit	电子控制单元
EDP	extended data page	扩展数据页
EEA	electrical/electronic architecture	电子电气架构
EF	error frame	错误帧
EMC	electro magnetic compatibility	电磁兼容性
EOT	end of transmission	终止字符
EPS	electric power steering	电动助力转向
ESI	error state indicator	错误状态指示
ESP	electronic stability program	车身电子稳定系统
FBFF	FD base frame format	可变数据速率标准帧格式
FCS	frame check sequence	帧检验序列
FDF	flexible data rate format	灵活的数据速率格式
FEFF	FD extended frame format	FD 扩展帧格式
FEM	front electronic modules	前端电子模块
FES	frame end sequence	帧结束序列
FIFO	first input first output	先进先出的数据缓存器
FSS	frame start sequence	帧起始序列
FTP	file transfer protocol	文件传输协议
GMSL	gigabit multimedia serial link	为千兆多媒体串行链路
GMII	gigabit media independent interface	千兆比特媒介独立接口
GNSS	global navigation satellite system	全球导航卫星系统
GPS	global positioning system	全球定位系统

续表

英文简称	英文全称	中文
gPTP	general precise time protocol	广义精确时间同步协议
LLC	logical link control	逻辑链路控制
LIN	local interconnect network	局部互联网络
L-PCI	LLC-protocol control information	逻辑链路控制子层的特定协议控制信息
LPDU	LLC protocol data unit	逻辑链路控制子层的协议数据单元
LSB	least significant bit	最低有效位
LSDU	LLC service data unit	逻辑链路控制子层的服务数据单元
LTE-V	long term evolution-vehicle	长期演进的车对外界信息交互
LVDS	low voltage differential signaling	低电压差分信号
HLDA	hold acknowledgment	保持确认
HS-PMA	high-speed PMA	高速物理媒介连接
HTTP	hyper text transfer protocol	超文本传输协议
I-CAN	infomercial CAN	娱乐 CAN
ICMP	internet control message protocol	互联网控制信息协议
IDE	identifier extension	标识符扩展
IEEE	institute of electrical and electronics engineers	国际电气与电子工程师协会
I/O	input/output	输入 / 输出
IP	internet protocol	网际互连协议
IPT	information processing time	信息处理时间
IPX	internetwork packet exchange protocol	互联网分组交换协议
IPv4	internet protocol version 4	互联网通信协议第 4 版
ISO	international organization for standardization	国际化标准组织
IT	information technology	信息技术
MAC	medium access control	媒介访问控制
MCU	microcontroller unit	微控制单元
MDC	multi domain controller	多域控制器
MDI	medium dependent interface	媒介相关接口
MDIO	management data input/output	管理数据输入输出
MEC	multi-acess edge computing	多接入边缘计算
MHP	MOST high protocol	MOST 总线网络高层协议
MII	media independent interface	媒介独立接口
MMI	multi-media interface	多媒体交互界面
MOST	media oriented systems transport	媒体导向系统传输
MPCI	MAC protocol control information	媒介访问控制子层的特定协议控制信息
MPDU	MAC protocol data unit	媒介访问控制子层的协议数据单元
MSB	most significant bit	最高有效位
MSDU	MAC service data unit	媒介访问控制子层的服务数据单元
NEDC	new European driving cycle	新欧洲驾驶循环

续表

英文简称	英文全称	中文
NMT	network management	网络管理
NRZ	non return to zero	不归零
OBU	on-board unit	车载单元
OC	ordinary clock	普通时钟
OF	overload frame	过载帧
OSI	open system interconnection	开放式系统互联
OSPF	open shortest path first	开放式最短路径优先协议
OTA	over-the-air technology	空中下载技术
P	priority	优先级
P2PTC	peer-to-peer transparent clock	点到点透明时钟
PAM	pulse amplitude modulation	脉冲幅度调制
P-CAN	power CAN	动力 CAN
PCI	protocol control information	特定协议控制信息
PCS	physical coding sub-layer	物理编码子层
PDO	process data object	过程数据对象
PDU	protocol data unit	协议数据单元
PG	parameter group	参数组
PGN	parameter group number	参数组编号
PHY	physical	物理层接口
PL	physical layer	物理层
PLL	phase locking loop	锁相环
PMA	physical medium attachment	物理媒介连接
POC	protocol operation control	协议操作控制
PPP	point to point protocol	点对点协议
PPS	pulse per second	脉冲数/秒
RF	remote frame	远程帧
RGMII	reduced gigabit media independent interface	简化千兆比特媒介独立接口
RIP	routing information protocol	路由信息协议
RMII	reduced media independent interface	简化媒介独立接口
RPDO	receive process data object	接收过程数据对象
RRS	remote request substitution	远程请求替换位
RSU	road side unit	路侧单元
RTR	remote transmission request	远程发送请求位
RZ	return to zero	归零
SA	source address	源地址
SAE	society of automotive engineers	美国汽车工程师学会
SAP	service access point	服务访问点
SCI	serial communications interface	串行通信接口

续表

英文简称	英文全称	中文
SDH	synchronous digital hierarchy	同步数字体系
SDO	service data object	服务数据对象
SDU	service data unit	服务数据单元
SJW	resynchronization jump width	再同步补偿宽度
SMTP	simple mail transfer protocol	简单邮件传输协议
SNMP	simple network management protocol	简单网络管理协议
SOF	start of frame	帧起始
SOH	start of header	起始字符
SOME/IP	scalable service-oriented middleware over IP	基于 IP 的可扩展面向服务的中间件
SP	sample point	采样点
SPX	sequenced packet exchange	序列分组交换协议
SRR	substitute remote request	替代远程请求
SS	synchronization segment	同步段
SSM	synchronous status message	同步状态信息
SSP	secondary sample point	二次采样点
SYN	synchronizing	同步字符
SyncE	synchronous ethernet	同步以太网
TC	transparent clock	透明时钟
TCP	transmission control protocol	传输控制协议
TDMA	time division multiple access	时分多址
TFTP	trivial file transfer protocol	简单文件传输协议
TPDO	transmit process data object	发送过程数据对象
TSS	transmission start sequence	传输起始序列
UDP	user datagram protocol	用户数据报协议
UDPNM	UDP network mode	UDP 网络管理协议
URL	uniform resource locator	统一资源定位系统
V2I	vehicle to infrastructure	车辆与基础设施
V2N	vehicle to network	车辆与网络
V2P	vehicle to pedestrian	车辆与行人
V2V	vehicle to vehicle	车辆与车辆
V2X	vehicle to everything	车辆与外界的信息交换
WLTC	world light vehicle test cycle	世界轻型汽车试验循环
WUF	wake-up frame	唤醒帧
XCP	universal calibration protocol	通用测量和校准协议
ZCU	zonal control unit	区域控制器平台
3GPP	3rd generation partnership project	第三代合作伙伴计划

参考文献

[1] 崔胜民. 智能网联汽车技术 [M]. 北京：机械工业出版社，2021.

[2] 付百学. 汽车车载网络技术 [M]. 第 2 版. 北京：机械工业出版社，2020.

[3] 全国汽车标准化技术委员会. 乘用车 CAN 总线物理层技术要求：GB/T 36048—2018[S]. 北京：中国标准出版社，2018.

[4] 全国汽车标准化技术委员会. 道路车辆　控制器局域网（CAN）：第 1 部分　数据链路层和物理信令：GB/T 41588.1—2022[S]. 北京：中国标准出版社，2022.

[5] 全国汽车标准化技术委员会. 道路车辆　控制器局域网（CAN）：第 2 部分　高速媒介访问单元：GB/T 41588.2—2022[S]. 北京：中国标准出版社，2022.

[6] 全国汽车标准化技术委员会. 道路车辆　控制器局域网（CAN）：第 3 部分　低速容错、媒介相关接口：GB/T 41588.3—2022[S]. 北京：中国标准出版社，2022.

[7] 全国汽车标准化技术委员会. 道路车辆　控制器局域网（CAN）：第 4 部分　时间触发通信：GB/T 41588.4—2022[S]. 北京：中国标准出版社，2022.

[8] 李志恒，朱海龙. 智能网联汽车车载网络技术 [M]. 北京：人民邮电出版社，2023.